上海市哲学社会科学学术话语体系建设办公室
上海市哲学社会科学规划办公室

——

资助出版

上海市纪念改革开放40年
研究丛书

改革开放后上海社会组织创新发展研究

徐家良 等著

内容提要

《改革开放后上海社会组织创新发展研究》一书是上海市哲学社会科学规划办公室"改革开放40周年研究系列"立项课题的最终研究成果。改革开放以来,上海社会组织快速发展,在参与城市治理提供多样化服务方面扮演着重要的角色。本书从纵向、横向两个维度出发,通过梳理回顾上海社会组织的发展历程,分析考察上海贯彻国家社会组织发展战略的同时,根据自身的特点形成相应的发展规划,使社会组织在制度安排、党建、慈善事业、枢纽服务和社区治理等领域逐渐形成有上海特色的创新发展路径,形成"复合嵌入式合作"模式,总结有益经验,并对未来社会组织可持续发展提出相应的战略思路,使上海社会组织更好地面向全国、走向世界,发挥创新示范作用。

图书在版编目(CIP)数据

改革开放后上海社会组织创新发展研究/徐家良等著. —上海:上海交通大学出版社,2018
ISBN 978-7-313-20257-4

Ⅰ.①改… Ⅱ.①徐… Ⅲ.①社会组织-发展-研究-上海 Ⅳ.①C232.51

中国版本图书馆CIP数据核字(2018)第229710号

改革开放后上海社会组织创新发展研究

著　　者:徐家良 等
出版发行:上海交通大学出版社　　地　　址:上海市番禺路951号
邮政编码:200030　　电　　话:021-64071208
出 版 人:谈　毅
印　　制:苏州市越洋印刷有限公司　　经　　销:全国新华书店
开　　本:787mm×1092mm　1/16　　印　　张:21.75
字　　数:247千字
版　　次:2018年10月第1版　　印　　次:2018年10月第1次印刷
书　　号:ISBN 978-7-313-20257-4/C
定　　价:78.00元

总　序

2018年，是我国改革开放40周年。40年改革开放历程波澜壮阔，中国人民用双手书写了一部国家和民族发展的壮丽史诗，中华民族沿着改革开放的康庄大道，续写从站起来、富起来到强起来的历史新篇章。

回首40年光辉历程，我们对中国特色社会主义道路坚定不移，充满自信。我国从农村联产承包到城市经济体制改革，从深圳特区创建到中国加入世界贸易组织，从浦东开发开放到自由贸易试验区建设，从实行社会主义市场经济到全面推进依法治国，从沿海沿边开放到"一带一路"建设，改革开放一次次突破禁区，冲破禁锢，打破常规，革故鼎新。无数雄辩的事实和辉煌的发展成就充分证明，改革开放是党在新的历史条件下领导人民进行的新的伟大革命，是决定当代中国命运的关键一招，也是决定实现"两个一百年"奋斗目标、实现中华民族伟大复兴中国梦的关键一招。改革开放道路是完全正确的，完全符合中国的国情。改革开放40年伟大实践昭示世人，中国之所以能够快速发展，最根本的一条是坚持改革开放。

"改革开放是我们党的历史上一次伟大觉醒，正是这个伟大觉醒孕育了新时期从理论到实践的伟大创造。"党的十八大以来，以习近平同志为核心的党中央继续高举改革开放伟大旗帜，以更大的政治勇气和政治智慧推进改革，用全局观念和系统思维谋划改革，以自我革命的精神重启全面深化改革的进程，推动形成新一轮改革大潮，改革全面发力、多点突破、纵深推进，系统性、整体性、协同性不断增强，重要领域和关键环节改革取得突破性进展，主要领域改革主体框架基本确立。

回首40年光辉历程，我们获得弥足珍贵的经验和启示。一个国家要发展、一个民族要振兴，就必须在历史前进的逻辑中前进、在时代发展的潮流中发展。中国的改革开放之所以能够成功、必然成功，根本的一条是顺应了中国人民要发展、要创新、要美好生活的历史要求，契合了世界各国人民要发展、要合作、要和平生活的时代潮流。纵观当今世界，变革创新是大势所趋、人心所向，是推动人类社会向前发展的根本动力。世界各国都在加快推进改革创新，新一轮科技革命和产业革命正在孕育兴起，谁更有智慧、更有勇气，敢于变革、敢于创新，谁就会抢占发展先机，谁就会居于主导地位。可以说，改革是对执政党生命力的考验，是国家发展能力和竞争力的根本保证。能否改革、能否持续改革，是对当今世界各国执政党政治潜力和执政能力的最大考验。什么样的执政党具有锐意改革的哲学、文化支撑，就具有延绵不绝的竞争力和生命力，就能在未来的世界发展格局中立于不败之地。

回首40年光辉历程，我们对于改革开放自身规律的认识更加深刻。中国共产党领导下的改革开放之所以能够成功，重要的一条是把改革提升到哲学的高度、方法论的层面，用辩证思维把准改革脉搏，妥善处理各方关系，在整体谋划、系统思考中把准改革开放脉搏，在统筹兼顾、综合平衡中把改革开放全面引向深入，这是中国共产党积累的一条基本的改革经验、执政经验。

一是妥善处理顶层设计与基层积累的关系。党的十八大以来，我们更加注重对一些必须取得突破、但一时还不那么有把握的改革，开展一系列先行先试的试点探索，投石问路，然后再把基层积累的可复制、可推广的成功经验，提升到国家顶层设计的层面。当然，决定在哪些领域改革、试点哪些举措、在哪些区域试点，这要从加强改革顶层设计和总体规划的角度去选择。党的十八大以来的发展历程一再明示，基层积累要在顶层设计的前提下进行，顶层设计也要在基层积累的基础上来谋划。

二是妥善处理系统推进和重点突破的关系。随着改革的全面深化，必须强调系统性、完整性、协调性，不可能再像改革初期在某个领域某个方面的单项改革那样，单兵突进，而是要把改革从以经济为主，延伸到经济社会、文化民生等各个领域。同时，改革又不能平均用力、齐头并进，搞一刀切、齐步走，而是要确立关键环节、重点领域，寻找到把改革推向纵深的着力点。整体推进和重点突破，这两者必须相辅相成，不可偏废。

三是妥善处理解放思想与实事求是，胆子要大与步子要稳的关系。搞改革肯定要打破现有的工作格局和体制机制，必然会有风险，不会四平八稳。触动利益的改革，不可能都是敲锣打鼓、欢欢喜喜、轻而易举。各级干部都要有胆量和魄力，必须解放思想，拿出勇气，认准的事就要甩开膀子大胆地干。还要坚持稳中求进工作总基调，推出改革的具体举措一定要充分研究、反复论证、科学评估，做到稳妥审慎，稳扎稳打，蹄疾步稳。

坚持和推进全面改革开放，最重要和最根本的一条，是坚持党的领导不动摇，落实人民中心思想不松劲。我们要始终坚持在中国共产党的领导下，尊重人民群众的主体地位，把改革开放伟大事业深深植根于人民群众之中，紧紧依靠人民的力量推动改革。我们要紧紧围绕人民所思所想所盼，深入开展社会化宣传教育活动，为改革开放事业凝聚力量人心，营造有利氛围。尤其要增强党员干部对改革开放事业的认同感和使命感，引导广大干部群众真心诚意接受改革、拥护改革，引领社会成员自觉地把个体的命运与改革开放事业的兴衰成败相联结，牢固树立以人民群众幸福感获得感和满意度，作为衡量改革发展成败的标尺的执政理念。

"一个时代有一个时代的问题，一代人有一代人的使命。"中国特色社会主义进入了新时代，改革开放又到了一个新的历史关头。我们已经处于"两个一百年"奋斗目标的交汇期，处于迈入实现第一个百年目标、向第二个百年目标进军的关键期，美好的目标就在眼前，更大风险和考验也摆在面前。潮平两岸阔，风正一帆悬。改革开放 40 年伟大历程告诉我们，始终高举改革开放的旗帜，坚定不移，坚韧不拔，不断把改革开放向全面、系统、纵深推进，是中国特色社会主义伟大事业从胜利走向新的胜利的唯一选择。我们要按照党的十九大和十九届一中、二中、三中全会的战略安排和部署，贯彻新发展理念，深化供给侧结构性改革，加快完善社会主义市场经济体制，推动形成全面开放新格局，深化机构和行政体制改革，改革生态环境监管体制，继续深化国防和军队改革，健全党和国家监督体系。

当好"改革开放排头兵、创新发展先行者"，是习近平总书记对上海一以贯之的要求。党的十八大以来，上海承担了一系列全面深化改革的先行先试任务。上海自贸试验区改革，是通过负面清单的方式解决政府管得太多、太全的问题，探索形成以简政放权、转变职能为核心，以创新方式、提高效能为重点，符合现代治理体系要求、对标国际高标准贸易规则的政府服务管理新模式；上海建设科创中心，是要让我国在从要素驱动、投资驱动发展为主，向以创新驱动发展为主的发展模式切换中，能够走到世界前列；上海为创新社会治理、加强基层建设推出“1 + 6”文件，是要走出一条符合超大城市特点和规律的社会治理新路子；上海率先出台国资国企改革“20条”，是要实现从“管企业”向“管资本”的转变；上海积极探索司法体制改革，是要率先建立符合司法规律和职业特点的人员分类管理制度。此外，上海还承担了“营改增”税制改革、群团改革、高考综合改革和教育综合改革，等等。这一系列改革使得我们的各项制度、政策更加符合经济社会发展需要，这种勇于改革、善于改革的精神，也成为上海和国家保持发展活力、前进动力的重要支撑和思想驱动。在庆祝改革开放 40 年之际，总结上海经验，为深化我国改革开放事业源源不断提供上海的新思考和新方案，是我们责无旁贷的时代重托与使命担当。

广大社科理论工作者要以庆祝改革开放 40 年为契机，继承和发扬改革开放精神，把我国改革开放基本进程、主要成就、基本经验和内在规律系统总结好、深入挖掘好、广泛传播好，切实转化为学习思考能力、理论创新能力和学术原创能力，使之成为构建中国特色哲学社会科学的出发点和着力点。我们要更好地结合当代中国实际，立足各自学科领域，坚持问题导向、需求导向和价值导向，以中国理论解读中国实践，以中国实践丰富中国理论，在守正出新、博采众长中推进理论和学术创新，久久为功，善作善成，着力推进改革开放史和相关理论研究，为形成布局合理的学科体系、植根中国的学术体系、融通中外的话语体系，加快构建中国特色哲学社会科学作出贡献。

2017 年，在中共上海市委宣传部指导下，上海市哲学社会科学学术话语体系建设办公室、上海市哲学社会科学规划办公室启动实施了上海市

“改革开放 40 周年”系列研究。复旦大学、上海交通大学、华东师范大学、上海社会科学院等上海多所高校和社科研究机构的专家学者，历时一年辛勤工作，爬罗剔抉，刮垢磨光，探赜索隐，钩深致远，按照“论从史出”“史论结合”的研究路径，在回顾中国和上海 40 年改革开放伟大实践的基础上，尊重学术规律，凝练理论思考，打造标识概念，构建话语体系，取得了“纪念改革开放 40 年”系列研究成果。现在选取其中的一部分，汇编成这套“上海市纪念改革开放 40 年研究丛书”。本丛书囊括经济、政治、社会、文化、哲学、法律、科技、教育、国际关系等多个学科领域，对中国改革开放 40 年的发展历程，进行全方位阐释和理论解读，对当下我国发展面临的众多问题，进行深入剖析，展开学理论证，谋划应对举策，为我国改革开放再出发提供学术性探索和学者版建议。本丛书能够代表上海学术界对于改革开放 40 周年的思考水准，呈现了上海社科理论界应当具有的历史责任，反映了社科理论界对我国改革开放未来发展和综合国力继续提高，最终实现中华民族伟大复兴中国梦的美好愿景。

是为序，以纪念改革开放 40 年！

燕　爽

中共上海市委宣传部副部长、上海市社联党组书记

自　序

与上海的渊源最早要追溯到1988年，我在复旦大学读政治学硕士的时候。三年的研究生学习生活，使上海这座城市给我留下了非常美好的回忆。在此期间，曾到上海交通大学徐汇校区参观过，感觉房屋建筑古色古香。2005年在北京师范大学工作时，我承接了中国行业协会发展研究的课题，曾特地安排研究生来上海做过行业协会改革与创新的调研，与上海社会组织有过间接的接触。2002年1月和10月，上海市政府、上海市人大常委会先后发布《上海市行业协会暂行办法》和《上海市促进行业协会发展规定》，在全国率先进行社会团体双重管理体制的改革。而后不久，全国各地研究社会组织的专家学者都不约而同地到上海调研。可以这么说，对中国社会组织研究，如果不对上海社会组织进行访谈和了解，就会觉得研究不全面和不踏实！2010年6月，我从北京师范大学调到上海交通大学国际与公共事务学院后，10月10日受邀参加在广州召开的全国行业协会经验发展交流会，认识了与会的上海市民政局局长马伊里、上海市民政局副局长兼社会团体管理局局长方国平、社会团体管理处处长吴洁民、上海市人才服务行业协会秘书长朱庆阳，这使我与上海社会组织登记管理机关和上海社会组织“接上了头”，开启了我与上海民政局、上海社会团体管理局和上海社会组织持续多年的“学术姻缘”。从2010年开始到2018年间，除上海哲学社会科学规划办公室、上海研究院现代慈善研究中心外，我先后承担过上海市民政局、上海市社会团体管理局、上海市社会工作党委、上海社会科学院、上海市财政局、上海市绿化和市容管理局、上海市科学技术交流中心、上海市浦东新区民政局、上海市静安区社会建设办公室、上海市金山区民政局、上海市静安区民政局、上海市徐汇区社会建设办公室、上海市徐汇区民政局、上海市青浦区财政局等部门委托的课题。每年至少承担上海市民政局和上海市社会团体管理局的一个课题。据初步统计，这些研究课题类型广泛，几乎囊括上海社会组织服务与管理的各个方面，如“十二五时期上海社会组织发展与管理研究”“上海行业协会改革与发展”“上海市行业协会专职工作者技术水平认证”“上海市政府购买社会组织公共服务调研报告”“青浦区政府购买社会力量公共服务调研报告”“十三五上海市社会组织发展研究”“五星级社会组织党组织达标评审研究”“上海慈善公益活动研究”“建立健全社会组织党建管理体制和工作机制研究”“香港台湾及国外社会组织培育发展经验借鉴研究”“上海市福利企业转型发展研究”“我国社区基金会生存与发展条件研究”“行业协会商会五脱钩后党建格局研究”“社会组织枢纽型行业性党建试点工作绩效评估”“上海市网络募捐事业发展研究报告”“浦东新区行业协会商会参与市场监管体系建设研究”“浦东新区公益发展模式研究”“社区基金会培育与创新研究”“上海康复辅具标准化研究”“‘互联网＋’背景下上海社区治理创新实践研究”“上海慈善超市创新发展研究”“上海慈善超市标准化研究”“上海慈善超市运行模式研究”“上海慈善信托研究”“慈善信托治理结构和运作机制及其实现条件研究”“张江国家自主创新示范区社会组织发展研究”“上海慈善信托监督与管理研究”等,从这些课题研究中逐渐对上海社会组织发展和上海社会组织的管理有更深入、更全面的了解。上海交通大学第三部门研究中心、上海交通大学中国公益发展研究院 2016 年先后成为上海市民政局授予的“十三五上海民政科研基地”、上海市社会团体管理局授予的“上海公益基地”。

我们发现,上海社会组织在全国做出了探索性的初创贡献,在一定范围和一段时间内引领了全国社会组织发展的方向,创造了无数个全国第一,这些经验主要体现在以下八个方面:

第一个方面,领导者思想解放,有敢为天下先的勇气。20 世纪 80 年代深圳经济特区的“深圳速度”给人们留下了深刻的印象,上海如何在开发浦东、振兴上海的宏伟事业中,发挥上海社会组织的优势和特色,这就要求上海有关部门领导者有敢为天下先的勇气,打破旧的传统框框,把思想解放与上海新需求有机结合,融入新境界、新格局和新思路,推动社会组织快速发展。

第二个方面,调动政府、社会组织和企业三方的积极性,互动嵌入。作为社会治理的主体,政府是一个圈,社会组织和企业也各是一个圈,只有三个圈相互嵌入同时运转,充分发挥政府圈、社会组织圈和企业圈的积极性,才能快速动员各种资源,促进上海社会组织创新发展。上海社会组织的发展路径,一是靠政府着力推动,二是靠社会组织和企业民间自发运行。浦东新区产生第一个政府购买社会组织公共服务项目。同时,借助福利彩票公益金进行公益招投标,为社会组织提供项目和资金,构成完整的社会资金和财政预算互为补充的资金链。社区基金会由企业、政府和公众捐赠,慈善超市借助市场化运作，通过多种方式，融转变职能、委托授权、购买服务、培育创新、自主运行于一体，充分展示三圈互动嵌入最大效用。

第三个方面，市区联动由点到面，扩散集聚效应叠加。上海社会组织发展从购买服务、公益招投标、公益孵化园、社会组织联合会、社会组织服务中心、社区服务中心等创举开始，由市区分散运作，逐渐向市区联动，由某一个点，慢慢扩展到一个面。从相关区民政部门、社会建设部门开始，形成区域边际效应和扩散传递效应，由区级实践探索逐渐上升为市级政策制度，摸索出一条符合上海市情、区情、街情的社会组织发展之路。

第四个方面，根据社会需求调整政策，产生促进上海社会组织可持续发展的新型制度安排。由于我国社会组织管理实行行业协会业务主管单位和登记管理机关的双重管理制度，致使部分行业协会在登记时找不到业务主管单位，有的尽管找到业务主管单位，但业务主管单位又不愿意履行业务主管单位职责，这些情况在一定程度上阻碍了行业协会的发展，对经济发展与行业自律产生不利。由于传统制度一定程度上阻碍了社会组织的发展，上海开始大刀阔斧地进行这方面的尝试，除政府购买社会组织服务、建立公益服务园和公益新天地、举办公益伙伴日等新型制度安排外，行业协会体制改革探索也是一个亮点。2002 年 1 月和 10 月，上海市政府、市人大常委会相继发布《上海市行业协会暂行办法》《上海市促进行业协会发展规定》。行业协会由业务主管单位、登记管理机关双重管理制度调整为业务主管单位、行业协会发展署、登记管理机关三重登记管理制度，增加了行业协会登记的多种选择。2004 年深圳市、2005 年广东省和 2013 年国务院实行的把有关业务主管单位、登记管理机关由双重管理制度调整为双重管理制度、直接登记管理制度的有关规定，都是建立在上海经验基础上的。

第五个方面，社会组织民间性和自主性增强，信息透明度提高。1999 年 12 月，上海浦东新区社会工作者协会注册成立，这是全国第一家地区性社会工作专业团体。2004 年 7 月，劳动和社会保障部颁布第九批国家职业标准，社会工作者正式载入中国职业（标准）目录，此职业标准首先在上海实行试点。第一家自发成立民间社会工作机构——上海乐群社工服务社。上海真爱梦想公益基金会按照上市公司标准公开发布年报，公开详细的财务数据和审计报告，提高了社会组织信息透明度，扩大了社会组织影响力。

第六个方面，搭建社会组织交流平台，提高社会组织合力。创办的浦东公益服务园和上海公益新天地园，成为社会组织办公、交流与合作的基地，打造了一批在浦东新区、上海市乃至全国有名的公益品牌。连续八年成功举办"上海公益伙伴日"，形成凝聚正能量的社会公益生态圈。

第七个方面，尝试法人多元模式，组建社会组织多法人集团。在社会组织的运作过程中，发现单纯的一个法人，如社会团体法人无法去拓展相关事务，使社会组织不能全方位、多功能提供公共服务。在既有法人基础上，增加新的法人，形式有以下几种：第一种是在原有社会团体法人基础上，再申请成立民办非企业单位法人。第二种是在原有社会团体法人基础上，成立民办非企业单位法人，再成立营利性企业法人。第三种是在原有民办非企业单位法人基础上，再申请成立基金会法人，使它成为民办非企业法人的资金池，增强筹资能力。第四种是在原有社会团体法人基础上，增设民办非企业单位法人、企业法人、基金会法人。第五种是在原有民办非企业单位法人基础上，在异地申请成立多个民办非企业单位法人。上海已经形成了多元法人的格局，不论哪一种形式，通过法人多元模式，逐渐形成社会组织多法人集团，充分发挥社会组织多功能集聚作用。

第八个方面，夯实传统品牌，寻找新的增长点。在维持原有的创新项目、创新品牌、创新活动和创新机构的基础上，不断探索新的增长点，这在社区基金会、慈善超市、慈善信托等方面体现得特别明显。通过上海市委、市政府的“1+6”文件，倡导发展社区基金会，形塑社区共同体文化。慈善超市是旧有的慈善形式，通过标准化建设，公益与市场巧结合，确保输血与造血机制畅通。慈善捐赠是传统的做法，但慈善信托是崭新的形式，借助专业力量，扩大慈善服务的范围，提高效率。

借助政府圈、社会组织圈和企业圈三圈互动嵌入，在创新中摸索出一条体现上海特色、引领全国社会组织发展方向的社会组织发展模式。

本书从以下四方面展开分析阐述：第一部分主要探讨上海社会组织创新发展的价值、上海社会组织发展与上海城市治理的关系。第二部分分析了上海社会组织创新发展的阶段和现状特点。第三部分提炼了上海社会组织的制度创新、党建创新、慈善事业创新、枢纽服务创新和社区治理创新。第四部分对上海社会组织创新发展的经验加以总结，对未来趋势和预期提出战略思路。

本书在成稿过程中，博士生王昱晨对素材整理、初稿成形做了较多工作，博士生张圣、上海工程技术大学副教授吴磊参与部分章节的修改，硕士生段思含、彭雷对书稿做了一些校对工作。感谢我的岳父岳母，在我大腿骨折康复期间悉心照料两个多月，过着衣来伸手饭来张口的日子，使我有时间能心无旁骛地完成书稿。

在写作过程中，我们对以下人员作了访谈，征求了他们的意见，感谢他们提供了非常好的修改建议：复旦大学顾东辉教授、华东理工大学范斌教授和张良教授、上海市社会团体管理局曾永和副局长、上海市社会团体管理局赵宇处长、上海浦江社会组织创新发展研究院吴洁民副院长等。

感谢上海交通大学国际与公共事务学院、中国城市治理研究院为我们的研究提供了非常好的办公条件和便利措施，其中有多项成果，是以国际与公共事务学院、中国城市治理研究院的名义申报有关部门的。感谢上海交通大学国际与公共事务学院郭俊华教授、卢永彬讲师、高雪花老师、梁家恩博士、南京理工大学薛美琴讲师为课题的申请和调研提供了无私的帮助。中国公益发展研究院、第三部门研究中心每周一次的研究生读书会为本书提供了讨论交流的机会，收益多多。

本课题结项的答辩专家，有上海市社会科学院原党委书记潘世伟、复旦大学副校长陈志敏教授、华东师范大学杨小微教授、上海师范大学陈恒教授，他们提出了非常宝贵的修改意见。上海市社会科学界联合会科研组织处王龙同志做了大量的课题结项和书稿出版联系工作。书稿交稿时间一拖再拖，感谢上海交通大学出版社总编辑助理钱方针，编辑吴雪梅、张呈瑞的认真负责和耐心等待，也感谢上海文化发展基金对本书出版的支持。

尽管我们花了近一年的时间来集中梳理、分析和撰写这一书稿，还是面临头绪较多、时间不够用、调研工作还不全面等问题，不当之处，请方家批评指正。

九层之台，起于垒土；千里之行，始于足下。还好，万事开头难，走出了第一步，后面将会有第二步、第三步，我们将继续关注上海社会组织创新发展这一主题，讲好上海故事，为上海社会组织健康有序发展作出应有的贡献。

徐家良

2018 年 9 月 19 日 9 时 19 分于华师大一村

目　录

第一章　绪　论

当前我国正处于全面建成小康社会的决胜阶段、中国特色社会主义进入新时代的关键时期，政治、经济、文化、社会以及生态文明建设全面发展，国家治理体系和治理能力现代化正稳步推进，新时代的发展形势为社会组织发展提供了新机遇、新条件。随着国家和上海改革开放历史进程逐步深入，上海社会组织也在不断成长壮大。为了正确理解上海社会组织继往开来、创新发展的宏观环境，本书首先分析当前国家和上海的发展战略规划，并通过全方位回顾互动历程，阐述上海社会组织创新发展与国家和上海的具体需求如何紧密结合，梳理、归纳、总结上海社会组织创新发展的经验，寻找上海社会组织创新发展的新目标和新任务，以促进上海社会组织健康可持续发展。

1978 年中央实行改革开放政策以来，上海市社会组织得到了快速发展。它们不仅在数量上有所增加、规模上日益扩大，而且在组织能力、组织影响力等方面也得到了显著提升。越来越多的上海市社会组织开始深入到上海市的城市治理之中，积极维护公共利益，努力满足公众需求，逐渐成为上海市公共产品和公共服务的主要供给主体之一。社会组织力量的成长壮大，既推动了上海市以政治、经济、文化、社会、生态为基本内涵的“五位一体”建设，又在发展过程中形成了许多独具上海特色的社会组织创新发展模式，为全国其他省市的社会组织建设提供了一个可供参考和模仿的“范本”。因此，我们有必要对改革开放以来，上海社会组织的创新发展内容作一次系统的回顾、梳理。通过一番分析和归纳，一方面可以形成对上海市社会组织过往与现状的一种综合性的总结和反思，有利于上海市社会组织在未来的建设和发展过程中，发扬建设经验，规避建设风险；另一方面，也是希望以上海社会组织的创新发展经验为基准，带动全国其他省市社会组织的建设和发展，以此推动我国城市治理进一步由“政府垄断，专权管理”走向“多元主体，分权治理”，实现城市治理的“善治”景象。[①]

在具体探究“改革开放后上海社会组织的创新发展”之前，需要对此次本书涉及的基本概念、研究背景、理论意义、实践价值、方法选择、分析思路作一简要阐述，为后面章节内容建构提供理论基础与分析脉络。

第一节　基本概念

本书的研究框架与递进的逻辑思路较多涉及的概念主要有以下两个：社会组织与创新发展。

---

① “善治”，其英文名为“Good Governance”，直译为“良好的治理”。概括地说，“善治”就是使公共利益最大化的社会管理过程。它的本质特征就是政府与公民对公共生活的合作管理。俞可平.治理与善治[M].北京：社会科学文献出版社，2000：8.

一、社会组织

社会组织是现代社会结构分化的产物，是一个在社会政治制度与其他非政治制度不断趋向分离过程中所衍生的社会自组织系统的重要组成部分。[①] 它在不同国家和不同场合有着不同的称谓，主要包括“非营利组织”“非政府组织”“民间组织”“第三部门”，以及衍生而来的“慈善组织”和“公益组织”等。

（一）非营利组织

非营利组织概念与营利组织概念相对应：营利组织是为了获得更多的利润而提供社会公众所需要的产品，利润归股东或个人所有，而非营利组织强调通过自身的专业化服务满足社会的需求，这类组织通过经营性活动获得相应的收入，其利润不得用于成员间的分配发展。这一概念最初用以描述美国社会中那些根据联邦税法获得减免税待遇的特殊组织，后来经过美国学者 Thomas Wolf 的分析，逐渐成为学术界一个通用的概念。[②] 之后的相关领域学者又对非营利组织的概念界定，从其组织宗旨、组织性质、组织活动、组织目标等方面作了一些拓展，丰富了非营利组织的具体内涵。陈岳堂、熊亮提出“非营利组织是不以营利为目的，主要开展各种志愿性的公益活动的社会组织，是基于共同利益、愿望、价值观或使命而自愿结成的团队，以实现其社会使命和共同

① 孙关宏，胡雨春，任军锋.政治学概论（第二版）[M].上海：复旦大学出版社，2008：293.

② 徐家良，等.新时期社会组织建设[M].北京：中国社会科学出版社，2016：1.

愿望为宗旨”。① 钱颜文、姚芳、孙林岩认为“非营利组织是处在市场组织和政府组织之外的组织，它是以满足公众需求、不以营利为最终目标、自治性和志愿性组织”。② 为规范非营利组织的管理，中国出台了相关法律。在法律中，将非营利组织视为法人主体，具体界定了非营利法人的基本内涵，这在2017年3月15日全国人大通过的《中华人民共和国民法总则》（以下简称《民法总则》）就有较好的体现。《民法总则》区别了营利法人与非营利法人，指出非营利法人应为公益目的或者其他非营利目的成立，不向出资人、设立人或者会员分配所取得利润的法人，具体包括事业单位、社会团体、基金会、社会服务机构和宗教场所等。

（二）非政府组织

非政府组织概念与政府组织概念相对应：政府组织主要是拥有公共权力和强制力的组织，而非政府组织既没有公共权力，也没有强制力，它有大小概念之分。大概念包括企业和社会组织，不论是国有企业、民营企业和私有企业，都没有公共权力。小概念只是指社会组织。大小概念都侧重指明这类组织的特征在于没有公共权力，独立于政府公共权力体系之外，且注重于为社会提供服务，同时提供相对应的公益性产品或互益性产品。③ 但此称谓在现实使用过程中，多倾向于表述其“小概念”，即社会组织。具体使用环节，可参见目前学界已有的“非政府组织”概念的界定和政

① 陈岳堂，熊亮.非营利组织参与社区公共品供给激励机制研究[J].中国行政管理，2015(8)：62－65.

② 钱颜文，姚芳，孙林岩.非营利组织治理及其治理结构研究：一个对比的视角[J].科研管理，2006(2)：114－121.

③ Vakil A. Confronting the Classification Problem：Toward a Taxonomy of NGOs[J]. World Development，1997，25(12)：2057－2070.

府对“非政府组织”这一称谓的使用状况。

目前,学术界广泛使用“非政府组织”,且对其概念做了界定。在界定过程中为了与政府组织相区别,学者们融入了包括组织导向、组织性质、组织工作等其他内容,丰富了“非政府组织”的概念内涵。如 Ann C. Hudock 将“非政府组织”视为政府领域之外,且不同隶属于企业界的第三类组织,它以价值本位为导向,以志愿工作为核心任务,具备非营利性质;[①]赵黎青认为应将“非政府组织”视为一种致力于解决各种社会性问题的中介组织,且具备合法性、非政府性、非营利性、非党派性、非成员组织性、实行自主管理的民间志愿性等特征;[②]陈跃、占伟则提出“非政府组织是指介于政府组织与企业等盈利组织之间的一切社会组织”,且包含着“组织性”“自治性”“民间性”“非营利性”“志愿性”“公益性”和“非官方性”等特征。[③]

政府部门也认可“非政府组织”这一称谓。早期,该称谓为联合国所采用。联合国与非政府组织协商关系的法律依据,即《联合国宪章》第 71 条、经济和社会理事会的第 288(X)决议和 1296(XLIV)决议,规定了以下几个方面的内容:一是非政府组织通过咨询地位进入联合国系统;二是非政府组织可以申请咨询地位;三是不是由政府间协商成立的任何国际组织都是非政府组织。[④] 在联合国工作体系中,非政府组织可以对地区问题和国际问题提出相关的政策建议,在安全、环境保护等领域发挥着非常重要的作

① Ann C. Hudock.非政府组织[M].江明修,译.台北:智胜文化事业有限公司,2003:2.

② 赵黎青.非政府组织与可持续发展[M].北京:经济科学出版社,1998:44.

③ 陈跃,占伟.论社会治理中非政府组织的角色与功能[J].黑龙江社会科学,2013(4):24-27.

④ 王文.论非政府组织在联合国体系中的地位和作用[J].国际论坛,1999(6):8-12.

用。1995 年，在北京郊区怀柔召开的第四次世界妇女大会“NGO”论坛成为“非政府组织”这一称谓进入中国的重要标志之一。2016 年 4 月 28 日，全国人大常委会通过《中华人民共和国境外非政府组织境内活动管理法》，在国家法律层面上，第一次使用“非政府组织”称谓。

（三）民间组织

民间组织与非政府组织有点类似，都与政府组织不同，是不行使公共权力，并提供互益性或公益性服务的组织。唯一区别在于，“民间组织”这一称谓强调了组织建立的组织来源、组织归属和服务范围，即组织源于民间，归属于民间，且服务范围限于民间。许多学者在界定“民间组织”的过程中，也注意到民间组织这一称谓的特性，如谢海定提出“民间组织就是指由中国公民自愿组成，从事非营利活动的社会组织”；①王名强调民间组织应“具有不同程度的自治性与志愿公益性，不是宗教、政党、宗族组织”；②安蓉泉在对“民间组织”及其近似概念的辨析过程中，提出中国民间组织发展的首要矛盾不是“非营利性”的问题而是“非官方性”的问题，且“民间组织应指真正民间筹资、完全自愿、自治程度较高的互益和公益组织”。③

（四）第三部门

第三部门主要区别于第一部门（即拥有强制性的公共权力的政府）和第二部门（即提供产品谋取利润的企业），主要是通过专业化和社会化的方

---

① 谢海定.中国民间组织的合法性困境[J].法学研究，2004(2)：44-45.

② 王名，刘培峰.民间组织通论[M].北京：时事出版社，2004：4.

③ 安蓉泉.中国民间组织研究中的概念矛盾分析[J].国家行政学院学报，2003(2)：54-57.

式提供公共服务，这个概念由美国学者 Theodore Levitt 最先使用。① 在20世纪90年代，由徐永光主编的“第三部门研究丛书”采用第三部门概念。康晓光曾把第三部门的构成范围分为社会组织、事业单位、民主党派(通过协商参政议政)。② 徐家良认为第三部门是除政府、企业以外的部门。③

（五）慈善组织

目前学术界对于慈善组织的概念界定角度主要有五个方面：一是侧重于揭示慈善组织的组织宗旨，石国亮认为“慈善组织与经济性组织和政治性组织的最终价值取向存在差异，它并不是以谋取商业利益或者特定政治权力为宗旨，而是以公益性为其核心价值的一类组织”；④二是侧重于揭示慈善组织的组织性质，比如侯安琪认为“慈善组织是指具有慈善性、公益性、非营利性、非政府性、组织性的一类组织”；⑤三是侧重于揭示慈善组织的组织行为，陈津利认为“慈善组织旨在通过筹募社会资金、合理储备和组合基金增值，引导筹募资金和部分增值资金，直接提供社会福利服务，并经由政府正式登记的非营利组织”；⑥四是侧重于揭示慈善组织的组织功能，徐麟认为“慈善组织是纯粹为法理上承认的慈善用途而设立并主要进行救

① Theodore Levitt, The Third Sector: New Tactics for a Responsive Society[M], New York: AM - ACOM, 1973.

② 康晓光.创造希望：中国青少年发展基金会研究[M].桂林：广西师范大学出版社，1997：626 - 629.

③ 徐家良.第三部门资源困境与三圈互动：以秦巴山区七个组织为例[J].中国第三部门研究，2012(1)：211.

④ 石国亮.慈善组织公信力重塑过程中第三方评估机制研究[J].中国行政管理，2102(9)：64 - 70.

⑤ 侯安琪.论我国慈善组织的非政治目的约束[J].东北师范大学学报(哲学社会科学版)，2010(6)：257 - 259.

⑥ 陈津利.中国慈善组织个案研究[M].北京：中国社会出版社，2008：1,9.

济弱势群体活动的非营利组织，是以民间为主体、以捐赠为主要基础的公益性社会团体法人和财团法人”；①五是侧重于揭示慈善组织的组织价值，杨思斌、李佩瑶提出“慈善组织是慈善事业发展的载体和慈善活动的中坚力量”。②

根据组织的不同功能，有的组织或机构是专门从事慈善事业，有的则是部分地参与慈善活动或者在其运作过程中程度不同地涉及或可能涉及慈善内容。慈善组织一般分为社会团体、民办非企业单位（社会服务机构）和基金会。在整个慈善行为过程中，三个机构作为专门筹集慈善资金的机构，其基本定位就是慈善活动。③

慈善组织有大小范围，大范围的慈善组织指《中华人民共和国慈善法》（以下简称《慈善法》）中的范围，包括教育、科学、文化和环保等，小范围的慈善组织仅仅指解决困难群体、弱势群体、特殊群体问题事务的组织。

实际上，就传统而言，慈善组织主要是指为社会困难群体、弱势群体和特殊群体提供专业服务的非营利组织。其中，困难群体是生活困难的群体，受自然灾害和疾病所迫需要得到社会和别人的帮助；弱势群体主要包括基于身体原因无法自主生活，需要得到别人帮助的群体，如残疾人、小孩、孕妇和老人。郑杭生、李迎生认为这是指依靠自身力量或能力无法保持个人及其家庭成员最基本的生活水平，需要国家和社会给予支持帮助；④困难群体和

---

① 徐麟.中国慈善事业发展研究[M].北京：中国社会出版社，2005：190.

② 杨思斌，李佩瑶.慈善组织的概念界定、制度创新与实施前瞻[J].河北大学学报（哲学社会科学版），2016(5)：18－24.

③ 徐麟.中国慈善事业发展研究[M].北京：中国社会出版社，2005：192.

④ 郑杭生，李迎生.全面建设小康社会与弱势群体的社会救助[J].中国人民大学学报，2003(1)：2－8.

弱势群体往往被放在一起讨论。特殊群体，主要是指刑满释放人员、吸毒戒毒人员和失足青年。1999 年 6 月 28 日全国人大常委会通过《中华人民共和国公益事业捐赠法》(以下简称《公益事业捐赠法》)，该法第三条把慈善组织的慈善范围作了具体明确，慈善是指救助灾害、救济贫困、扶助残疾人等困难的社会群体和个人的活动。为便于区分慈善组织与其他类型社会组织的区别，2016 年 3 月 16 日全国人大通过的《慈善法》中，将慈善组织界定为依法成立、符合本法规定，以面向社会开展慈善活动为宗旨的非营利性组织。慈善组织可以采取基金会、社会团体、社会服务机构等组织形式，可以通过申请获得公开募捐资格。由此，慈善组织的内涵拥有了明确的法律依据。

（六）公益组织

这个概念是相对于私益组织概念、互益组织概念而言。私益组织是指仅为个人和某类人群提供服务的组织，如企业。互益组织是指为会员和成员团体提供服务的组织，如某个大学的校友会。公益组织是指为了公共利益和社会利益而提供公共产品的组织，如政府和基金会。不少学者在把握组织公益性特征的基础上，从行为导向和价值导向出发，界定了公益组织的概念：一方面，从价值导向出发提出公益组织的概念，康晓强就认为“公益组织是基于公益使命开展活动的组织，公益性是公益组织的基本使命和本质属性，贯穿于公益组织活动全过程，决定着公益组织的基本特征和发展取向”；①另一方面，从行为导向出发提出典型公益组织的概念，郑永强

① 康晓强.运作型公益组织——以香港乐施会参与汶川地震治理为例[J].社会主义研究，2011(3)：56－60.

提出“公益组织是国家行政机关外，依法行使一定范围内，涉及社会公共利益的行政管理职权的企事业单位或者组织”。①

鉴于公益组织与慈善组织相近程度较强，从《公益事业捐赠法》对公益事业范围的设定和《慈善法》中对慈善活动范围的设定出发，对公益组织与慈善组织的概念内涵可以进行一定的比较。1999 年 6 月 28 日由全国人大常委会通过的《公益事业捐赠法》第三条就规定，下列事项属于公益事业的范围：救助灾害、救济贫困、扶助残疾人等困难的社会群体和个人的活动；教育、科学、文化、卫生、体育事业；环境保护、社会公共设施建设；促进社会发展和进步的其他社会公共和福利事业。而 2016 年 3 月 16 日全国人大发布的《慈善法》第三条规定，慈善活动是指自然人、法人和其他组织以捐赠财产或者提供服务等方式，自愿开展的下列公益活动：扶贫、济困；扶老、救孤、恤病、助残、优抚；救助自然灾害、事故灾难和公共卫生事件等突发事件造成的损害；促进教育、科学、文化、卫生、体育等事业的发展；防治污染和其他公害，保护和改善生态环境等公益活动。从这两个法律来看，慈善组织基本等同于公益组织，但相比之下，慈善组织这一称谓强调对社会困难群体、弱势群体和特殊群体的帮扶；公益组织这一称谓强调对社会公共利益的维护，侧重点稍有不同。

除此之外，社会组织还有“志愿部门”“中介组织”“公民社会部门”“免税组织”等称谓，但与“社会组织”一样，这些称谓在使用上尚未形成共识。美国学者萨拉蒙从经济、法律和目标三个角度分析了这些称谓的区别。经

① 郑永强.试论我国公益组织的法律地位及其行政行为的可诉性[J].行政法学研究，1997(2)：44 - 48.

济角度强调这类组织如何获取资源，它们主要接受私人捐献，比如志愿部门、慈善组织。法律角度强调这类组织的法律地位，认为这类组织具有一定特定的法律形式，免于缴纳部分或全部税款，比如非政府组织、免税组织。目标角度侧重点在于组织追求的目的，强调这类组织的目的是为维护公共利益，鼓励赋权和参与，比如公益组织、中介组织。① 那么，面对这么多的“社会组织”近似称谓，我们如何去界定“社会组织”的概念，以示区分？

首先，需要明确的是，“社会组织”这一称谓与“非政府组织”“民间组织”“非营利组织”“第三部门”“慈善组织”和“公益组织”不同，它在中国政府管理过程中经历了一个发展演变的过程，即由“社会团体”“民间组织”，逐渐转向“社会组织”。

1949 年 10 月中华人民共和国成立后，社会团体是主要的社会组织主体，为规范其发展，政务院②在 1950 年颁布了《社会团体登记暂行办法》。1988 年，国务院为提升社会团体管理的专业水平，授权民政部成立了社会团体管理司。1996 年，为改变“民办事业单位”主管机关归口不同引起的管理混乱问题，国务院将“民办事业单位”统归为由各级民政部门负责登记的“民办非企业单位”，且民政部成立了社会团体和民办非企业单位管理司。1998 年，民政部成立民间组织管理局，对社会团体、民办非企业单位以及新兴的基金会实行统一管理。

2006 年 10 月，中国共产党十六届六中全会通过《关于构建社会主义和

① 莱斯特·M.萨拉蒙，等.全球公民社会：非营利部门国际指数[M].贾西津，等，译.北京：北京大学出版社，2007：11.

② 1954 年颁行的第一部《中华人民共和国宪法》规定设立中华人民共和国国务院，撤销政务院，其全部职权由国务院行使.

谐社会若干问题的重大决议》提出“社会组织”概念。2007年，中国共产党十七大进一步确认“社会组织”概念，用社会组织代替非政府组织、非营利组织、第三部门、民间组织等称谓，强调“发挥社会组织在扩大群众参与、反映群众诉求方面的积极作用，增强社会自治功能”“重视社会组织建设和管理”“培育、扶持和依法管理社会组织，支持、引导其参与社会管理和服务”。2015年9月29日，中共中央办公厅印发的《关于加强社会组织党的建设工作的意见》，对社会组织的组成做了新的规定，包括社会组织、民办非企业单位、基金会、社会中介组织以及城乡社区社会组织等。社会组织、民办非企业单位、基金会是在民政部门登记的组织类型，其他组织类型为新增内容，社会中介组织、城乡社区社会组织，既包括在工商注册为企业法人的律师事务所，也包括没有注册的非法人，如在基层为老年人服务的老龄协会，自发组织起来的一些兴趣组织，如跳舞协会。

社会组织的根本特征是社会性，体现了人与人之间的社会关系，这种关系区别于政府组织中的科层制关系以及经济组织中的物质利益关系，公民通过享有并行使结社权，结成各种各样的团体，实现共同的目标并在此基础上实现社会利益的最大化。①

广义的社会组织主要是指从事服务提供、利益代言、社会支持、资源募集等业务，具有非营利特征的一类组织。② 社会组织主要涵盖社会团体、民办非企业单位、基金会、社区基层组织、工商注册的非营利组织，使其成为区别于党政机关、人民团体、事业单位、公司企业、基层群众自治组织的

① 张海军.“社会组织”概念的提出及其重要意义[J].社团管理研究，2012(12)：31－32.

② 国务院发展研究中心社会发展研究部课题组.社会组织建设：现实、挑战与前景[M].北京：中国发展出版社，2011：1.

独立概念。① 从类型学和政府管理的角度，可以将社会组织理解为民政注册的社会团体、基金会、民办非企业单位的统称。② 狭义的社会组织，指自然人、法人或其他组织为实现会员共同意愿或公共利益，按照章程提供社会服务、不分配利润的组织。③ 为什么会有这么多的分歧和差别，主要还是范围的大小与判断的标准有别。

大范围的社会组织，是指政府和企业以外的两个以上的人成立一个组织，经常性地开展公益和互益活动。这些组织，如果是法人身份，就会有不同的注册登记部门：在民政部门注册的社会团体、社会服务机构和基金会；在编制部门注册的事业单位，包括属于社会团体的人民团体、群众团体；在宗教部门注册的宗教场所；由于双重登记管理原因，找不到业务主管单位而在工商部门注册为企业法人，这些企业法人不分配利润；在公安部门注册的境外非政府组织，指在境外合法成立的基金会、社会团体、智库机构等非营利、非政府的社会组织；还有特别法人，如村民委员会和居民委员会。如果是非法人，包括群众性的自治组织，唱歌、跳舞等文艺团体。小范围的社会组织，一般是指在民政部门注册登记的社会团体、社会服务机构和基金会三种类型。考虑到我国目前政府文件称这类组织为社会组织，本书采用社会组织代指非政府组织、民间组织、非营利组织、第三部门、慈善组织和公益组织等概念。

---

① 王名.社会组织概论[M].北京：中国社会出版社，2010：12－15；孙伟林.社会组织管理[M].北京：中国社会出版社，2009：31－33.

② 依据2016年3月16日第十二届全国人民代表大会第四次会议通过的《中华人民共和国慈善法》，“民办非企业单位”统一调整为“社会服务机构”.

③ 徐家良，等.新时期中国社会组织建设研究[M].北京：中国社会科学出版社，2016：3.

二、创新发展

提到创新发展，首先需要明确“创新”和“发展”两者本身的含义。

其一，什么是“创新”？据毛良升等学者的概括，目前对创新的一般理解大致形成了以下几种判断：一是认为创新就是发明创造；二是认为创新是建立一种新的生产函数，在经济活动中引入新的思想、方法和科技成果以实现生产要素新的组合，从而形成新的生产能力；三是认为创新是在经济、制度、文化、管理等全社会领域引进新的科技成果、新的生产关系、新的思想理念和新的管理方法等诸多新的元素，并通过这些新的元素的各自作用最终形成一种合力，从而推动社会各个领域的变革发展；四是认为创新就是一个主体联合、吸纳资源、创造新价值的动态过程。① 在相关创新理论研究中，北京创新学会在《国际整体创新系统问题研究》中指出，创新是创新主体为解决社会实践中提出的问题，通过实践活动实际地改变现存事物，形成新的价值观念、新的战略部署、新的概念设计、新的制度体制、新的活动方式、新的关系模式等，从而创造或增加其经济价值或社会价值，推动人类社会的进步和发展的精神性或物质性活动过程。② 我国党政机关也非常重视“创新”的意义和价值，在全国范围内，大力弘扬创新发展理念，2015 年 10 月中国共产党十八届五中全会通过的《中共中央关于制定国民经济和社会发展第十三个五年规划的建议》，该建议的重点在于提出了创

① 毛良升.哲学视域中的创新研究[D].北京：中共中央党校，2012.

② 北京创新学会.国家整体创新系统问题研究[M].北京：党建读物出版社，2006：31.

新、协调、绿色、开放、共享的发展理念，强调通过坚持这些理念破解发展难题，培养发展优势。开展理论、制度、科技、文化等各方面的创新，将创新摆在国家发展全局的核心位置，在党和国家的工作中贯彻创新，在全社会形成创新的良好风尚。

其二，什么是“发展”？“发展”源于哲学的探讨，指称事物在运动和变化中带有趋向性的关系。① 它属于运动变化的结果之一，具有必然性、定向性和不断优化性。将“发展”的概念引入到社会领域，可以将“发展”视为社会或社会中的主体在不断改良的运动过程中，必然产生的具有极强目标性的，且能够对现实产生优化效应的一种持续性演进状态。

将“创新”与“发展”相结合，就构成了“创新发展”的实质内涵，即指社会或社会中的主体融入新型的理念、制度、文化，应用先进的技术、结构、模式，围绕固定目标，不断进行自我改良，以实现自身优化，从而产生突出绩效或产出新型成果的一种持续性演进状态。

结合党的十八届五中全会精神，上海市社会组织的创新发展主要是指以国家治理体系和治理能力现代化为基本导向，紧密结合上海市自身城市发展和城市治理的历史进程，在政府、社会组织等主体的实践探索过程中形成的，涵盖对旧有体制的改革和借鉴先进经验，具有上海市特色和示范影响意义的一系列新型的理念、制度、文化及先进的技术、结构、模式，以此推动上海市社会组织自我改良，实现自身优化，从而发挥出更好的社会效益，且产出许多新型的公益项目，带动上海市的整体发展。具体来看，上海市社会组织的创新发展还包含着三方面社会背景和六方面发展要素。

---

① 刘怡翔.什么是发展[J].江汉论坛.1998(3)：10－13.

三方面社会背景。上海社会组织的创新发展建立在三个背景基础上，第一个背景是上海社会组织演进历程。我们的研究从时间段上是讲改革开放四十年，但实际上，上海市作为近现代中国最主要的大城市之一，从近代开埠到1949年10月新中国成立再到1978年中央实行改革开放政策，上海市的城市形态和定位的变迁极大地影响了社会组织演进，改革开放四十年上海市社会组织的创新发展也是沿着城市变迁历史轨迹，通过对过往城市空间中社会组织所起的作用影响进行批判、继承和扬弃，从而形成鲜明的自身特点。第二个背景是上海城市体制变革历程。上海市社会组织创新发展应建立在改革开放和相应的城市体制变革基础上，不能就社会组织谈社会组织创新发展，而是应从上海市自身城市发展和治理的视角来认识社会组织创新发展，要分析与社会组织创新发展的相关因素，包括政府力量和市场力量如何同社会组织进行互动。第三个背景是社会组织创新发展所使用的技术硬件革新，探讨信息通信技术以及其他科学技术的发展如何影响社会组织作用的发挥，以及社会组织如何通过调整自身结构功能更好地适应现代技术社会的发展需要。根据历史唯物主义基本观点，深入理解改革开放四十年来上海社会组织创新发展，需要把握上海社会组织创新发展的宏观时代背景，逐渐剖析社会组织创新发展的具体内容，进而揭示社会组织创新发展背后的主要动力和次要动力，探讨社会组织创新发展中的影响因素，研究社会组织创新发展的基本运行规则，揭示社会组织创新发展的一般规律，在此基础上，进一步分析上海社会组织创新发展的特殊性，以及上海社会组织创新发展运行规律对其他地方社会组织创新发展的借鉴作用和全国社会组织创新发展的引领作用。

六方面发展要素。上海社会组织创新发展包含着诸多的要素，其中最主要的为创新主体、创新内容、创新形式、创新技术、创新领域和创新本质这六要素。具体而言，第一要素是创新主体。在社会组织创新活动中，创新主体是指在民政注册的社会团体、社会服务机构和基金会。在注册层级上，分为在上海市民政局注册的上海市社会团体、社会服务机构和基金会，在区级民政部门注册的各区县社会团体、社会服务机构和基金会。考虑到基金会，原来是在民政部和省级民政部门注册登记的，所以在上海市，只有浦东新区民政局拥有注册基金会的权限，其他区县暂时没有权限注册基金会。街道民政部门，由于只有备案而无法人注册的社会组织，因此，不是严格意义上的社会组织。当然，考虑到社会组织创新的特殊性，其中政府创新主体，既包括上海市党政系统及相关部门，也包括各区党政系统和街道党政系统。除政府和社会组织外，还有企业作为主体在推动着社会组织创新。第二个要素是创新内容。上海社会组织在创新理念的指导下，在创新战略、创新项目方面形成自己的特色。第三个要素是创新形式。上海社会组织在传统社会组织运作基础上，通过公益招投标、“一个鸡蛋的暴走”及“公益伙伴日”活动等方式体现出与众不同的形式。第四个要素是创新技术。借助互联网技术，通过线上线下联动进行“互联网＋”探索，包括善淘网的网上募捐、宝山社区通等。第五个要素是创新领域。上海社会组织在创新领域涉及法律法规政策、党的建设、慈善事业、枢纽服务和社区治理等方面，通过这些不同的创新领域显示出创新的活力与生命。第六个要素是创新本质。上海社会组织通过创新主体、创新内容、创新形式与技术、创新领域，能够高效地实现社会组织目标，完成预期的社会任务，为社会发挥积极作用。

因此，上海社会组织创新发展是在上海城市历史和文化传统的基础上，根据上海市社会组织自身的特点与形式，改变原有的结构与运作模式，对社会需求做出合理的回应，既提供公益产品，又提供互益产品，使社会充满活力，举办符合社会发展趋势的一系列活动。

第二节　研究背景

目前，社会组织已经成为国家发展过程中的重要组成部分，日益发挥出较强的社会服务功能，并取得了较好的社会效益。社会组织如此良好的发展局面，是与国家对社会组织的法制保障、政策规范、战略布局密切相关的。具体可从“我国社会组织的法制建设”“我国社会组织的政策规制”“我国社会组织的发展演变”三方面去分析。

一、我国社会组织的法制建设

改革开放以来，我国关于社会组织的法律法规体系逐渐完善，主要由《慈善法》和国务院发布的三部行政法规（《社会团体登记管理条例》《民办非企业单位登记管理暂行条例》《基金会管理条例》）构成，对我国社会组织的组织登记、组织宗旨、组织行为、组织功能等内容做出了明确的界定。同时，其具体内容随着社会发展进程，仍然有不断改进的空间。

1978 年 12 月，通过对“文化大革命”十年动乱的拨乱反正，改革开放成为中国的国策。在社会组织领域，1992 年以来，全国人大及全国人大常委会先后通过了社会组织相关法律：1992年4月全国人大通过，2001年10月全国人大常委会修正的《中华人民共和国工会法》；1993年10月全国人大常委会通过，2009年8月修正，2017年2月修订的《中华人民共和国红十字会法》；1999年6月全国人大常委会发布的《公益事业捐赠法》；2016年3月，全国人大通过了《慈善法》；2016年4月，全国人大常委会通过了《中华人民共和国境外非政府组织境内活动管理法》，强调境外非政府组织在省级以上公安部门注册登记；2017年3月，全国人大常委会通过了《民法总则》，对1987年生效的《中华人民共和国民法通则》中的法人类型进行了重大修订，与社会组织实际工作有着最为直接影响的是确立了非营利法人这一新法人类型。以上这些法律，都是社会组织某一个方面的局部法律和社会组织中某一个专门组织的法律，不是社会组织整体的法律。

2016年3月，全国人大通过了《慈善法》，该法是首部有关慈善公益的基础性和综合性的法律，反映了依法治国、依法治社、依法治善的社会发展趋势。《慈善法》的颁布实施对社会组织的积极影响主要有以下四个方面：第一个方面是《慈善法》作为慈善领域的基本法律将促进制定或修改慈善事业有关条例，有利于社会组织更好地适用《慈善法》；第二个面是放开公募权。原来注册登记公募基金会非常困难，现在所有的基金会在注册时都可以选择公募还是非公募，基金会的主动性增强了；第三个方面是强调行业组织的功能。《慈善法》明确慈善行业组织的地位和作用，能够很好地发挥行业服务、行业自律的积极作用；第四个方面是社会组织改革创新。社会组织需要以章程为基础，构建科学的法人治理结构，完善内部治理结构，提高服务能力，加快信息公开，充分行使好《慈善法》所规定的权利，履行相应的义务，在现代化建设中发挥积极作用。①

虽然慈善法对社会组织发展有着诸多促进作用，然而《慈善法》并不是一部对社会组织进行整体性规范的法律。由国务院发布的三部行政法规（《社会团体登记管理条例》《民办非企业单位登记管理暂行条例》《基金会管理条例》）在社会组织相关专门法、基本法缺失的背景下，成为我国政府对社会组织进行管理与服务的主要法律依据。这三个条例中的许多规定，包括社会团体的范围、民办非企业单位出资者和盈利不允许分配、基金会的成立资金门槛和行政成本等，曾经引起过广泛的争议。② 而且，社会发展需要有较多的变化，因此，对这三个条例相关内容需要做出适当的修改，以符合社会发展需要。

二、我国社会组织的政策规制

为引导我国社会组织的健康发展，除了制定了较为完备的社会组织法律体系外，中央和地方政府还制定了具体的社会组织管理政策，进一步规范社会组织的发展。

其中，在中央层面，社会组织的管理政策包括民政部颁布的行政部门规章，民政部与其他部委联合颁布的管理规定，或者由各部委单独制定的管理规定，如 2017 年 5 月由民政部、中共中央宣传部、中共中央组织部、外交部、公安部、财政部、人力资源与社会保障部、国家新闻出版广电总局、国

① 徐家良.慈善法的颁布表明依法治善的开始[J].中国社会组织，2016(11)：15.

② 徐家良，等.新时期中国社会组织建设研究[M].北京：中国社会科学出版社，2016：57.

家统计局等九部委发布的《关于社会智库健康发展的若干意见》;在地方层面,社会组织的管理政策包括地方人大发布的条例和办法,省级政府出台的各类"细则"和"规定",以及地市级政府,甚至区县级政府颁布的各种"办法"和"意见",如 2002 年 1 月由上海市人民政府发布的《上海市行业协会暂行办法》、2005 年 12 月由广东省人民代表大会常务委员会通过的《广东省行业协会条例》、2016 年 5 月由浙江省委办公厅印发《关于进一步加强社会组织党的建设工作的实施意见》。

改革开放后,我国社会组织逐步实现了由"弱"到"强"的发展过程,即由改革开放之前的,被严加管制的,发展空间较小且发展能力较弱的社会组织逐步发展为拥有较为自由的发展空间,且能力较强的社会组织。这种转变与政府的管理思维密切相关,即政府逐渐注重并以积极的引导取代以往的硬性管制,这在一定程度上推动了社会组织的创新发展。

1978 年中央实行改革开放政策以来,中国共产党的工作重心逐渐转移到经济建设当中来,通过一系列措施转变职能和简政放权,采取了许多调适性改革来逆转收缩过程,积极进行国家发展的战略转型。① 在这种转型趋势下,我国权力高度集中的状况逐渐得到改变,开始强调在坚持党的领导的前提下合理分权,强调权力的优化配置。由此开始,党对社会组织认知也在转型和社会历史条件的具体变化中不断调整。中国共产党作为执政党由传统的党政组织、单位组织逐步向社会团体、区域性自治组织拓展,同时,对市场资源、社会组织的驾驭能力,成为衡量共产党执政能力的重要指标。此外,执政党组织、政府组织与社会组织之间实现了良性的分

① 沈大伟.中国共产党:收缩与调试[M].北京:中央编译出版社,2011:6-8.

工合作，既为构建现代国家治理结构与现代治理体系奠定基础，又是国家政治建设的主要内容，是构建合理的现代政治权力结构的关键。①

2002年10月，中国共产党十六届六中全会首次提出“社会组织”这一概念，通过健全社会组织，发挥其在提供服务、反映诉求、规范行为等领域服务社会的功能，对社会组织持一手抓监督管理和一手抓培育发展的理念。

2007年10月，中国共产党第十七次全国代表大会政治报告进一步确认“社会组织”概念，用社会组织代替非政府组织、民间组织、非营利组织、第三部门、慈善组织和公益组织称谓。在全面深化改革的背景下，社会组织发展受到了前所未有的高度关注。

2012年11月，中国共产党第十八次全国代表大会政治报告中提出“加快形成政社分开、权责明确、依法自治的现代社会组织体制。改进政府提供公共服务方式，加强基层社会管理和服务体系建设，增强城乡社区服务功能，强化企事业单位、人民团体在社会管理和服务中的职责，引导社会组织健康有序发展，充分发挥群众参与社会管理的基础作用”。

2013年11月，中国共产党十八届三中全会在《中共中央关于全面深化改革若干重大问题的决定》报告中进一步明确社会组织发展的战略和举措，正确处理政府和社会关系，加快实施政社分开，推进社会组织以明确权责、依法自治、发挥作用为导向，包括“适合由社会组织提供的公共服务和解决的事项，交由社会组织承担。支持和发展志愿服务组织。限期实现行

① 王邦佐，等.执政党与社会整合：中国共产党与新中国社会整合实例分析[M].上海：上海人民出版社，2007：32.

业协会商会与行政机关真正脱钩，重点培育和优先发展行业协会商会类、科技类、公益慈善类、城乡社区服务类社会组织，并实行直接申请登记制”等具体举措，为社会组织赋权增能，在中央层面开启了全面推进社会组织管理体制改革的新进程，突出强调了社会组织在社会治理中的重要作用，为社会组织的进一步发展谋篇布局。

2017 年 10 月，中国共产党第十九次全国代表大会政治报告中对社会组织的论述更加系统更加全面，主要体现在四个方面：第一方面是政治协商方面。“要推动协商民主广泛、多层、制度化发展，统筹推进政党协商、人大协商、政府协商、政协协商、人民团体协商、基层协商以及社会组织协商。”通过社会组织进入政治协商系统，提高社会组织参与决策咨询的能力；第二个方面是社区治理方面。“加强社区治理体系建设，推动社会治理重心向基层下移，发挥社会组织作用，实现政府治理和社会调节、居民自治良性互动。”通过社区治理这一平台，确保社会组织与政府、企业和居民之间的信息沟通，合作共赢；第三个方面是环境治理方面。“构建政府为主导、企业为主体、社会组织和公众共同参与的环境治理体系。”环境治理在国家治理和社会治理中发挥着越来越重要的作用，社会组织是环境治理体系不可或缺的主体；第四个方面是党建方面。“要以提升组织力为重点，突出政治功能，把企业、农村、机关、学校、科研院所、街道社区、社会组织等基层党组织建设成为宣传党的主张、贯彻党的决定、领导基层治理、团结动员群众、推动改革发展的坚强战斗堡垒。”报告同时对社会服务福利体系，以及社会诚信和志愿服务建设中社会组织的功能和作用进行了深刻论述。社会组织与其他主体一起在基层党组织建设中发挥政治信息沟通和政治动员作用，并在组织建设中发展党员，发挥党员先锋模范作用，确保社会组织活动中的政治方向。

在建设中国特色社会主义新时代，社会组织在服务国家、服务社会、服务行业和服务公众中扮演着非常重要的角色。在具体的政策操作安排上，社会组织的发展离不开相应的政治引领、培育扶持和监督管理。

社会组织的政治引领，主要是指在组织的宗旨、理念、运营、产出等主要领域中强化党的领导作用。社会组织是党的工作和群众工作的重要阵地，是党的基层组织建设的重要领域，规范社会组织党建工作，对于加强和改善党的领导、提升党的执政能力、巩固党的执政地位具有十分重要的意义。2015 年 9 月，中共中央办公厅印发《关于加强社会组织党的建设工作的意见(试行)》。意见指出“要建立健全社会组织党建工作机构，理顺管理体系，完善工作机制，落实党建责任，形成党委统一领导、组织部门牵头抓总、社会组织党建工作机构具体指导、有关部门齐抓共管的工作格局”。该意见通过强化社会组织党建，明确社会组织正确的政治发展方向，保证党的路线方针政策在社会组织全面贯彻落实。

社会组织的扶持培育方面，主要是指通过政府购买社会力量(主要是社会组织)的服务，对社会组织予以资源扶持、技术培育和政策优惠。由于社会组织的规模小，力量相对薄弱，政府应充当资源支持者、政策引导者的角色，而政府购买社会力量(主要是社会组织)的服务则是关键举措。2012 年开始，中央财政每年安排 2 亿元专项资金，用于支持社会组织参与社会服务；2013 年 9 月，国务院办公厅发布《关于政府向社会力量购买服务的指导意见》。意见提出，到 2020 年，在全国基本建立比较完善的政府向社会力量购买服务制度，形成与经济社会发展相适应、高效合理的公共服务资源配置体系和供给体系，公共服务水平和质量显著提高。2016 年 12 月，财政部、民政部联合下发《关于通过政府购买服务支持社会组织培育发展的指导意见》,意见在“基本原则”第一条明确：凡适合社会组织提供的公共服务,尽可能交由社会组织承担。在“主要政策”部分则规定：社会组织参与承接政府购买服务应当符合有关资质要求,但不应对社会组织成立年限做硬性规定。对成立未满三年,在遵守相关法律法规、按规定缴纳税收和社会保障资金、年检等方面无不良记录的社会组织,应当允许参与承接政府购买服务。政府新增公共服务支出通过政府购买服务安排的部分,向社会组织购买的比例原则上不低于30%。通过政府购买社会组织公共服务,在转移职能、提供资金的基础上,逐渐提升社会组织参与公共事务的能力,扩大社会组织在社会上的影响力。

社会组织监督管理方面,主要是指针对社会组织的阻碍性因素,改进和优化已有的社会组织监管体系。社会组织在全面建成小康社会、全面深化改革、推进国家治理体系和治理能力现代化进程中的地位和作用越来越重要的同时,也承受着由监督管理体系提出的更高的规范要求。2016年8月,中共中央办公厅、国务院办公厅印发《关于改革社会组织管理制度促进社会组织健康有序发展的意见》,这一意见对社会组织发展现状态势进行了研究、判断、分析了社会组织进一步发展的阻碍性因素较多,包括法规制度建设滞后、管理体制不健全、支持引导力度不够、社会组织自身建设不足等,并就进一步加强社会组织建设、改革社会组织管理制度、促进社会组织健康有序发展提出了相应的意见,对社会组织监督管理呈现出坚持放管并重、鼓励社会监督、加强非营利性监管等三个特点。

同时,在其他相关国家具体功能性的发展战略也直接涉及社会组织。2014年11月,《国务院关于促进慈善事业健康发展的指导意见》指出慈善组织是现代慈善事业的重要主体，大力发展各类慈善组织，规范慈善组织行为、确保慈善活动公开透明，是促进慈善事业健康发展的有效保证；2017年6月，《中共中央、国务院关于加强和完善城乡社区治理的意见》提出统筹发挥社会力量协同作用，推进社区、社会组织、社会工作“三社联动”，完善社区组织发现居民需求、统筹设计服务项目、支持社会组织承接、引导专业社会工作团队参与的工作体系。

三、中国社会组织的演变

中国社会组织的演变通过萌芽生长、有序发展和趋于成熟三个阶段，每个阶段呈现出不同特点与功能。

（一）社会组织的萌芽生长阶段

1949年9月通过的《中国人民政治协商会议共同纲领》第5条规定：中华人民共和国人民有思想、言论、集会、结社、通讯、人身、居住、迁徙、宗教信仰及示威游行的自由权。在此指引下，1950年9月由政务院通过的《社会团体登记暂行办法》把社会团体分为社会公益团体、文艺工作团体、学术研究团体、宗教团体和其他人民政府法律组成的团体。为了使社会团体登记工作顺利进行，1951年3月中央人民政府内务部又颁布了《社会团体登记暂行办法实施细则》。1956年以后，社会组织事务不再由政府某个专业部门管理，几乎所有党政机关都参与社会组织管理，每个部门负责与自己业务相关的社会组织，社会组织无须集中登记注册。“文化大革命”十年期间，社会事业受到了前所未有的挫折，社会组织发展一度停滞不前。新中国成立后至改革开放前的这段时期，我国社会组织管理体制呈现出党政社一体化同构的特征，中国共产党通过强大的组织资源对经济、社会和组织进行总体性的控制和动员。多头管理使得社会组织逐渐成为党和政府的附属机关，社会团体的发育处于停滞状态。随着单位制的形成和逐渐成熟，①个人被纳入集体之中，这“不仅从根本上吞食了社会组织存在的社会空间，而且也从根本上使留存下来的具有社会组织性质的各类社会团体空洞化”②。改革开放以来，治理理念的转变与公民社会意识的发展，促使社会组织有了更大的发展空间。尤其是党的十八大将社会组织纳入到社会治理的范畴后，社会组织从数量和规模上呈现上升的趋势。③

（二）社会组织的有序发展阶段

1998 年 10 月重新修订的《社会团体管理条例》颁行。该条例进一步提高了社会组织登记注册的门槛和监管力度。在这样的背景下，社会组织的数量进一步减少，而且减少的趋势一直持续到 2000 年。1998 年，《社会团体登记管理条例》的修订和《民办非企业单位登记管理暂行条例》的颁布，推进了民间组织管理走向法制化、规范化。各级民政部门启动了民办非企业单位的登记管理工作，登记在册的民办非企业单位连年大幅增长。全年共登记社会团体 9 088 个，其中全国性及跨省活动的社会团体有 5 个；注销

---

① 单位制是指适应计划经济体制而设立的一种特殊的组织形式，具有政治、经济与社会三位一体的功能，以行为性、封闭性、单一性为特征。何海兵.我国城市基层社会管理体制的变迁：从单位制、街居制到社区制[J].管理世界，2003(6)：52－62.

② 林尚立.两种社会建构：中国共产党与非政府组织[J].中国非营利评论，2007(1)：1－14.

③ 吴磊，俞祖成.多重逻辑、回应式困境与政策变迁——以中国社会组织政策为例[J].江苏社会科学，2018(3)：89－98.

非法、违规的各级社会团体 24 472 个。截至 1998 年底，全国社会团体已达 165 600 个。其中，全国性及跨省活动的社团有 1 849 个，省级及省内跨地（市）活动的社团有 20 883 个，地级及县以上活动社团有 53 777 个。这个时期的社会组织呈现逐渐增长的态势，与此同时社会组织的监督也逐步建立。

（三）社会组织的趋于成熟阶段

进入 21 世纪，随着社会治理的推进，社会组织的角色也愈发重要，社会组织的发展也呈现出新的特点。这体现在：一是基金会的数量呈现出逐渐增长态势，2005 年基金会仅有 892 个，其中在国家民政部门登记的基金会有 84 个，而截至 2017 年底，全国共有各类基金会 6 307 个，增长速度明显；二是新兴的社会组织形态不断呈现，如社区基金会、枢纽型社会组织等如雨后春笋般出现，并参与到社会治理和公共服务供给中，据不完全统计，目前中国有 80 多家社区基金会，其中深圳和上海两地有 60 家左右。① 三是行业协会的功能进一步发挥，2013 年，十八届三中全会《中共中央关于深化改革若干重大问题的决定》明确提出，要激发社会组织活力，重点培育和优先发展行业协会商会类、科技类、公益慈善类、城乡社区服务类社会组织，并实行直接申请登记制。对于在华境外非政府组织，《决定》则提出要引导其依法开展相关活动。四是慈善类组织取得了合法性的地位。2016 年 9 月 1 日，《慈善法》正式颁布实施。2017 年 3 月通过的《民法总则》采取了新的分类标准，将法人划分为营利法人、非营利法人和特别法人

① 何立军，杨永娇.社区嵌入视角下中国社区基金会典型模式比较分析——基于深圳的实践探索样本[J].江汉论坛，2018(7)：124－129.

3类，其中非营利法人包括事业单位、社会团体、基金会、社会服务机构等，自此，非营利法人正式登上历史舞台，这一阶段，相关政策相继出台，反映出政策制定者激发社会活力、促进社会组织发展的决心。五是社会组织在社会治理和公共服务中发挥的作用愈加重要。2012年至今，中央财政每年安排2亿元专项资金，用于支持社会组织参与社会服务；2013年9月，《国务院办公厅关于政府向社会力量购买服务的指导意见》发布。从中央政府到地方政府通过向社会组织购买公共服务，借此在培育和发展社会组织的基础上满足公众需要。

经过近年来的发展，社会组织从数量和质量上都取得了重要突破，在国民经济和社会发展中的作用也日益凸显。在数量上，2006年我国社会组织共有35.4万个，而截至2016年底，全国共有70.2万家社会组织，十年间增长一倍以上。社会组织的增加值也呈现出增长的态势，以民政部公布的《2014年社会服务发展统计公报》为例，截至2014年底，全国共有社会组织60.6万个，比2013年增长10.8%，社会组织增加值为638.6亿元，比2013年增长11.8%，占第三产业比重为1.00‰(见表1.1)。与此同时，社会组织的质量也得到重要提升。2016年，中共中央办公厅、国务院办公厅印发《关于改革社会组织管理制度促进社会组织健康有序发展的意见》。该意见第一次提出“努力走出一条具有中国特色的社会组织发展之路”，这标志着中国社会组织发展进入崭新的历史发展阶段，从此开启中国特色的社会组织发展道路。而根据2016年全国性社会组织的评估情况，在112家参评的全国性社会组织中，60.71%的全国性社会组织获得了3A级，20.54%(23家)的全国性社会组织获得了4A级，14.29%(16家)的全国性社会组织获得了2A级，3.57%(4家)的全国性社会组织获得了5A级，

0.89%(1 家)的社会组织获得了 1A 级,整体情况较好。①

表 1.1　2006—2016 年社会组织数量、增加值及占国内 GDP 比重

年份	2006	2007	2008	2009	2010	2011	2012	2013	2014	2015	2016
数量/万个	35.4	39.0	41.2	43.1	44.6	46.2	49.9	54.7	60.6	66.2	70.2
增加值/亿元	112.17	307.58	372.40	493.09	518.33	660.00	525.6	571.1	638.6		
占比/‰	0.52	1.15	1.77	1.43	1.27	1.36	0.98	0.97	1.00		

资料来源：根据民政部《社会服务发展统计公报》等制作。

通过对国家层面社会组织相关文件政策的梳理,可以看出当前通过党建引领在具体领域有效发挥服务功能成为社会组织今后发展的主要命题,由此产生本研究的主要关注领域"社会组织党建""社会组织参与慈善事业""社会组织枢纽服务""社会组织参与社区治理"以及贯穿各个领域的社会组织创新。

第三节　研究理论意义与实践价值

开展改革开放 40 周年上海社会组织创新发展的研究,一方面,可以丰富社会组织研究的相关理论内涵,体现出本书出版的理论意义;另一方面,有利于指导我国的社会组织实践,体现出本书出版的实践价值。

① 徐家良.中国社会组织评估发展报告[M].北京：社会科学文献出版社,2017：5－8.

一、理论意义

本书的理论意义具体体现在对上海市特色社会组织创新发展模式梳理、对上海社会组织创新发展的纵向横向分析及得出的两项创新观点和对中国特色的社会组织理论体系实际内涵的构建。

第一，概括出上海特色社会组织创新发展模式。从近代、现代到当代，通过重点梳理四十年历史的演变过程，根据不同阶段的特征，归纳出与其他地区不同的具有上海特色的社会组织创新发展模式。纵观 1978 年中国政治经济社会等方面的变迁演变，上海市极具示范和代表效应。上海市改革开放四十年来，在各个领域取得了空前绝后的伟大成就，然而对上海市改革开放成绩和经验的总结主要集中在政治和经济领域，对社会发展尤其是对社会组织的总结梳理较少，论述的深度不够，或只关注特定领域。因此，我们有必要对上海社会组织发展过程、阶段特性和演变方式等进行全方位分析，提炼上海社会组织创新发展的特点和有益经验。同时，围绕引导社会组织发挥积极作用和加强社会组织能力建设进行了哪些有益创新或规范化运作，可为其他地区的社会组织提供相应的借鉴参考。

第二，尝试提出新的分类与新的观点。通过对上海社会组织创新发展的研究，试图从分类学上有一个创新，并根据纵向和横向两个维度进行讨论。纵向维度梳理上海社会组织发展历史状况与阶段，横向维度分析上海社会组织创新发展的主要领域，包括政策法规、党建、慈善事业、枢纽服务和社区治理等。新的观点有两个：一是上海社会组织创新发展是一个有机体系，不可偏废，即指社会组织唯有在政治、经济、文化与社会的大背景下，才能实现自身的创新发展；二是社会组织创新发展由一系列创新理念、创新内容、创新形式、创新领域与创新过程组成，缺一不可。创新理念奠定上海社会组织创新发展的基础，创新内容、创新形式是上海市社会组织创新发展的集中展示，创新领域与创新过程是上海社会组织创新发展的载体。创新发展基础、创新发展展示和创新发展载体构成了完整的上海社会组织创新发展画面。

第三，丰富了有中国特色的社会组织理论体系。研究上海社会组织创新发展的内涵精髓，有必要站在承上启下、继往开来的历史高度，对上海社会组织四十年的发展进程进行系统地梳理回顾，对经验启示和成绩优点进行全面总结归纳，发掘上海内涵与精髓，提出建设中国特色社会组织发展之路的新观点，丰富有中国特色的社会组织理论体系。

二、实践价值

本课题研究的实践意义具体体现在对上海社会组织创新发展特点的概括、对上海市社会组织发展先进经验的总结以及对上海市社会组织健康有序发展的推动作用。

（一）上海社会组织创新发展的特点

本书主要关注上海市在贯彻落实《公益事业捐赠法》《中华人民共和国工会法》《国务院办公厅关于政府向社会力量购买服务的指导意见》《国务院办公厅关于在公共服务领域推广政府和社会资本合作模式指导意见的通知》《中共中央办公厅关于加强社会组织党的建设工作的意见（试行）》《慈善法》《中华人民共和国境外非政府组织境内活动管理法》《国务院关于

促进慈善事业健康发展的指导意见》《中共中央、国务院关于加强和完善城乡社区治理的意见》《中共中央办公厅、国务院办公厅关于改革社会组织管理制度促进社会组织健康有序发展的意见》等的实践过程中,结合自身具体条件走出一条具有上海市特色和借鉴示范意义的社会组织创新发展之路。通过研究上海市社会组织创新发展,可以概括出上海市社会组织创新发展的三个基本特点：一是通过党的建设明确上海市社会组织的政治方向;二是传统的创新方式与现代的创新方式融汇一体;三是社会组织服务体系规范化、多样化,积极有效地满足居民的显现需求和潜在需求,引导社会发展的潮流。

(二) 发挥上海社会组织发展先进经验的示范作用

上海市作为现代化大都市,在城市发展过程中正确引导社会组织服务于城市治理,有助于激发社会活力,发挥社会组织的比较优势。上海社会组织改革创新的实践过程对促进形成新型政社合作关系、构建服务型政府、提高行政效率起到了显著作用。同时,通过枢纽型社会组织和支持性社会组织建设,向北京、深圳、南京、成都、兰州、西安等地提供孵化在地化服务,把社会组织发展创新理念、创新形式和创新机制传递到所在地城市,有助于为其他地区社会组织发展提供有益经验。

(三) 进一步促进上海社会组织健康有序发展

上海社会组织的发展是在一次次批判继承中演化过来的,是一个不断扬弃和不断成长的过程。总结近代上海社会组织无序混乱的发展和新中国成立后对社会组织进行改造、限制的多重经验,有助于找准上海市社会组织在改革开放中的定位和功能。只有认真对待社会组织发展的历史,不断反思和总结,才能更好地面向未来,确保上海社会组织健康有序发展。

第四节　研究方法与研究思路

一、研究方法

（一）文献研究法

本研究查阅了上海交通大学图书馆、上海市图书馆的相关图书；在网上收集各类政策、法规、统计数据；在中国知网上检索“创新”“发展”“社区”“社会组织”“社区基金会”“慈善信托”“慈善超市”等关键词，收集和阅读相应的期刊、博硕士论文以及其他类型文献，其中创新相关论文30余篇、社区相关论文247篇、社会组织发展建设相关论文50余篇、社区基金会相关论文20余篇、慈善信托相关论文20余篇、慈善超市相关论文10余篇以及其他类型文献100余篇。通过分析既有的书籍与论文，形成本书的基本命题与研究框架。

（二）个案研究法

上海社会组织创新发展过程中涌现出一大批优秀的社会组织和一大批富有社会影响力的项目品牌，这就有必要对相关的组织和项目进行调查研究。这些优秀的社会组织有：上海市人才服务行业协会、上海市建筑施工行业协会、天目西路街道社会组织服务中心、上海市慈善基金会、上海宋庆龄基金会、浦东新区公益服务园、上海真爱梦想公益基金会、善淘网、上海映绿公益事业发展中心、上海乐群社工服务社、上海长三角社会组织发展中心等。本研究团队通过对相关组织机构多次进行观察和体验，对相关材料进行收集和组织，掌握其服务和活动开展情况，了解社会组织在运作过程中的特色与经验。

（三）访谈法

本书撰写团队首席专家徐家良教授近年来先后主持过“上海行业协会研究”“上海社会组织十二五规划研究”“上海福利企业研究”“上海社会组织党建研究”“上海慈善超市发展研究”“上海慈善信托理论与实践研究”“上海社会组织创新发展研究”等课题，对上海市级社会组织，如恩派公益组织发展中心、上海美丽心灵社区公益基金会；区级社会组织，如静安区社会组织联合会、浦东新区公益项目合作促进会；社区社会组织，如洋泾社区公益基金会、江浦社区公益基金会、石门二路街道慈善超市等负责人进行访谈，了解其历史现状、治理结构、项目运作和未来规划状况。

二、研究思路

本研究分为纵向、横向两个维度。纵向维度对上海自近代以来上海社会组织演化变迁进行了梳理，特别针对改革开放后上海社会组织发展的阶段特征作了提炼概括；横向维度，将改革开放以来，特别是将十八大以来中央出台的与社会组织紧密相关的战略意见、规划同上海自身发展规划和具体实践相结合，划分为社会组织及相应的制度安排创新、党建创新、慈善事业创新、枢纽服务创新和社区治理创新等专题领域的梳理研究。本书以上海社会组织发展历史为基础，通过对上海社会组织法律法规政策创新发展、党的建设创新发展、社会组织参与慈善事业、社会组织枢纽服务创新发展和社会组织参与社区治理创新发展等方面的介绍，概括上海社会组织创新发展的重要特征和主要经验，根据上海社会组织存在的问题与不足，提出上海社会组织进一步创新发展的对策和建议，对政府、企业和社会组织都有借鉴和促进作用，为上海社会组织更好地发挥作用奠定良好的基础。

本书认为，上海社会组织发展历程，是由静态的法律法规政策和动态的制度行为演变而成，以城市发展和城市治理为基础，通过优秀社会组织个案，借助社会组织专题领域（党的建设、慈善事业、枢纽服务、社区建设等）、组织类型（社会团体、社会服务机构、基金会）的整体分析，探讨社会组织管理体制和机制变革，最后概括出上海社会组织创新发展的重点特征和主要经验，从而形成上海社会组织创新发展的基本思路，其技术路线图如图 1.1 所示。

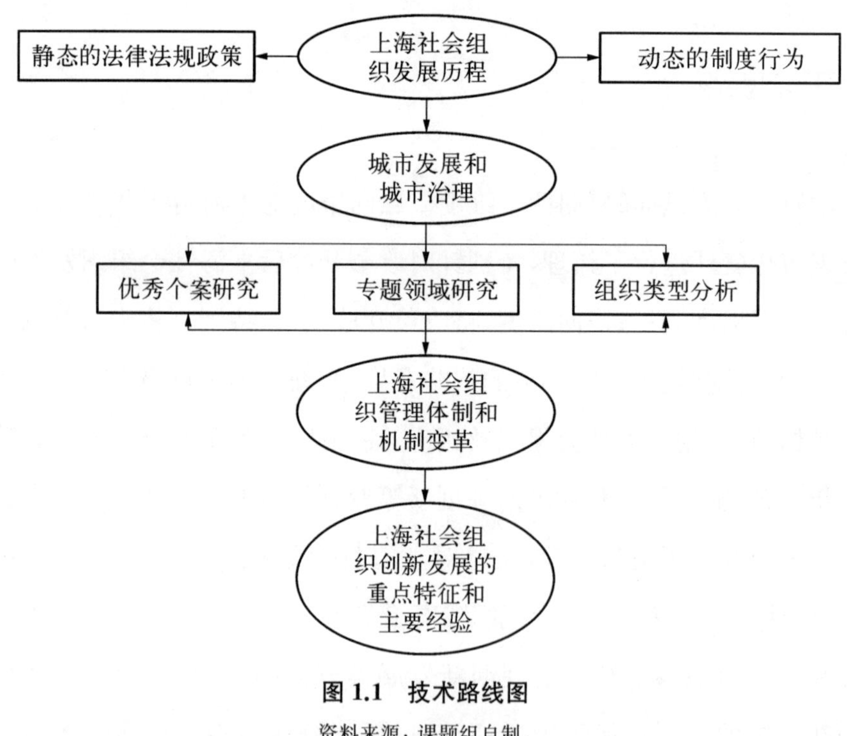

图 1.1　技术路线图

资料来源：课题组自制。

第二章　城市治理与社会组织

本书立足上海，放眼全国，对上海四十年来社会组织的具体发展情况和创新经验进行回顾、梳理和总结。鉴于上海市鲜明的都市属性，本书从城市治理的角度来分析上海市社会组织的发展状况，并具体从“理论回顾与中国城市治理实践”“社会组织在城市治理中的意义和作用”“上海城市治理中的社会组织发展现状”三方面进行了分析，揭示了城市治理的理论内涵和现实实践、社会组织与城市治理的具体关系，以及上海城市治理变迁中的社会组织创新发展进程。

第一节　理论回顾与中国城市治理实践

“城市治理”这一称谓，既包含着实质性的理论内容，又对应了现实中的实践过程。鉴于此，我们将从“城市治理”的静态描述，即阐释“城市治理”的相关概念及其理论内容，和“城市治理”的动态描述，即分析中国城市治理进程及其表现，两方面出发，以期完整揭示城市治理的全部内涵，且为进一步在城市治理视角下，探究社会组织在城市治理中的意义和作用，以及分析上海城市治理中的社会组织发展状况，进行系统化的，包含理论与现实在内的背景铺垫。

一、城市治理的理论回顾

城市治理的理论回顾部分是对“城市治理”这一称谓的静态描述，主要包括对“城市”“治理”“城市治理”概念内涵的依次阐释，以及对城市治理理论的演变过程及其研究内容的系统分析。

(一) 城市

据《现代汉语词典》，“城市”的定义为：人口集中、工商业发达、居民以非农业人口为主的地区，通常是周围地区的政治、经济、文化中心。① 相较于乡村，城市是一个庞大的空间环境体系，它是集中人口、建筑、交通、财富和信息等的载体，从而也是集中经济、政治、社会、文化和科学技术等各方面活动的空间场所，并发展成为一种特殊的社会组织结构形式。② 城市是多样异质文明的空间化聚集、结构化整合，城市与文明相共生。且从城市特性来看，在本特利等全球文明史专家看来，文明多样性是城市中的首要特性。所谓“文明多样性”，主要指以城市为场域、核心的社会领域与社会功能的专业划分及其空间共在，即专门化、专业化的管理、宗教、谋利、交易等功能在城市中或者以城市为中心的多样共存。

---

① 中国社会科学院.现代汉语词典(第七版)[M].北京：商务印书馆，2016：169.

② 董文卿.论“城市共同体”作为人类社会组织形式的内涵与价值[D].上海：复旦大学，2010.

（二）治理

概而言之，治理是指政府等行为主体通过对社会各方面的组织协调以实现集体目标的过程。1989年，世界银行在其报告《撒哈拉以南的非洲：从危机到可持续增长》中首次提到了“治理危机”一词。之后，联合国全球治理委员会对治理的概念进行了界定，认为“治理”是指“各种公共的或私人的个人和机构管理其共同事务的诸多方法的总和，是使相互冲突的或不同利益得以调和，并采取联合行动的持续过程”，这既包括有权迫使人们服从的正式制度和规则，也包括各种人们同意或符合其利益的非正式制度安排。围绕治理，形成了一系列相关概念。第一，从治理范围来看，包括“全球治理”①“区域治理”②“国家治理”③“社区治理”④等；第二，从治理主体来

① 全球治理是指“正式的制度和组织——国家机构、政府间合作等——制定（或不制定）和维持管理世界秩序的规则和规范，而且所有其他组织和压力团体——从多国公司、跨国社会运动到众多的非政府组织——都追求对跨国规则和权威体系产生影响的目标和对象”。“其中，联合国体系、世界贸易组织以及各国政府的活动是全球治理的核心因素，而社会运动、非政府组织、区域性的政治组织等也都参与全球治理。”夏建中.治理理论的特点与社区治理研究[J].黑龙江社会科学，2010(2)：125－130＋4.

② 区域治理是全球治理最重要的一部分。虽然，区域层次治理同全球层次的治理一样，同样有着国家共同治理与非国家共同治理，但是其内涵更加丰富多彩，也更有力度和特色。比如区域治理直接关系的国家利益；区域治理新形式层出不穷，其最高的表现是区域性的政治整合等。俞正梁，区域化、区域政治与区域治理[J].国际观察，2001(6)：1－3.

③ 国家治理是指统治者的“治国理政”，其基本含义是统治者治理国家和处理政务。王浦劬.国家治理、政府治理和社会治理的含义及其相互关系[J].国家行政学院学报，2014(3)：11－17.

④ 社区治理是指在一定区域范围内政府与社区组织、社区公民共同管理社区公共事务的活动。魏娜.我国城市社区治理模式：发展演变与制度创新[J].中国人民大学学报，2003(1)：135－140.

看，包括“政府治理”[①]“社会治理”[②]等；第三，从治理方法来看，包括“多中心治理”[③]“参与式治理”[④]“协同治理”[⑤]等；第四，从治理效果来看，典型的概念是“善治”，即“良好的治理”。其中，“城市治理”应归属于治理范围角度中衍生出的具体概念，其范围介于“国家治理”与“社区治理”之间。

（三）城市治理

“城市治理”概念是对“城市”概念与“治理”概念的充分结合，目前许多学者也是在系统把握“城市”特性和“治理”思维的基础上，提出对“城市治理”的相关界定，比如盛广耀提出“城市治理”是治理理论在城市公共事务

① 政府治理是指政府行政系统作为治理主体，对社会公共事务的治理。王浦劬.国家治理、政府治理和社会治理的含义及其相互关系[J].国家行政学院学报，2014(3)：11－17.

② 社会治理是以实现和维护群众权利为核心，发挥多元治理主体的作用，针对国家治理中的社会问题，完善社会福利，保障改善民生，化解社会矛盾，促进社会公平，推动社会有序和谐发展的过程。姜晓萍.国家治理现代化进程中的社会治理体制创新[J].中国行政管理，2014(2)：24－28.

③ 多中心治理是指多个权力中心共同治理公共事务，提供公共服务。它意味着有许多在形式上相互独立的决策中心，它们在平等竞争的关系中，相互尊重对方的地位，通过形成各种各样的合约，从事合作性的活动并解决相互间的冲突。李振华，赵黎明.多中心治理区域孵化网络特征与动态能力建设[J].科研管理，2014(6)：77－83.

④ 参与式治理是指与政策有利害关系的公民个人、组织和政府一起参与公共决策、分配资源、合作治理的过程。陈剩勇，赵光勇.“参与式治理”研究述评[J].教学与研究，2009(8)：75－82.

⑤ 协同治理是指在公共生活过程中，政府、非政府组织、企业、公民个人等子系统构成开放的整体系统，货币、法律、知识、伦理等作为控制参量，借助系统中诸要素或子系统间非线性的相互协调、共同作用，调整系统有序、可持续运作所处的战略语境和结构，产生局部或子系统所没有的新能量，实现力量的增值，使整个系统在维持高级序参量的基础上共同治理社会公共事务，最终达到最大限度地维护和增进公共利益之目的。郑巧，肖文涛.协同治理：服务型政府的治道逻辑[J].中国行政管理，2008(7)：48－53.

管理方面的系统应用；①莫于川、雷振认为"'城市治理'是治理理论在城市范畴的运用，且相对于城市管理的单方性、高权性、强制性而言，城市治理体现了人本、人文、民主、法治、高效、和谐等重要理念"；王佃利还从广义和狭义的角度，对"城市治理"的内涵进行了区分，广义的"城市治理"是指一种城市地域空间治理的概念，为了谋求城市中经济、社会、生态等方面的可持续发展，对城市中的资本、土地、劳动力、技术、信息、知识等生产要素进行整合，实现整体地域的协调发展；狭义的"城市治理"是指城市范围内政府、私营部门、非营利组织作为三种主要的组织形态组成相互依赖的多主体治理网络，在平等的基础上按照参与、沟通、协商、合作的治理机制，在解决城市公共问题、提供城市公共服务、增进城市公共利益的过程中相互合作的利益整合过程。② 综上所述，可见"城市治理"概念必须包含五大核心元素：界限元素，即城市范围为界限；理论元素，即治理理论为基础；主体元素，即城市范围内政府、企业、社会组织或个人为核心；行为元素，即多元主体合作为方式；目标元素，即优化城市发展为导向。基于此，我们给出本研究的"城市治理"界定：是指在城市范围内，运用治理理论的思维方法，实现政府、企业、社会组织或个人，以合作的形式参与到城市建设的进程中，推动城市不断优化和发展的具体过程。

在治理理论兴起之前，城市治理主要属于城市政治学和城市政治经济学的研究范畴，大体上经历了城市权力结构论（精英论和多元论）、增长机器论、城市联盟论、城市政体论等理论和学说。进入 20 世纪 90 年

① 盛广耀.城市治理研究评述[J].城市问题，2012(10)：81－86.

② 王佃利.城市管理转型与城市治理分析框架[J].中国行政管理，2006(12)：97－101.

代以来，城市治理理论开始占据主流地位，学者们开始将制度主义的视角引入到城市研究中去，形成了城市治理的理论范式，且主要集中在六个方面：一是基本概念；二是城市治理结构，主要是治理主体间的权责配置及其关系；三是城市治理模式转型研究；四是城市社区治理；五是城市区域治理；六是城市治理评价。① 可以说，城市治理理论是对城市治理概念的系统性分析。

二、中国城市治理实践

中国城市治理实践总共经历了三个阶段，即城市管理时期、城市管理向城市治理过渡时期、城市治理优化时期。

（一）第一阶段，改革开放前的城市管理时期

在实行改革开放政策以前，中国建立起的是一个总体性社会，即一种结构分化程度很低的社会。在这种社会中，国家对经济以及各种社会资源实行全面的垄断，政治、经济和意识形态三个中心高度重叠，国家政权对社会实行全面控制。② 在中央和地方关系方面，由于实行高度集中的计划经济体制，使得中央部委对城市相关条、线的干预能力远大于地方政府。

① 计永超，焦德武.城市治理现代化：理念、价值与路径构想[J].江淮论坛，2015(6)：11－15.

② 中国战略与管理研究会社会结构转型课题组.中国社会结构转型的中近期趋势与隐患[J].战略与管理，1998(5)：1－17.

（二）第二阶段，改革开放后的城市管理向城市治理过渡时期

1978年后特别是90年代后，随着市场经济逐步发展以及相应的所有制结构变动和社会流动加剧，条线管理转向为属地管理，中央权力开始收缩、调试，而以市、县为代表的地方政府获得赋权增能，则成为推动中国城市发展的重要力量以及相关研究和讨论的主要内容，以地方政府为核心推动城市发展、更新和升级，构成了改革开放后中国城市治理第一阶段的主要特征。不过，在城市管理向城市治理过渡中也暴露了许多问题。

1. 城市发展资源分配不均

改革开放初期，除深圳、珠海、汕头、厦门以及海南等经济特区外，各地方政府并未获取中央政府足够的放权和扶持政策，严重影响了中国城市治理的整体化进程和发展。

2. 中央集权仍然明显

中央和地方的权力结构——中央集权化特征非常明显，仍主要按照计划经济的模式进行生产资料、生活资料等要素配置，不利于提升地方的城市建设活力。

3. 地方政府盲目信奉“增长主义”

地方政府在GDP政绩考核的驱动以及在土地财政的巨大诱惑下，前所未有地强化了城市开发领域各个方面的要素控制，由此中国进入城市增长主义时期。① 增长主义，从一个侧面说，指的是作为一个指导思想，一切以经济增长为中心、服务于经济的增长和发展，即经济增长至上主义，经济

① 陈易.转型期中国城市更新的空间治理研究：机制与模式[D].南京：南京大学，2016：46.

增长主义把经济社会各个领域、各个阶层的力量调动并集中到以经济发展为重点的轨道上，从而推动了经济的发展。① 这一发展思路的前提预设是将增长等同于治理，认为在经济增长过程中很多问题将迎刃而解，形成如下论调：如果没有8%以上的经济增幅，地方财政收入就会受影响，地方政府就无法搞建设，无法解决民生问题。然而长期奉行增长主义的城市治理实践效果却难以令人满意，造成经济与社会、文化、生态等多元目标发展之间的失衡，不仅产生了诸多消极的外部效应，也掣肘了中国经济的可持续发展。增长主义导向的地方政府往往重经济增长而轻社会发展，福利体系建设的步伐长期滞后于经济发展，加之体制上的局限导致了社会贫富差距不断加大，滋生了居住空间的分化、新城市贫困、城市暴力拆迁、传统文化断裂等一系列社会与文化问题。与此同时，盲目追求经济增长而带来的巨大环境保护成本和环境污染外部效应则长期由全社会共同承担。② 在传统单一强调城市经济增长的发展路径难以为继之后，中国城市发展与治理需要有新的思路。在此背景下，自1978年3月第三次中央城市工作会议召开的37年后，中央城市工作会议再次召开。

（三）第三阶段，2015年以来的城市治理优化时期

2015年12月第四次中央城市工作会议召开，中共中央总书记习近平在会议上发表重要讲话，分析城市发展面临的形势，明确做好城市工作的指导思想、总体思路、重点任务。国务院总理李克强在讲话中论述了当前城市工作的重点，提出了做好城市工作的具体部署，并作总结讲话。会议

① 宋绍英.论日本的经济增长主义[J].东北师范大学学报，1988(6)：19－24.

② 张京祥，赵丹，陈浩.增长主义的终结与中国城市规划的转型[J].城市规划，2013，37(1)：45－50＋55.

强调我国城市工作的指导思想是：全面贯彻党的十八大和十八届三中、四中、五中全会精神，以邓小平理论、“三个代表”重要思想、科学发展观为指导，贯彻创新、协调、绿色、开放、共享的发展理念，坚持以人为本、科学发展、改革创新、依法治市，转变城市发展方式，完善城市治理体系，提高城市治理能力，着力解决城市病等突出问题，不断提升城市环境质量、人民生活质量、城市竞争力，建设和谐宜居、富有活力、各具特色的现代化城市，提高新型城镇化水平，走出一条中国特色城市发展道路。会议指出，城市工作是一个系统工程，一是尊重城市发展规律；二是统筹空间、规模、产业三大结构，提高城市工作全局性；三是统筹规划、建设、管理三大环节，提高城市工作的系统性；四是统筹改革、科技、文化三大动力，提高城市发展持续性；五是统筹生产、生活、生态三大布局，提高城市发展的宜居性；六是统筹政府、社会、市民三大主体，提高各方推动城市发展的积极性。城市治理和发展的思路转变，使社会组织作用和意义凸显了出来。以此会议为起点，中国的城市治理开始走上一条全方面优化道路。

第二节　社会组织在城市治理中的意义和作用

社会组织在城市治理中的意义主要体现在社会组织对社会创新的强大推动力。同时，社会组织又在参与城市治理过程中，通过推进政治制度化、经济发展、社会和谐、文化繁荣和生态环境保护，体现出社会组织所具有的积极作用。以上两方面，充分体现出了社会组织在城市治理中的重要价值，说明社会组织是城市治理中不可或缺的主体之一。

一、社会组织在城市治理中的意义

社会组织在城市治理中的意义体现在它对社会创新的强大推动力，且该能力通过协同治理予以实现，因此有必要对社会创新和协同治理进行简要的概念梳理。

（一）社会创新

在阐述社会组织如何通过协同治理思维实现社会创新前，首先需要明确的是"社会创新"的基本概念。具体可从以下四种角度去理解：第一，社会创新目标角度，英国杨氏基金会主席杰夫·摩根认为社会创新是在满足社会目标方面产生效果的新想法，或者是指受满足社会需求目标所驱使并主要由以社会目的为主的组织所从事和扩散的创造性行动和服务；①第二，社会创新行为角度，查普夫基于社会变迁的视角对社会创新进行了深入诠释，他指出社会创新是达到目标的新的途径，特别是那些改变社会变迁方向的新的组织形式、新的控制方法和新的生活方式，它们能比以往的实践更好地解决问题，因此值得模仿、值得制度化；第三，社会创新主体角度，何增科就指出公民社会组织及社会企业家、社会活动家、民间意见领袖等杰出公民，他们往往是社会创新的发起者；②第四，社会创新组织和制度角度，王名认为社会创新主要由组织创新和制度创新构成，其中最具表象性的特征是在社会发展过程中涌现出的具有创新意义的各种组织和制度

① Mulgan G. Social Innovation：what it is，why it matters，how it can be accelerated[R]. Skoll Centre for Social Entrepreneurship，2007：8 - 12.

② 何增科.社会创新的十大理论问题[J].马克思主义与现实，2010(5)：99 - 112.

形式,新型社会组织及其所构建的新型社会网络是社会创新的重要主体。①

在明确了“社会创新”概念之后,要系统阐述社会组织如何通过协同治理思维实现社会创新还需要先阐释何为“协同治理思维”。

（二）协同治理思维

所谓“协同治理思维”,是指政府与企业、社会组织以及/或者公众等利益相关者,为解决共同的社会问题,以比较正式的适当方式进行互动和决策,并分别对结果承担相应责任的一种指导思维。思维内容具体包含六个方面的特征,一是公共性：目的是解决公共问题,而不是私人问题;二是多元性：参与者应来自不同的部门,比如政府、企业、社会组织以及公民等多个主体;三是互动性：各参与者之间为了实现共同的目标有积极的互动;四是正式性：为确保运作规范,提高各方的投入程度,各参与者之间的关系、职责应通过比较正式的制度或规则确定下来;五是主导性：政府不是唯一的责任主体,但仍然在治理中处于中心位置,具体表现在议程的制定、责任的承担等方面;六是动态性：协同治理并没有统一的运作模式,而是根据具体的情况,呈现出一定的动态性。②

从我国的政策研究来看,即从2004年党的十六届四中全会提出要“加强社会建设和管理,推进社会管理体制创新”,到2007年党的十七大报告提出要“建立健全党委领导、政府负责、社会协同、公众参与的社会管理格局”,再到十八届三中全会提出“创新社会治理体制,改进社会治理方式,激

① 王名,朱晓红.社会组织发展与社会创新[J].经济社会体制比较,2009(4)：121－127.
② 田培杰.协同治理概念考辨[J].上海大学学报(社会科学版),2014,31(1)：124－140.

发社会组织活力”，这一演进过程中，可知实现社会治理创新的前提是要实现治理主体创新，而在这一过程中，各界都认同政府、市场和社会组织等三类主体对社会管理创新的共同责任以及形成三者良性互动的重要性。[①] 由此开始了城市发展过程中的协同治理之路。社会组织具有服务多样、灵敏高效等特点，且业务范围涉及科技、教育、文化、卫生、劳动、民政、体育、环境保护、法律服务、社会中介服务、工商服务等社会生活的各个领域，代表着社会中不同层次、不同阶层、不同团体的利益，在关怀弱势群体，促进社会公平正义，提供社会服务，建设社会信任体系等方面具有不可替代的作用，成为参与城市治理构建社会主义和谐社会的重要力量。[②]

综上所述，社会组织通过参与协同治理，带动了城市的创新发展，呈现出其在城市治理中的重要意义。那么，从社会组织参与协同治理的具体内容出发，它又在城市治理中发挥了何种作用？

二、社会组织在城市治理中的作用发挥

通过协同治理，社会组织可在城市治理多个领域发挥出积极作用，可以分为推进政治制度化建设、带动经济发展、实现社会和谐、促进文化繁荣和开展生态文明建设五个方面。

---

① 刘旺洪.社会管理创新：概念界定、总体思路和体系建构[J].江海学刊，2011(5)：137－146＋239.

② 徐祖荣.社会管理创新范式：协同治理中的社会组织参与[J].中国井冈山干部学院学报，2011，4(3)：106－111.

（一）推进政治制度化建设

政治制度化，就是政治活动的组织原则与组织程序不断取得社会认可，并使大多数社会成员普遍遵守的过程。任何政治系统都是试图将系统内成员的政治能量纳入一个经常的、可预测的制度化渠道。① 社会组织通过国家政治的制度化渠道吸纳、整合社会需求和压力、缓和社会矛盾，需要政治系统的输入端和输出端配合协作，在输入端应注重政治参与的社会代表性和组织化程度。在这一方面，各类社会组织恰恰具有较高的社会代表性和组织化程度，有助于政治参与有序进行，从而推动政治制度化和民主化建设。社会组织是中国共产党和政府联系社会群众的桥梁和纽带，能使中国共产党和政府通过社会组织收集和了解各种信息，为正确决策提供了扎实的基础。同时，社会组织是社会的一部分，既有维护会员互益性权益的合理要求，又有服务社会公共利益的群体诉求，通过社会组织的活动，监督政府管理活动，推动政府转变职能，提高服务社会的质量。为了更好地发挥社会组织的作用，国家应该制定结社方面的法律，使宪法赋予公民结社自由的权利具体化和法制化，明确公民结社在法律上的权利与义务，有法可依，违法必究，政府部门政务公开，提高透明度，有序扩大政治参与，理性表达合法权益诉求，保障社会组织对政府决策的知情权、参与权和监督权，扩大社会组织参与公共决策程度，提高立法的质量，提高政治决策的科学化和民主化水平。②

（二）带动经济发展

社会组织是社会部门，也是经济部门，其提供社会产品和服务的经济

① 孙关宏，胡雨春，任军锋.政治学概论第二版[M].上海：复旦大学出版社，2008：296.

② 徐家良.社会团体导论[M].北京：中国社会出版社，2011：198.

活动构成了第三产业的重要经济份额，社会组织的繁荣发展不仅会产生巨大的社会价值，而且会创造与之相匹配的经济价值。社会组织经济体量的不断增加，将使其逐步成为我国社会主义市场经济体系的重要组成部分。① 据2017年7月发布的《中华人民共和国2016年社会服务发展统计公报》显示，截至2016年底，全国共有社会服务机构和设施174.5万个，职工总数1 239.3万人，固定资产原价5 393.6亿元；社会服务事业基本建设在建项目建设规模3 050.9平方米，全年实际完成投资总额245.8亿元；全国持证社会工作者共计28.8万人，其中社会工作师6.9万人，助理工作师21.9万人；全国社会服务事业费支出5 440.2亿元，占国家财政支出的3.4%，中央财政向各地转移支付社会服务事业费2 484.0亿元，占社会服务事业费的比重为45.7%。具体到社会组织领域，截至2016年底，全国共有社会组织70.2万个，吸纳社会各类人员就业743.7万人。社会组织财务状况按执行民间非营利组织单位会计制度填报，如表2.1所示。第三部门GDP有大范围与小范围之分，大范围包括社会组织、群团组织、事业单位、居委会村委会、宗教场所、业主委员会、社会企业等方面的GDP。小范围是指在民政注册的社会团体、基金会和社会服务机构的GDP。由于缺乏科学的统计指标体系、资料缺口比较大、重复统计现象比较严重，目前不仅仅是大范围的第三部门GDP无法计算，就是小范围的GDP也不能真正得出准确的数据。② 从第三部门在由计划经济向市场经济转型过程中，社会

---

① 杨莹.供给侧结构性改革视角下的社会组织GDP贡献研究[J].宏观经济管理，2017(9)：54－59.

② 吴磊，徐家良.多中心治理视野下第三部门GDP核算制度研究[J].学习与实践，2016(2)：80－86.

组织特别是行业协会商会类社会组织应发挥行业自律作用，配合政府宏观调控，协调市场资源配置，积极制订行业规范、行业标准，发布行业信息，协调行业矛盾，促进产业升级，熟悉国际经济规则，在反倾销和反补贴中扮演积极角色，维护行业合法权益，参与市场秩序的建立和完善，促进市场经济的有序发展。

表 2.1　2016 年社会组织财务状况　　单位：万元

指　　标	2016 年	2015 年	比上年增长/%
执行民间非营利组织单位会计制度填报			
存货	4 792 499.9	—	—
固定资产原价	27 399 933.5	22 833 898.0	20.0
资产总计	16 085 347.0	—	—
负债合计	2 856 450.7	—	—
本年收入合计	27 476 139.0	28 774 009.2	−4.5
捐赠收入	7 866 774.8	6 102 623.7	28.9
会费收入	2 432 366.5	2 420 408.6	0.5
本年费用合计	26 327 743.4	23 608 642.7	11.5
业务活动成本	16 432 860.8	11 099 752.6	48.0
人员费用	4 396 524.8	3 942 515.4	11.5
日常费用	2 358 708.8	2 033 252.6	16.0
固定资产折旧	1 071 211.0	912 313.7	17.4
税费	171 699.1	165 658.6	3.6
管理费用	5 522 615.1	5 181 971.0	6.6
人员费用	2 025 134.4	1 865 588.3	8.6

（续表）

指　　标	2016 年	2015 年	比上年增长/%
日常费用	747 405.1	670 059.8	11.5
固定资产折旧	369 165.6	301 515.2	22.4
税费	83 405.3	85 545.4	−2.5
净资产变动额	9 191 404.9	8 552 726.6	7.5

资料来源：《中国民政统计年鉴(2017)》第三部分，社会服务综合统计资料 A－3－1，第 116 页。

（三）实现社会和谐

社会组织在促进社会和谐方面主要在两个维度发挥作用，一是社会组织能够疏导、化解社会矛盾、避免矛盾的激化。在社会冲突出现时，最先觉察社会冲突的是扎根于人民群众之中的社会组织，早觉察、发预警，就可以避免把局部矛盾酿成全局性冲突，避免把能够妥善处理的矛盾演化成不可调和的矛盾。① 二是提供优质社会服务，社会组织现已逐渐成为政府社会服务职能转移的促进者与主要承接者，依托社会组织所具有的民间性和专业性的特点和优势，使得它能够直面服务对象的真实需求，主动整合服务资源，及时提供专业服务，在社会救助、救济等方面能发挥自己的优势特长，弥补政府与市场的不足，可以使政府逐步从社会领域里直接的操作性事务中解放出来，由划桨转向掌舵。② 可以预见，随着政府社会管理和社会服务职能的逐渐外移，由社会组织承接政府剥离的社会职能将会越来越

① 赵素兰.非政府组织：构建和谐社会的积极力量[J].学术论坛，2006(3)：152－155.

② 崔萍，李磊.和谐社会视野下我国社会组织发展探析[J].中国特色社会主义研究，2008(5)：81－85.

多，这无疑会使社会组织成为社会公共服务的重要主体。社会组织以帮助弱势群体、维护社会公平正义为目标，通过积极参与公共服务，影响政府决策，不断推动相关社会管理和服务制度的完善，有助于建立起科学高效、符合广大人民实际利益的社会治理新形态。

（四）促进文化繁荣

社会组织聚集了成千上万专家学者，通过教育、体育、卫生、文化、科技等领域的活动，提供丰富多样、健康向上的文化产品和文化服务，传播科学知识，倡导社会公平和正义，丰富文化的形式，拓展文化的范围，提升文化教育的内涵，弘扬尊老爱幼、互爱互助、扶弱济困、奉献社会的良好社会风尚，满足人民群众日益增长的精神文化需求，使社会组织成为理论创新、机制创新、制度创新、行为方式创新的积极倡导者，成为党和人民事业的重要思想库。中国从 20 世纪 50 年代初期开始，逐步建立起了一个包括文化艺术行业、广播电视电影行业、新闻出版行业和文物博物馆行业在内的国家公共文化生产与分配体系，大量的民间艺人、社会机构进入到国有体制内，逐步形成了一个庞大的文化事业体系。自 2002 年国家确立文化事业与文化产业分途发展路径后，文化事业逐步向公共文化服务体系建设转向，这种转向集中体现为鼓励社会组织等社会力量在文化领域内进行合法、有效参与。① 国际经验表明，文化类社会组织在公共文化服务体系中可以发挥“第三部门”的作用，它与政府、市场所承担的公共文化服务职能相辅相成，在资源动员、服务提供、活动实施、运营管理等方面具有专业化的能力和独

① 傅才武.当代公共文化服务体系建设与传统文化事业体系的转型[J].江汉论坛，2012(1)：134－140.

特的作用。① 通过发挥社会组织在公共文化服务体系中的积极作用，有利于实现文化繁荣。

（五）开展生态文明建设

生态文明本身是一个结构复杂、内涵丰富、意蕴深刻的综合性概念，涉及自然、社会、文化、经济、政治、技术等多个维度，跨越微观、中观和宏观多个层次，涉及政府、企业、社会组织与公众多个主体，涵盖生产、分配、流通、消费多个环节，包含资本、技术、人口等多种要素，跨越意识和行为两大层面。② 建设生态文明，需要有效控制主要污染物排放，提高能源资源利用率，改善生态环境质量，进而形成节约能源资源和保护生态环境的产业结构、增长方式、消费模式。生态文明建设既不是靠简单加强国家统一管理，也不能简单引入市场机制，而是依靠政府、市场和社会组织等构成的合作网络来共同推进。生态文明建设，除了发挥政府和市场在各自领域的优势和作用外，社会组织还有着不可估量的作用。通过积极组建相关领域的社会组织并大力开展各类专项活动，传播生态文明的理念。环境保护类社会组织应依法登记成立，通过竞标政府采购、建立基金会等方式多途径募集资金，注重与环保科研、科普推广等机构的合作，增强自身的专业化水平和活动能力，从而更好地发挥积极作用，通过游说和劝服影响政府环境保护政策，逐渐改变和扭转不利于环境保护的生产、生活方式以及行为习惯，促进人与自然的和谐，保持生态的可持续性。

---

① 李国新.文化类社会组织是政府购买公共文化服务的主要力量[J].中国社会组织，2015(11)：14－15＋1.

② 乔永平.生态文明建设的多元主体及其协同推进[J].广西社会科学，2014(1)：143－147.

由此可见，改革开放后，伴随着经济、社会、政治等的转型，社会组织通过各种方式，在政治制度化、经济发展、社会和谐、文化繁荣和生态文明建设中不断发挥出积极作用。

第三节　上海城市治理规划中社会组织的发展目标

党的十一届三中全会后，随着改革开放大幕的徐徐展开，中国整体发展背景与发展条件发生了质的转变，中国城市发展格局发生重大而深远的变化，近代以来处于门户位置的上海的优越性再次得到了体现。1984年国务院将上海定位为开放型、多功能的现代化城市。1990年，国务院批准上海浦东新区开发开放。1992年，中国共产党十四大报告明确指出：以上海浦东为龙头，进一步开放长江沿岸城市，尽快把上海建成国际经济、金融、贸易中心之一，带动长江三角洲和整个长江流域经济的新飞跃。由此，上海的发展与功能定位上升为国家发展战略。2001年，国务院在上海市总体规划批复中，要求把上海建设为国际航运中心，将上海建设目标扩展为具有“一龙头、四个中心”功能的现代化国际大都市。2009年，国务院向上海提出了优先建设国际金融中心、国际航运中心的战略任务。2013年，国务院正式批准设立中国(上海)自由贸易试验区。虽然上海并不是我国首批改革开放的城市，但上海通过发挥自身能动性，积极抓住重大历史机遇，在改革开放的梯队中实现了后来居上，无论是经济建设还是社会治理创新均走在了大型城市前列，对标国际辐射全国发挥了良好的创新示范作用。

20 世纪 90 年代初，邓小平在上海视察时就提道："深圳是面对着香港的，珠海是面对着澳门的，厦门是面对着台湾的，而浦东是面向世界的。""浦东开发晚了，是件坏事，但也是好事。可以借鉴广东的经验，可以搞得好一点，搞得现代化一点，起点可以高一点。起点高，关键是思想起点要高，后来居上，我相信这一点。"[①]在 1991 年举行的中央工作会议上，上海市委提出"三个保证"（即保证坚持社会主义方向，保证服从国家的宏观调控，保证每年超额完成财政上交）的同时，还提出"三项改革"的请求，即自费改革、自主改革和率先改革，并获得中央的批准。[②] 借助浦东开发开放的历史契机，上海市委即提出"开发浦东、振兴上海、服务全国、面向世界"十六字指导方针，以浦东开发开放为契机，以建立现代企业制度改革为重点，配套进行企业、市场和社会保障制度改革，采取高起点、跨越式、全方位的推进策略，坚持改革、开放、发展三位一体的新路，率先建立起与国际惯例相衔接的社会主义市场经济新体制，把上海建设成为社会主义现代化的国际大都市。[③] 2017 年，《上海市城市总体规划（2017—2035 年）》（简称"上海 2035"）获得国务院批复原则同意。上海将按照努力当好新时代改革开放排头兵、创新发展先行者的总要求，主动服务于各项国家开发开放战略，坚持以人民为中心，坚持可持续发展，坚持人与自然和谐共生，坚持在发展中保障和改善民生，进一步彰显功能优势，增创先发优势，打造品牌优势，厚植人才优势，把上海建设成为卓越的全球城市，具有世界影响力的社

① 许沁.倾听，邓小平的上海声音[N].解放日报，2014－08－18(6).

② 康燕.解读上海：1990－2000[M].上海：上海人民出版社，2001：19.

③ 上海市哲学社会科学规划办公室主编.市场经济与上海发展[M].上海：上海财经大学出版社，1996：42.

会主义现代化国际大都市。在此过程中，社会组织作为上海市社会建设发展领域的重要力量，其在上海城市发展规划和布局中的地位和作用得到了越来越多的关注和论述。

上海市政府积极执行中央关于社会组织的发展战略和决策部署，推动了社会组织健康有序发展。现如今，上海市社会组织在促进政府职能转型、提供公共服务、参与社会治理构建和谐社会等方面发挥着重要作用，有助于推动上海市国际经济中心、国际金融中心、国际航运中心、国际贸易中心、科学创新中心五个中心以及卓越全球城市的建设。鉴于此，上海市政府为促进社会组织发展，通过一系列发展规划对社会组织的目标、任务进行了具体安排部署。

一、“九五”规划的社会组织发展目标

上海将社会组织纳入城市发展规划有一个渐进的过程，也是思想认识不断深化的过程。1996 年至 2000 年的上海“九五”规划中提到了深化企业、市场、社会和政府“四位一体”的配套改革，继续完善社会保障体系，形成基本保险社会化、补充保险市场化、社会救助制度化的新机制。这些领域发展壮大离不开社会组织发挥作用，可以认为是间接涉及了社会组织。

二、“十五”规划的社会组织发展目标

2001 年至 2005 年，在上海“十五”规划中则直接提及发展社会团体、行业协会等具体类型社会组织的积极作用，如：坚持政府扶持和市场引导并

举，按照国际惯例，建立起政府规划导向、中介机构服务支持、行业协会自律协调、企业独立决策的良性循环机制；取消国有企业的行政级别，发展独立的行业协会和中介服务机构，实现政事分开；以提高市民科技素质为目标，营造良好的科普工作环境为重点，鼓励企业和社会团体参与公益性的科学普及活动；直接提出社会组织在相关领域发挥作用。与此同时，“十五”发展规划将全面动员社会力量共同推进社会事业的发展，纳入经济社会发展的指导方针，预示着在上海经济社会发展中社会力量已开始作为政府、市场企业之外的第三方力量发挥自己的作用，作为社会力量重要组成部分的社会组织在未来大有可为。沿着这一发展路径和态势，未来的上海发展规划中，关于社会组织的论述将会越来越多，从间接到直接，从幕后到台前，从在具体领域分别进行简单议论到集中专门论述，社会组织在上海发展规划中的地位将会日益重要。

三、“十一五”规划的社会组织发展目标

2006年至2010年《上海市国民经济和社会发展第十一个五年规划纲要》中涉及社会组织的，主要有以下几方面内容：培育和发展各类社会组织；加快培育能够承担事务性工作、提供公益性服务、调节民间纠纷、发展慈善事业的社区民间组织；继续推进行业协会和市场中介发展改革，支持行业企业组建行业协会并引入竞争机制，进一步开放中介服务领域。

2007年，上海市民政事业发展“十一五”规划将加快发展与规范管理民间组织列为主要任务，提出按照“党委领导、政府负责，整体规划、有序发展，分类管理、重点扶持，社会协同、公众参与”的原则，通过健全规章政策、

转变政府职能、理顺管理体制、创新管理方法、完善党建工作体制等措施，基本形成布局合理、功能明确、政策完善的民间组织发展新体系，基本形成体制顺畅、分工明确、管理高效的民间组织管理新体系，基本形成组织健全、覆盖全面、工作有力的民间组织党建新体系。

四、“十二五”规划的社会组织发展目标

2011 年至 2015 年《上海市国民经济和社会发展第十二个五年规划纲要》中，涉及社会组织的，主要有以下几方面内容：加大对社会组织和社会工作者队伍发展的支持力度，完善社会组织参与社会管理的政策，引导和支持社会力量参与社会管理；大力培育和发展社会组织；完善社会组织登记管理制度，健全公共财政对社会组织的资助和奖励机制，加大政府购买公共服务的力度，鼓励社会资金支持公益事业；大力发展公益性社会组织，支持发展行业性社会组织，引导发展学术团体、网络社团等社会组织；加强枢纽型社会组织建设，发挥其在社会组织管理、发展、服务中的重要作用；推进政社分开、管办分离，引导社会组织完善内部治理结构，提高自我发展和服务社会的能力。

2012 年，《上海市民政事业发展“十二五”规划》将促进社会组织积极健康发展列为主要任务，提出以加快社会组织发展为导向，以社会组织能力建设为重点，以培育社会组织运作管理人才为核心，以发挥社会组织的主体作用为目的，形成与本市经济社会发展相适应的现代社会组织发展与管理新局面，支持和鼓励社会组织在参与社会管理、提供社会服务中发挥积极作用。

五、"十三五"规划的社会组织发展目标

2016年至2020年《上海市国民经济和社会发展第十三个五年规划纲要》中涉及社会组织的，主要有以下几方面内容：激发社会组织活力；分类放宽社会组织准入门槛，健全行业协会商会、科技类、公益慈善类和城乡社区服务类社会组织直接登记制度；加大政府向社会组织购买服务的力度，落实有利于社会组织发展的财税政策；大力发展社区生活服务类、文体活动类、专业调处类等社会组织；推进地方群团组织改革，增强组织活力和服务群众的能力，更好发挥桥梁纽带作用；深入推进"政社分开"，支持社会组织依法独立开展活动。完善社会组织监管；到2020年，每万人拥有社会组织数达到6个以上。

2016年8月，上海市人民政府印发的《上海民政事业改革与发展"十三五"规划》中提出加快推进形成现代社会组织体系：以充分激发社会组织发展活力为导向，以深化管理制度改革为主线，引导发展社会组织，严格依法加强社会组织管理，积极构建符合上海特点的社会组织服务支持体系和综合监管体系，率先基本形成政社分开、权责明确、依法自治的社会组织制度，推动社会组织发挥更积极的作用。

2017年2月，上海市民政局、上海市社会团体管理局印发《上海社会组织发展"十三五"规划》，发布了上海社会组织发展"十三五"规划基本指标，规划中提出"十三五"上海社会组织发展的主要任务是推动社会组织自身建设、提升政府管理服务水平、发挥社会组织积极作用。

2017年8月，中共上海市委办公厅、上海市人民政府办公厅印发《关于

本市改革社会组织管理制度促进社会组织健康有序发展的实施意见》，意见围绕积极引导社会组织发展、深化社会组织登记改革、严格社会组织管理与监督、加强社会组织自身建设、加强党对社会组织工作的领导等方面进行了相关安排部署。意见指出按照建立中国特色社会组织管理体制的总体要求，到 2020 年，率先建成组织分类明确、登记分级清晰、审批便捷高效的社会组织登记制度，率先建成覆盖广泛、载体多样、扶持有力的社会组织服务支持体系，率先建成社会组织自律自治有方、法律监管有力、政府监管有效、社会公众监督有序的社会组织综合监管体系，基本建立政社分开、权责明确、依法自治的社会组织制度，基本形成结构合理、功能完善、竞争有序、诚信自律、充满活力的社会组织发展格局。

上海对社会组织发展规划以对社会监督管理、培育引导为基础，重点关注行业协会商会、科技类、公益慈善类、社区服务类、文体活动类、专业调处类等类型社会组织的发展，结合自身实际情况贯彻落实国家对于社会组织在党建、社区治理、支持性和枢纽性服务功能、慈善事业等方面的战略，为研究上海社会组织创新发展提供了一系列具体场域。

第三章　上海社会组织发展的阶段分布与现实特点

1843年11月17日，根据《南京条约》和《五口通商章程》的规定，上海正式开埠，以后逐渐成为近代中国工商业最繁荣发达的城市，工商同业组织和社会团体的种类最繁杂，数量也最庞大，成为上海市在近代时期一种特殊的社会现象。1949年10月中华人民共和国成立后，上海市对社会组织进行了清理整顿和社会主义改造，使其更好地为经济与社会建设服务，其后由于十年"文化大革命"等原因上海社会组织活动一度陷于停滞，没有得到有效的发展。1978年实行改革开放政策以来，上海市与全国的发展步调相一致，实现了计划经济向市场经济逐步转型，并逐步朝城市治理创新发展的方向迈进，这也为上海社会组织提供了越来越多的有利因素，推动上海社会组织的不断成长和创新。改革开放后上海社会组织发展大致共经历了四个阶段，即无序和缝隙化发展阶段、碎片化封闭治理与空间试点革新阶段、社会组织融入城市空间阶段和城市空间再造阶段，形成了独具上海社会组织发展特色的五个特点。

第一节 改革开放后上海社会组织发展的阶段分布

上海社会组织发展同国家改革开放后的社会经济发展历程有着密不可分的联系。可以说，改革开放不同时期、不同阶段和主要任务的变化对社会组织的发展态势有着直接的或间接的影响。因此在论述改革开放后上海市社会组织发展的阶段特征前，需要对我国社会经济发展阶段进行简要梳理。大致来看，从1978年12月改革开放以来到2018年，我国社会经济发展经历了三个阶段，即1978年至1992年的改革开放初期社会经济变革阶段；1992年至2016年的改革开放发展期社会主义市场经济建设阶段；2017年至今的改革开放新时期社会主义创新发展阶段。

第一阶段，改革开放初期的社会经济变革阶段（1978年至1992年）。1978年12月，中国共产党十一届三中全会召开，标志着中国拨乱反正新时期的开始。这一阶段是从计划经济时期转为有计划的商品经济时期，与21世纪比较，正处于改革开放的初期。1984年10月，中国共产党十二届三中全会通过《中共中央关于经济体制改革的决定》，明确提出：计划经济是公有制基础上的有计划的商品经济。

第二阶段，改革开放发展期的社会主义市场经济建设阶段（1992年至2016年）。邓小平的南方谈话确定了中国的发展方向为社会主义市场经济。可以说，从1992年开始，中国就把市场经济作为改革的方向，所以，如果与计划经济相比较，1992年是另一个新起点。在进行社会主义市场经济建设同时，国家越来越注重创新发展的作用。2012 年，中国共产党第十八次全国代表大会把科技创新摆在国家发展全局的核心位置，提高原始创新、集成创新和引进、消化、吸收、再创新能力，注重协同创新。这一阶段我国所要解决的主要矛盾，仍是人民日益增长的物质文化需要同落后的社会生产之间的矛盾。

第三阶段，改革开放新时期的社会主义创新发展阶段（2017 年至今）。2017 年 10 月，中国共产党第十九次全国代表大会政治报告指出，中国已经进入了中国特色社会主义新时代。我国社会主要矛盾已经转化为人民日益增长的美好生活需要和不平衡、不充分发展之间的矛盾，这一新阶段，将在 2020 年实现全面建设小康社会的近期目标、从 2020 年到 2050 年实现建设富强、民主、文明、和谐、美丽的社会主义现代化强国长远目标，最终实现中华民族腾飞于世界的中国梦。

将这三个阶段与上海社会组织发展的具体实践相对应，结合上海社会组织发展的若干标志性事件，不同论文根据各自视角划分上海社会组织的发展阶段。余永龙以法团主义视角提出社会组织发展的三阶段划分，即抑制发展时期（1990—2001 年）、主动发展时期（2002—2004 年）、扶持发展时期（2005 年至今）；①童潇从社会组织参与城市公共治理的视角出发，采取社会组织发展的三阶段划分，即 2004—2006 年社会组织起步期、2006—2010 年社会组织注册期、2010—2014 年社会组织发展期；②朱勤皓基于民政管理工作的角度，进行社会组织发展的四阶段概括：起步发展阶段

① 余永龙，刘耀东.社会组织发展的上海标本[J].行政管理改革，2014，4(4)：48－53.

② 童潇.上海社会组织参与城市公共治理研究[J].科学发展，2016(12)：45－55.

（1978—1989 年）、规范发展阶段（1989—1999 年）、快速发展阶段（1999—2014 年）、改革发展阶段（2014 年至今）。参考上述论文观点，我们认为上海社会组织创新发展与上海城市空间结构变迁密切相关①。随着改革开放的进行，旧有“单位制”走向解体，上海市城市空间重构为社会组织成长发育提供的空间缝隙，以及空间演进中，社会组织展现出不同的阶段特征。② 本书将改革开放后上海社会组织的发展阶段划分为四个阶段：无序和缝隙化发展阶段、碎片化封闭治理与空间试点革新阶段、社会组织融入城市空间阶段和城市空间再造阶段。

一、无序和缝隙化发展阶段

上海社会组织发展的第一阶段为无序和缝隙化发展阶段，时间自 1978 至 1989 年。③ 改革开放前由于高度集中的政治经济体制，上海城市空间主要由一系列公共部门、国有企业等各类相应功能片区占据，个人依附于

① 朱勤皓.同心协力 借势发力 促进上海社会组织健康有序发展[J].中国社会组织，2017(7)：23-26.

② 孙立平.转型与断裂：改革以来中国社会结构的变迁[M].北京：清华大学出版社，2004：5.

③ 无序发展是指两种情况：一是从发展的内容来讲，缺乏整体计划，因此在改革的实践过程中往往顾此失彼；二是从发展政策的制订来讲，缺乏科学、合理、民主的程序，因此容易出现“长官意志”、“朝令夕改”等现象，使发展过程中的成本增加，代价过大。胡建华.从“无序”到“有序”——高等教育改革的发展方向[J].教育发展研究，2002(12)；文中的缝隙化发展是指社会组织在城市空间结构缝隙中组建成长的一种发展模式。且这里的“缝隙”更多地具有一种哲学意味，即“缝隙”与“占有”相对，人们会根据自身条件，且依据“缝隙”的轻重缓急，进行思考，并以某种外在作用，使之发生变化，最终将其填补。吕国忱.缝隙的哲学意义[J].社会科学辑刊，1992(1)：19-22.

单位，非群团类社会组织基本上没有生存的空间。1978 年 12 月，中国共产党十一届三中全会以后，旧有城市空间瓦解，结社的空间缝隙出现，群众结社热情高涨，上海市社会组织特别是社会团体发展迅猛。至 1989 年底，全市社会团体的总数已达到 4 300 个，其中学术性团体 1 348 个，人民群众团体 831 个，经济类团体 317 个，社会公益团体 380 个，文艺团体 313 个，体育类团体 477 个，宗教团体 50 个，其他团体 584 个。在旧有城市空间结构逐渐破碎转型留下的各种缝隙中，社会团体迎来一波粗放增长，由于没有统一的审批、登记主管机构，缺少必要的规章制度，社会团体的发展处于失控状态，存在层层设置、重复设置、分类过细等诸多问题，部分社会团体出现了政治方向发生偏差等问题。① 1981 年，上海市有各类社会团体 633 个，到 1984 年发展到 2 256 个。其中属于代管全国性团体 18 个，全市性团体 498 个，区县团体 921 个，街道、乡镇团体 819 个。按性质分类，学术性团体 759 个，人民群众团体 705 个，经济类团体 209 个，体育类团体 254 个，社会公益类团体 127 个，文艺类团体 89 个，宗教团体 41 个，基金会、校友会、联谊会等团体 72 个。这些社会团体拥有个人会员 183 万人，团体会员 990 个。有 80%以上的团体是由归口部门或上级团体组织批准建立的。至 1989 年底，全市社会团体的总数已达到 4 300 个，其中学术性团体 1 348 个，人民群众团体 831 个，经济类团体 317 个，社会公益团体 380 个，文艺团体 313 个，体育类团体 477 个，宗教团体 50 个，其

① 上海市地方志办公室.上海民政志：社会团体管理.http：//www.shtong.gov.cn/node2/node2245/node65977/node66000/node66038/userobject1ai61634.html.

他团体 584 个。①

二、碎片化封闭治理与空间试点革新阶段

上海社会组织发展的第二阶段为碎片化封闭治理与空间试点革新阶段，时间自 1990 年至 2005 年。② 1990 年 2 月，汲取苏联东欧剧变和我国 80 年代末期动荡的经验教训，上海市社会团体管理处成立，作为地方层面最早进行社会团体登记和监管的民政机构之一，根据国务院颁布的《社会团体登记管理条例》等法规和明确的"双重管理"体制，对各类社会团体进行清理整顿和复查登记。从此，上海市开始依法登记和管理各类社会团体。在这一时期内，上海市相继颁发了一系列针对社会组织规范性的文件，并开展相关监管工作。登记注册越来越趋严格，意味着社会组织的活动空间受到一定程度的压缩、限制，甚至走向封闭，分级管理和双重管理导致了社会组织活动空间碎片化。上海市社会团体管理处根据 1989 年 10 月国务院颁布的《社会团体登记管理条例》等法规，对各类社会团体进行清理整顿和复查登记。通过这次清理整顿，全市有 1 800 个社会团体未予核

① 上海市地方志办公室.上海民政志：社会团体管理.http：//www.shtong.gov.cn/node2/node2245/node65977/node66000/node66038/userobject1ai61634.html.

② 碎片化治理是指在城市社会治理过程中，治理主体彼此独立、治理方式相互排斥、治理机制不能衔接、治理行为难以互动、治理结果虚化无效的特定治理状态。陈文.城市社会"碎片化治理"的生成机理与消解逻辑[J].经济社会体制比较，2017(3)：54－63；封闭治理以政府意志为转移的治理模式。付建军.开放选举与封闭治理：精英行动逻辑视域中的村庄权力再生产[J].甘肃行政学院学报，2015(5)：51－58＋127；"空间"在其本身也许是原始赐予的，但空间的组织和意义却是社会变化、社会转型和社会经验的产物。爱德华·W.后现代地理学：重申批判社会理论中的空间[M].苏贾，王文斌，译.北京：商务印书馆，2004：121－122.

准登记。这些社会团体有的自行解散，有的被民政部门勒令解散，有的与其他社会团体合并，有的则归为社会团体或企事业单位的内部机构。在1997年上海市又开展了第二次社会组织清理整顿工作。不过，相对来说，上海浦东还是给予社会组织较大的成长和发展空间。究其原因，一是浦东的开发开放，二是其属于城市边缘空间，便于进行各种城市空间改造实验，这些都为创新社会组织活动提供了诸多试点机会。

1996年上海基督教青年会接受上海浦东新区社会发展局的委托，将一个新建小区的公建配套设施改建为综合性的社区中心——上海浦东新区罗山市民会馆。这突破了过往社区服务中心由政府力量一元化设置和管理的一般模式，向政府委托非营利组织经营相关城市公共空间这一方向走出了关键的第一步。①

2002年1月至10月，上海市人民政府、上海市人大常委会相继发布《上海市行业协会暂行办法》《关于本市促进行业协会发展的指导意见》《关于本市经济鉴证类社会中介机构规范管理的若干意见》和《上海市促进行业协会发展规定》，为行业协会改革发展提供法律保障和规范要求，上海在全国率先掀起行业协会改革发展的高潮。② 这是全国最早制定关于促进行业协会发展的政府规章和地方性法规，也标志着上海市开始了分类管理的探索，这对其他省市行业协会的管理具有较好的示范效应。为配合上海市行业协会规章办法的具体施行，上海市成立了行业协会发展署，负责本市行业协会的发展规划、布局调整、政策制订和协调管理，侧重对协会本身

① 杨团.社区公共服务设施托管的新模式——以罗山市民会馆为例[J].社会学研究，2001(3)：77－86.

② 马伊里.上海行业协会改革发展实录[M].上海：华东理工大学出版社，2012：8.

的管理，统筹全市行业协会的布局和发展。① 上海市的做法，极大地推动了社会组织特别是行业协会的蓬勃发展，为全国社会组织由双重管理演变为直接登记与双重管理相结合的混合管理体制奠定了基础。

2002 年 8 月，全国首个民办非企业单位性质的民间组织服务中心在上海市成立，即上海市宝山区海滨地区民间组织服务中心。② 该中心发挥了枢纽型的服务与支持作用，探索“管理寓于服务、服务渗透管理”的社区社会组织管理新体制，推动了政府与社会组织的合作协调。③

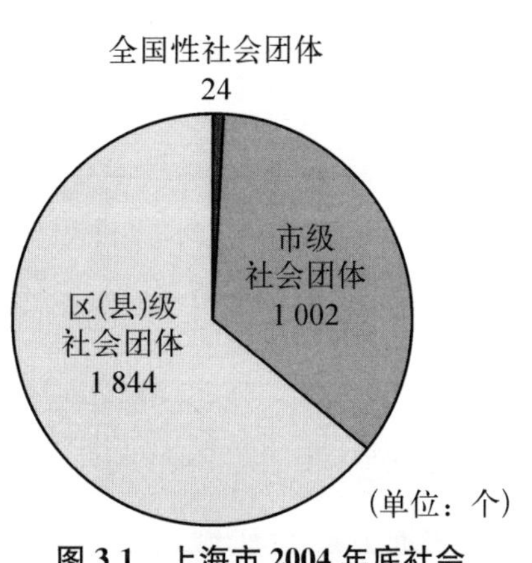

图 3.1　上海市 2004 年底社会团体分布情况

资料来源：2004 年上海民政工作发展报告书。

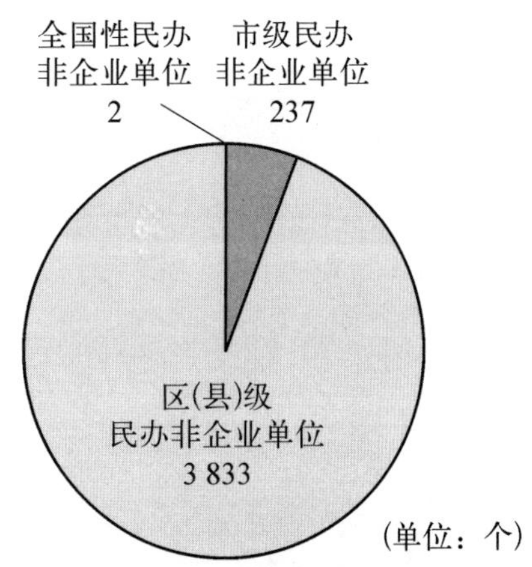

图 3.2　上海市 2004 年底民办非企业单位分布情况

资料来源：2004 年上海民政工作发展报告书。

2004 年底，上海市民政部门核准登记的各类社会团体有 2 846 个，其中市级社会团体 1 002 个，区(县)级社会团体 1 844 个。民政部委托上海市日常管理的全国性社会团体 24 个。各类民办非企业单位 4 120 个

① 马伊里.上海行业协会改革发展实录[M].上海：华东理工大学出版社，2012：8.

② 中国社会组织公共服务平台.http：//www.chinanpo.gov.cn/search/orgcx.html.

③ 余永龙，刘耀东.社会组织发展的上海标本[J].行政管理改革，2014，4(4)：48－53.

(包括涉外民办非企业单位 29 个),其中市级民办非企业单位 237 个(包括涉外民办非企业单位 29 个),区(县)级民办非企业单位 3 883 个。民政部委托上海市日常管理的全国性民办非企业单位 2 个。各类基金会 63 个,其中依据原《基金会管理办法》注册登记的原有基金会 59 个,依据 2004 年 6 月 1 日起施行的《基金会管理条例》注册登记的新成立非公募基金会 4 个。民政部委托上海市日常管理的全国性基金会 1 个。

三、社会组织融入城市空间阶段

上海社会组织发展的第三阶段为社会组织融入城市空间阶段,时间自 2006 年至 2017 年。① 从 2006 年上海市"十一五"规划纲要提出"推进社会组织健康发展"到 2017 年中共上海市委办公厅、上海市人民政府办公厅印发《关于本市改革社会组织管理制度促进社会组织健康有序发展的实施意见》,上海市出台了一系列与本市社会组织有关的地方政策法规,且在内容设定上,注重与上海城市布局相适应,其中最为明显的调整为按照新的市区划分分配了任务指标。因为 2011 年 6 月,黄浦区、卢湾区合并成新的黄浦区;2015 年 11 月,静安区与闸北区合并成新的静安区。上海市市区的区域调整,也从一个侧面反映了城市空间的变迁。此外,在这些地方政策法规引导扶持下,上海市社会组织发展速度越发提升,利用城市空间发展公

① "城市空间"与在社会学层面的"空间"界定相同,也被认为是社会行为与社会结构作用的产物,同时也是反作用于社会过程的积极因素。马克·戈特迪纳,雷·哈奇森.新城市社会学[M].黄怡,译.上海:上海译文出版社,2011:127.

益事业。

"十一五"期间，上海市通过制定促进社会组织发展的政策措施，进行公益招投标和公益创投的探索实践，拓展了社会组织发展领域和空间，社会组织数量由 7 478 家发展到 9 894 家。上海市、区两级的公益园区和孵化园初具规模，计划在 2020 年前建成至少万家公益基地，通过基地对接公益服务与公益需求，展示公益文化，支持公益创业等。[①] 在管理结构方面，进一步加强社会组织规范化建设，完善评估工作机制，提升社会组织公信力。开展社会团体枢纽式管理试点，推进行业协会改革发展，促进企业协会的政社分开。建成市级社会创新孵化园和浦东公益园，实施了公益创投和公益招投标项目。严格按照有关规定，对社会组织进行年度检查，进一步加大对违法违规社会组织的查处力度。

"十二五"期间，上海市先后出台《上海市社会组织直接登记管理若干规定》《关于进一步加强本市社会组织建设的指导意见》等文件，明确 4 类社会组织可以直接登记，要求行业协会必须政社分开，规范公务人员在协会的兼职和任职等影响社会组织发展的关键问题。同时，民政部门积极建立并完善社会组织发展的机制，完成了 498 家社会组织的规范化评估工作，不断完善"上海社会组织网上办事跨部门协同办公平台"，建立市、区、街镇、村居委四级预警网络等。如表 3.1 所示，截至 2013 年底，上海市已登记社会组织达 11 601 家，备案的群众活动团队约 2.3 万个，每万名户籍人

① 上海民政.上海启动万家公益基地建设计划. http://www.shmzj.gov.cn/gb/shmzj/node12/n2567/u1ai43431.html.

口拥有社会组织近 8 个。①

表 3.1　2013—2017 年上海社会组织发展情况表　　单位：家

数量＼年份 社会组织	2013 年	2014 年	2015 年	2016 年	2017 年
社　团	3 789	3 909	4 003	4 004	3 999
民办非企业单位	7 660	8 255	9 082	9 839	10 506
基金会	152	199	270	335	426
合　计	11 601	12 363	13 355	14 178	14 931

资料来源：上海社会组织年度发展报告(2017)。

如表 3.1 所示，上海社会组织在“十二五”“十三五”期间，在地方政策法规引导扶持下得到了大幅增长，且涌现出了不少优秀社会组织，如上海百益社区服务中心，其简称社邻家，成立于 2016 年 1 月，是一家由拥有社区、社工、公益丰富经验的社会工作者发起的，以成就美好社区为行动使命，以空间运营、调研和规划、社区更新、社区治理、社区商业升级等为主要业务的社会组织。通过“空间赋能”和“组织赋能”等社工理念，统筹并整合上海市的资源，利用社区空间，协助政府开展一系列社区公共服务，以提升百姓的生活质量和幸福感。目前已开展的社区项目包括与奉贤区金海社区合作开展的“互联网三社联动”项目——依托社邻家的专业力量，积极运用互联网技术，探索建构、实施并日趋完善“互联网三社联动”社区治理模式；徐汇区的“天平街道创邑 · 邻里汇”项目——由社邻家

① 陈群民，李显波，徐建，等.“十三五”时期上海社会发展和社会治理思路研究[J].科学发展，2015(6)：27－36.

策划、运营的天平街道创邑·邻里汇，集聚党建实践研究基地、社会组织服务中心、社区基金会、社会创新研发中心、社会创新实训基地、美好生活商店六大功能，成为凝聚社区力量、整合社区资源、促进社区发展的创新平台；预期覆盖全市的美好空间"社计赛"——鼓励社区政府与专业机构合作、创新社会治理模式。

四、城市空间再造阶段

上海社会组织发展的第四阶段为新时代上海社会组织城市空间再造阶段，时间为 2018 年至今。中国共产党第十九次全国代表大会政治报告突出强调发挥好社会组织、慈善事业、志愿服务在决胜全面建成小康社会、开启全面建设社会主义现代化国家新征程中的作用。随着中国特色社会主义进入新时代，上海市积极推动上海市社会组织深化改革，更好地服务于"一带一路建设"和中西部地区精准扶贫等国家战略，服务于上海市城市建设。在此过程中，从现行体制机制着手，从权力、权利、利益的维度重新演绎社会组织发展的实践逻辑，实现创新发展。当前围绕上海市城市发展，如何有针对性优化调整社会组织的空间结构，使其在城市治理中发挥更大的作用已经成为新的课题。首先，通过政府、企业、社会组织"三圈有机联动"，形成社会组织发展的良性生态链；①其次，通过区域间的互动学习，在互通有无的基础上，寻求社会组织最优模式，

① "三圈有机联动"指的是在政府、企业、社会组织三个圈之间的交织范围内，实现互动合作，需求共赢。徐家良.第三部门资源困境与三圈互动：以秦巴山区七个组织为例[J].中国第三部门研究.2012(3)：211.

比如在浦西等旧城存量空间可吸收借鉴浦东等地的创新经验；再次，因地制宜不断推出有自身特色的社会组织品牌项目，如杨浦区的睦邻中心、静安区社会组织联合会。最后，鼓励边缘城区发展社会组织，具体就是要在崇明、奉贤等远郊空间大力扶持社会组织发展，引进一批先进成熟的枢纽型社会组织，如 NPI 等，发挥创新示范作用，积极培育本地社会组织。

第二节　上海社会组织的发展特点

1978 年实行改革开放政策以后，上海市社会组织发展数量增加和质量提升，且涌现出一批先进社会组织，这也是上海社会组织的宏观发展特点。同时，上海社会组织在运作过程中，体现出社会组织服务领域覆盖全面；市区两级均衡发展，区、街道产生创新示范效应；注重对外交流合作，重视能力业务培训，国际化、规范化程度高；努力打造一批极有特色的慈善品牌；对原有制度安排和项目活动进行形式创新等具体发展特点。

一、社会组织数量增加和质量提升

改革开放后，上海社会组织既有数量增进，也有质量提升，涌现出一批先进社会组织。

（一）上海社会组织发展数量

2013 年到 2017 年，上海市全市社会组织每年平均增长率为 6.5%，其中社会团体平均增长 1.4%，民办非企业单位平均增长为 8.2%，基金会平均增长为 29.4%。2016 年，上海市社会组织继续保持较快的增长势头，全市社会组织净增 753 家，其中社会团体减少 5 家，民办非企业单位净增 667 家，基金会净增 91 家。

根据 2016 年上海市社会组织年检数据，在市局登记注册的社会团体为 1 281 家，区县为 2 723 家，而民办非企业单位市局登记注册的有 677 家，区县为 9 162 家，而在市局登记注册的基金会为 331 家，区县登记注册的为 11 889 家(见表 3.2)。

表 3.2　2016 年上海市社会组织年检数据：全市实有数和增长数　　单位：家

社会组织＼数量	市局		区县		全市	
	实有数	年净增	实有数	年净增	实有数	年净增
社会团体	1 281	33	2 723	−32	3 999	−5
民办非企业单位	677	55	9 162	702	10 506	667
基金会	331	65	4	0	426	91
合　计	2 289	153	11 889	670	14 931	753

资料来源：上海社会组织年度发展报告(2017)。

根据 2017 年上海市区两级社会组织年的数据，在市局登记注册的社会团体为 1 312 家，区县为 2 687 家，而民办非企业单位市局登记注册的有 688 家，区县为 9 818 家，而在市局登记注册的基金会为 422 家，区县登记注册的为 4 家，除基金会外，社会团体和民办非企业单位在区县登记注册数据超过在市民政局登记注册的数据(见表 3.3)。

表 3.3　2017 年上海市两级社会组织数量及净增情况表　　单位：家

社会组织＼数量	市局		区县		全市	
	实有数	年净增	实有数	年净增	实有数	年净增
社会团体	1 312	31	2 687	−36	4 004	1
民办非企业单位	688	11	9 818	656	9 839	757
基金会	422	91	4	0	335	65
合计	2 422	133	12 509	620	14 178	823

资料来源：上海社会组织年度发展报告(2017)。

（二）上海社会组织发展质量

由于上海市独特的地理位置和历史文化传承，上海社会组织的发展，不仅在数量上超过其他省市，而且在质量上也比其他省市要高，像创新型的社会组织，如恩派公益组织发展中心为上海社会组织提供孵化服务，同时又为深圳、苏州、北京、南京、成都等地社会组织提供服务，把先进的理念和运行模式传递到其他省市，提升全国社会组织发展水平。根据上海市社会组织网公示 2016 年和 2017 年新增部分上海市社会组织 5A 级评估的情况(见表 3.4)，2016 年，有 14 家社会组织获评 5A 级社会组织，2017 年有 27 家社会组织获评 5A 级社会组织，代表上海市最高等级的社会组织。2018 年 1 月，基金会中心网举行“中基透明指数 FTI2018 发布会”，中基透明指数 FTI2018 指标体系由基本信息、财务信息和项目信息三个方面的 41 个客观评价指标组成，结果上海市基金会总体透明度位居全国第二，其中上海宋庆龄基金会、上海真爱梦想公益基金会等连续六年保持满分。①

表 3.4　2016 年和 2017 年上海新增部分 5A 级社会组织名单

2016 年	2017 年
上海市人口福利基金会	上海市气体工业协会
上海市儿童基金会	上海联劝公益基金会
上海市电力工程行业协会	上海市商业企业管理协会
上海市国际货运代理行业协会	上海市物业管理行业协会
上海市白玉兰开心家园家庭服务社	上海市医师协会
崇明县教育学会	上海党建文化研究中心
上海市崇明手拉手助残服务中心	上海市产业发展研究和评估中心
上海市民办交大南洋中学	上海市长宁区企业联合会
上海黄浦区打浦桥社区文化活动中心	上海梦晓心理辅导支持中心
上海市长宁科技进修学院	上海市崇明新华癌痛转化研究所
上海青聪泉儿童智能训练中心	上海黄浦区市民综合帮扶服务中心
上海市民办新世纪中学	上海市黄浦区公益慈善联合会
上海壹方社会服务事业发展中心	上海黄浦区五里桥街道志愿者协会
上海申杰社会组织培育评估中心	上海复源社工师事务所
	上海嘉定区关爱残疾人康复培训中心
	上海静安区江宁路社区生活服务中心
	上海市静安区社会工作者协会
	上海市静安区社会组织联合会

① 新浪公益.中基透明指数 FTI2018 发布 揭晓中国最透明基金会名单.http://gongyi.sina.com.cn/gyzx/2018-01-26/doc-ifyqyuhy6591523.shtml.

（续表）

2016 年	2017 年
	上海青艾健康促进中心
	上海市静安区拥军优属协会
	上海文来中学
	上海好帮手社区服务发展中心
	上海浦东现代物流行业协会
	上海市浦东新区旅游业协会
	上海市浦东国际商会
	上海杨浦区残疾人康复服务指导中心
	上海杨浦区华智进修学校

资料来源：上海社会组织网。①

在市级层面，上海市积极倡导先进社会组织评选表彰活动，已连续举办三届，2017 年 9 月由市人力资源和社会保障局、市民政局、市社会团体管理局联合开展，经过推荐单位（业务主管单位、行业主管部门和区社会团体管理局）和评审办公室（市社会团体管理局）两轮审核、公示，最终评选出 120 家“上海市先进社会组织”，其中：市级社会组织 51 家，区级社会组织 69 家；社团 55 家，民办非企业单位 62 家，基金会 3 家。在国家级层面，民政部每 5 年一次在全国范围内评选出先进社会组织②，分别于

① 上海社会组织网.上海市民政局 上海市社会团体管理局关于上海市社会组织评估等级的决定.http：//stj.sh.gov.cn/node2/node3/n5/n53/u8ai9414.html；上海社会组织网.上海市民政局 上海市社会团体管理局关于上海市社会组织评估等级的公示.http：//www.shstj.gov.cn/node2/node3/n5/n53/u8ai12905.html.

② 2004 年评选的名称为“全国先进民间组织”。

2004 年、2010 年、2015 年把“全国先进社会组织”荣誉授予 441 个社会团体、595 个民办非企业单位、298 个基金会，上海市社会组织先后多个社会组织被评为先进社会组织，具体如表 3.5 所示。这些先进社会组织模范遵纪守法，组织机构健全，内部制度完善，运作程序规范，党团作用明显，社会责任感强，社会公信度高，发挥作用大，具有良好的社会形象。

表 3.5　上海社会组织被民政部评为先进社会组织名单　　单位：家

年份	数量	名　单
2004 年	14	上海市慈善基金会、上海市造船工程学会、上海市信息服务业行业协会、上海杉达学院、上海市房产经济学会、上海市生物医药行业协会、上海市青少年发展基金会、上海市建筑材料行业协会、上海市台湾同胞投资企业协会、上海市普陀区长寿路街道民间组织服务中心、上海卢湾区金色港湾老年公寓、上海对外经济贸易企业协会、上海计算机用户协会、上海市计划生育协会
2010 年	16	上海市宇航学会、上海市工业经济联合会、上海市市政公路工程行业协会、上海市外商投资企业协会、上海人才服务行业协会、上海市静安区社会组织联合会、上海数字娱乐中心、上海慈善物资管理中心、上海杨思医院、上海市自强社会服务总社、上海乐群社工服务社、上海市老年基金会、上海科普教育发展基金会、上海市华侨事业发展基金会、上海市拥军优属基金会、上海浦东非营利组织发展中心
2015 年	5	上海市软件行业协会、上海市阳光社区青少年事务中心、上海真爱梦想基金会、上海市浦东新区社会工作协会、上海静安区柏万青志愿者工作室

资料来源。①

从上海市涌现出的一批先进社会组织来看，上海市软件行业协会作为科技行业协会商会类社会组织的杰出代表，成立 30 多年来，形成了服务企

① 民政部关于表彰全国先进社会组织的决定[J].中国社会组织，2016(1)：46－49.

业、软件工程规范和行业自律的工作特色，这个协会下设软件质量管理与过程改进、软件服务、软件知识产权、嵌入式系统与软件、开源软件和教育软件等6个专业委员会，承担软件企业和软件产品的“双软评估”，为上海市软件企业的整体形象宣传和品牌推荐提供行业服务。①

二、社会组织服务领域覆盖全面

改革开放以来，上海社会组织发展迅速，已经覆盖到多个服务领域之中，在农业和农村发展服务、工商业服务、科学研究、教育服务、卫生服务、文化服务、体育服务、生态环境保护、社会服务、法律服务、宗教服务、职业和从业者服务、国际及涉外事宜服务等方面发挥积极作用。

（一）社会组织覆盖情况

截至2017年底，上海市共有社会组织14 931家，其中社会团体3 999家，民办非企业单位10 506家，基金会426家。其中社会组织覆盖行业较全面，各个领域均有涉及，如表3.6所示。登记为教育和社会服务的组织数量最多，前者为3 318家，后者为4 945家，共占比超过55%。就社会团体而言，工商业服务（935家）、科技研究（705家）与社会服务（513家）是3个组织数量分布最多的行业类别，占社会团体总量的53%左右。在民办非企业单位中，教育和社会服务是规模最大的两个行业类别，组织数分别为3 120家和4 180家，占比超过70%，此外文化、体育、卫生等领域的民办非企业单位也有了相当的规模数量。在上海市基金会中，社会服务和教育

① 上海软件协会官网.http：//www.softline.org.cn/About/Index.

同样是拥有基金会数量最多的两个行业类别，分别为252家（59%）和71家（16%），占比达75%，社会服务类基金会占比高与近年来社区基金会的快速发展相关。

表3.6 2017年上海市社会组织行业分布表 单位：家

类别 社会组织	社会团体	民办非企业单位	基金会	合计
工商服务业	935	196	9	1 140
农业和农村发展	63	87	0	150
科学研究	705	341	14	1 060
教育	127	3 120	71	3 318
卫生	187	279	23	489
文化	355	840	29	1 224
体育	397	704	3	1 104
生态环境	48	49	7	104
社会服务	513	4 180	252	4 945
法律	46	97	0	143
宗教	64	3	6	73
职业和从业者组织	172	30	2	204
国际及涉外组织	7	51	0	58
其他	380	529	10	919

资料来源：上海社会组织年度发展报告(2017)。

（二）社区社会组织基本情况

截至2017年，上海市社区社会组织4 607家，占总登记数的30.86%。其中社区生活服务类1 552家、社区公益慈善类1 684家、社区文体活动类973家、社区专业调处类398家，分别占社区社会组织总数的33.6%、

36.5%、21.1%和8.6%。

三、市区社区组织均衡发展，区、街道有创新示范效应

（一）市区两级社区组织均衡发展

上海市、区两级社会组织孵化基地有23个，主要工作是培育社会组织成长与发展。从社会组织数量上来看，拥有2 015家已登记社会组织的浦东新区名列第一，其他各区社会组织数量相对比较均衡，500个左右，其中普陀区社会组织数量从643家增长到725家，18.6%的增长速度位居全市第一。在增长类型方面，基金会净增65家，社会团体则净增1家，而民办非企业单位新增数量最多，市、区两级净增667家，如表3.7所示。

表3.7　上海市2017年市区两级社会组织分布表　　单位：家

数量＼类别 区	社团		民办非企业单位		基金会		合计	
	实有数	净增	实有数	净增	实有数	净增	实有数	净增
上海市局	1 312	31	688	11	422	91	2 422	133
浦东新区	383	－2	1 728	98	4	0	2 115	96
黄浦区	175	0	538	27	0	0	713	37
徐汇区	144	－3	696	40	0	0	840	37
长宁区	135	1	537	29	0	0	672	30
静安区	216	－9	762	19	0	0	978	10
普陀区	123	0	602	82	0	0	725	82
虹口区	144	－3	370	16	0	0	514	13
杨浦区	131	2	598	46	0	0	729	48
闵行区	195	－1	763	33	0	0	958	32

（续表）

数量＼类别 区	社团		民办非企业单位		基金会		合计	
	实有数	净增	实有数	净增	实有数	净增	实有数	净增
宝山区	148	－7	484	31	0	0	632	24
嘉定区	120	－9	452	20	0	0	572	11
金山区	164	2	384	14	0	0	548	16
松江区	136	－2	523	56	0	0	659	54
黄浦区	174	2	543	71	0	0	717	73
奉贤区	177	－5	437	54	0	0	614	49
崇明区	122	－2	401	20	0	0	523	18
总计	3 999	－5	10 506	667	335	65	14 931	753

资料来源：《上海社会组织年度发展报告(2017)》。

（二）区街道形成创新示范效应

区级层面，浦东新区、静安区、虹口区被民政部授予“全国社会组织建设创新示范区”。“浦东公益服务园”为主体的三园一街，包括浦东公益服务园、浦东基金会服务园、社区公益服务(塘桥)园和浦东公益街，获得上海市首个“上海公益社会组织示范基地”的称号；塘桥街道率先推出街道层面购买服务的办法和目录；上钢街道、航头镇等社区引入社会组织参与公共管理，为居民提供公共服务。①

四、内外积极互动，重视能力业务培训

上海社会组织主张“内外兼修”，对外注重合作交流程度的强化，对内

① 徐玲.浦东新区成功创建全国社会组织建设创新示范区[N].浦东时报，2014－04－03.

强调社会组织业务能力的提升。

（一）对外合作交流

2004 年 3 月，首家经济类涉外民办非企业单位——上海日本商工俱乐部成立；2004 年 11 月，首家公益类涉外民办非企业单位——上海根与芽青少年活动中心登记成立；2005 年 8 月，首届长三角民间组织合作交流论坛在上海召开，来自苏浙沪三地的行业协会代表、有关专家学者共议“行业协会与区域经济发展”；2006 年 4 月，上海召开了部分省市民间组织发展与管理工作研讨会；这些前期活动为后续社会组织跨区域、跨国交流合作奠定了初步基础。其后，上海社会组织积极参与国际合作项目，多次参加国际会议。据年检报告显示，2015 年，上海市社会组织开展国际合作项目 320 个，组织或参与国际会议 725 次，出境考察（培训）861 批 6 019 人次，接受境外组织捐赠或赞助 53 次，总计 1 669.27 万元，接待境外来访 2 579 批 26 712人次，聘请外籍员工 3 665 人。在社会组织工作人员中，留学半年以上归国人员 0.20 万人，占 0.7%。2016 年上海社会组织开展国际合作项目 411 个，组织或参加国际会议 637 次，出境考察（培训）819 批 6 232 人次，接受界外组织捐赠或赞助 52 次，总计 602.33 万元，接待境外来访 2 677 批 37 739人次，聘请外籍员工 4 293 人。留学半年以上归国人员 0.24 万人，占 0.7%。上海公益新天地园从 2013 年 11 月开园至 2017 年底，已接待全国以及美国、德国等十几个国家的政府机关、社会组织、企事业单位的参访逾 200 批次①。2016 年 12 月，由上海市人民政府外事办公室和上海市民政局在公益新天地园，召开为期两天的“上海社会组织负责人国际视野拓展

① 上海民政局.上海民政改革创新 40 年[M].上海：上海人民出版社，2018：286.

研讨会”，来自中央部委和实务部门的专家分别就“社会组织参与国际非政府组织活动政策”“社会组织走出去的法律政策”等主题作了分享。上海社会组织发展对标国际的同时，也积极学习其他省市的有益经验，如长宁区组建由区领导带队，民政局、社建办、政策研究室、财政局、各街镇相关领导和部分社会组织领军人物参与的考察团，赴广州、深圳等地参观访问，了解学习先进的理念、创新的管理方法。

（二）创新示范，服务后发展地区

服务对口资源地区。上海市民政部门积极引导动员社会组织积极参与脱贫攻坚工作，凝聚社会力量服务对口支援地区。据不完全统计 2016、2017 年上海社会组织共参与新疆、西藏等上海 7 个对口支援省的 8 个地区 170 多个项目建设，爱心项目总资助 1 亿多元。上海复星基金会启动“乡村医生健康扶贫项目”已选择 12 个省、市、自治区的 24 个国家级贫困县作为示范点；上海市青少年基金会发起的“红军小学”已成立 108 所；上海联劝公益基金会开展的“一个鸡蛋的暴走”使 10 万余名贫困学生受益；上海真爱梦想公益基金会的“梦想中心”覆盖 3 000 多所学校服务师生超过 300 万；上海市华侨事业发展基金会为云南省和贵州省提供科技扶贫助力，有力地缓解了云贵部分地区结构性缺水的问题造福一方百姓……上述先进事迹成为上海社会组织积极走出去，服务全国攻坚脱贫的重要纽带和载体。

服务郊区。上海民政部门积极引导市级社会组织积极服务郊区，成为郊区社会治理领域的“外援”，通过社会组织深入郊区的乡镇、村居实地考察，对接社会资源、使社会组织能将爱心资源、工作理念、工作方法和优质服务惠及郊区百姓，助力郊区实施乡村振兴战略。

（三）业务能力培训

各级平台机构根据社会组织发展的具体要求进行针对性培训。2016年11月，闵行区举办2016年社会组织财会人员继续教育培训，由政府购买服务委托闵行区培黎职业进修学校进行课程安排，授课内容包括营改增、民间非营利组织七大收入和四大费用的核算，有一百余家社会组织的财会相关人员参加培训；2016年12月，浦东新区“供需对接·一站式服务”平台召开了以“非凡管理·非凡公益”为主题的第四期“益·智”沙龙，旨在发挥平台在项目化合作中的支持作用，以“项目管理”等为主题，向供需双方提供能力建设方面的服务；2016年12月，金山区举办第一期青年社会组织骨干人才培训班，邀请区内外社会组织方面的专家为学员普及社会组织注册、项目设计、服务购买等知识，安排学员赴浦东公益示范基地学习考察；2017年8月，金山区开展社区公益创投获选项目、社区工作者增能项目，面向金山社区社会工作提供专业化和可持续性的支持及服务；2017年10月，黄浦区举办2017年度社会组织新任法定代表人培训班，近120名社会组织新任法定代表人参加培训会，培训主要围绕社会组织的社会价值、日常事务、运作模式、财务管理、法律法规等多个方面进行针对性授课等。①

与培训相对应，设立民政科研基地也是上海一大特色所在，2016年12月上海市民政局邀请有关科研院所和高校共建首批19家“十三五”上海民政科研基地。2017年，科研基地共提交观察报告20篇，针对制约民政事业

① 上海社会组织.黄浦区举办新任法定代表人业务培训班.www.shstj.gov.cn/node1/n9/n57/n59/u1ai67769.html；根据上海社会组织网要闻动态整理.http://www.shstj.gov.cn/node1/zhuzhan/n7/index.html.

发展的瓶颈和难点问题提出了积极的意见和建议。[①] 通过民政科研基地的调研报告和资政检验，对社会组织能力提升起到了破解难题和创新思路的积极作用。

五、打造一批极有特色的慈善品牌

对于“慈善品牌”的理解，可拆分为“慈善”和“品牌”两方面，“慈善”突出的是行为的公益性，“品牌”强调行为的品牌效应。[②] 因此，“慈善品牌”可以简单地理解为具有品牌效应的公益性行为。

上海市积极推动“公益之城”建设，不断建立制度化公益体系，全市社会组织每年开展的公益活动项目从“十一五”末的 1.3 万个，增加到“十二五”末的 3.8 万个，不断打造慈善品牌，形成自身的特色。

（一）以办节为起点，以行动为平台

在市级层面，“上海公益伙伴日”连续举办七届，通过集中展示优秀公益项目、举办沙龙论坛、现场观摩等方式，为上海市区社会组织与长三角地区社会组织合作交流提供有机平台，建立起政府、社会组织、企业、媒体和公众友好的公益伙伴关系；在区级层面，静安区“公益节”（2008 年开始）、浦东新区“公益活动月”（2008 年开始）、黄浦区“体育社团节”（2017 年开始）等举办各有特色的社会组织活动节，促进社会组织间相互交流合作；2011 年，上海联劝公益基金会发起“一个鸡蛋的暴走”公益徒步，为 0～18

① 上海民政局.上海民政改革创新 40 年[M].上海：上海人民出版社，2018：370－372.

② 杨明刚，商婷婷.秉承慈善新理念　建构公益大品牌——慈善品牌的内涵与基本特征初探[J].华东理工大学学报（社会科学版），2008(4)：57－61.

岁儿童、青少年健康成长筹款活动，7 年间暴走共筹善款 4 348 万元，先后资助全国 24 个省 264 个儿童公益项目，帮助超过 38 万儿童。

（二）运用新形式和互联网新媒体平台

2016 年第六届上海公益伙伴日发出“共建上海公益之城”的倡议，成立全国首家“公益新媒体中心”，2017 年 10 月，由上海市民政局与上海广播电视台（SMG）联合打造全国首家公益性新媒体演播和发布中心（上海公益新媒体中心），成为上海市又一张“公益名片”，公益新媒体中心是由演播、制作、推广和活动平台等构成的综合性公益融媒体服务平台，设有全国首家微型“公益演播室”。[①] 2017 年 9 月由上海市民政局指导，上海公益新媒体中心和 SMG 融媒体中心共同主办的“公益之申”年度公益榜单评选活动，在全市范围内寻找公益典范，挖掘公益故事，营造公益氛围，彰显公益力量。通过公众投票、专家评审，评选出“十佳公益机构”“十佳公益项目”“十佳公益故事”。2018 年 7 月，在原有三个“十佳”的基础上，再增加“十佳校园公益”“十佳公益伙伴”“十佳公益基地”，共六个榜单，在全国首开多项目评选之先河。同时，借助公益微电影，传递公益理念。2017 年 5 月，第三届上海公益微电影节开幕式在东方明珠举行，电影节以“帮助他人、阳光自己”为主题，为热爱电影的人士搭建平台，用微电影形式去发现生活中温暖的故事。

（三）基地示范集聚规模效应

2013 年 11 月公益新天地正式开园，以“公益新天地”之名吹响公益集结号，确立了“社会力量兴办、政府政策支持、专业团队管理、社会公众监

① 李怡.首家公益新媒体中心启用，发布公益权威声音.http：//www.kankanews.com/a/2016－10－28/0037742834.shtml.

督、公益组织受益"的办园目标，打造具有全国影响力的上海市公益新地标。2018 年 2 月，上海民政局出台了《上海市公益基地创建与管理办法》，公益基地建设由具备独立法人资格的机构经营管理，民政局命名，提供公益性服务岗位、服务项目，进行公益信息查询、公益服务记录和公益文化宣传的空间场所，至 2017 年第三季度已挂牌市公益基地 406 家。

六、对原有制度安排和项目活动进行形式创新

在创新过程中，形式创新非常重要，形式创新是在创新理念的带动下对旧有形式的改良，具有复制性和推广性，且能够带动社会组织的整体性创新发展。上海社会组织在创新发展过程中，体现出的一系列创新形式，主要包括政府购买社会组织服务创新、社会组织慈善活动创新、社会组织互动创新、社会组织制度创新等。

（一）彩票公益金购买服务

在政府购买社会组织服务方面，利用彩票公益金购买服务这一创新形式，加大政府购买服务力度。① 2009 年上海市民政局启动上海市社区公益招投标（创投）活动，从福利彩票公益金中安排专项资金，通过公益招投标和创投的方式购买社会组织的服务，为社会组织提供能力建设，并在实践中

① 政府购买社会组织服务属于政府购买社会力量服务的一个方面，所谓政府购买社会力量服务，是指政府向社会力量购买服务，就是通过发挥市场机制作用，把政府直接向社会公众提供的一部分公共服务事项，按照一定的方式和程序，交由具备条件的社会力量承担，并由政府根据服务数量和质量向其支付费用。国务院办公厅关于政府向社会力量购买服务的指导意见. http://www.gov.cn/zwgk/2013-09/30/content_2498186.htm.

不断发现问题，进行调整完善。2010年10月开始，到2016年，上海市民政局相继发布《关于进一步规范上海社区公益服务项目招投标工作的通知》(2010年10月)、《关于进一步规范上海社区公益创投活动的通知》(2010年11月)、《关于规范上海社区公益招投标(创投)项目财务核算管理的通知》(2011年2月)、《关于进一步完善社区公益服务招投标(创投)管理工作的通知》(2016年8月)等文件，不断提升公益招投标这一创新形式的规范化程度。

(二) 公益徒步筹款

在慈善活动方面，积极进行形式创新，激发社会活力。上海联劝公益基金会发起的“一个鸡蛋的暴走”公益徒步筹款，每年都会采取新的活动方式，增加新的内容。由原来比较简单的筹款活动演变成了大型筹款平台；开发微信筹款工具，如爱扑满、线上筹款等游戏，丰富参与渠道与筹款方式；开创公益自筹队伍类别，鼓励公益机构为筹款发声；举办资助成果展、项目分享会、联劝开放日及项目探访，使公众更深度参与公益。

(三) 跨界合作

在社会组织互动的创新形式方面，上海市通过搭建多层次跨界合作平台，举办“上海公益伙伴日”，打造相应的活动平台“公益新天地”，整合各方优势资源，形成社会公益生态圈，建立起政府、社会组织、企业和社会各界的公益伙伴关系。以“公益伙伴日”为蓝本，各区、街道结合自身优势特点开展“公益活动月”“社工文化节”“公益大篷车”“公益项目推介展示会”等活动。

(四) 新闻发言人方式

在落实制度的创新形式方面，则采取分级、分类方式稳妥推进。根据《民政部关于推动在全国性和省级社会组织中建立新闻发言人制度的通知》,2016年底,上海市在市级行业协会商会和基金会中分别选择部分社会组织进行试点;2017年,在5A级社会组织和被认定的慈善组织中建立新闻发言人制度。提倡在市级行业协会商会和基金会中普遍建立新闻发言人制度,提倡在市区民政部门登记的各类社会组织有条件的也建立新闻发言人制度。区级层面,静安区社会组织联合会成为首家建立新闻发言人制度的社会组织。通过做好社会组织新闻发言人制度与社会组织信息公开制度的相互衔接,强化社会组织信息公开,推动社会组织治理更加公开透明。①

（五）其他多元创新形式

社会组织组建的创新形式,比如恩派推广的社会组织"孵化培育模式";社会组织宣传的创新形式,比如上海梅尔尼科夫美术馆运用"互联网+"手段宣传场馆展品,提升场馆的社会影响力;社会组织参与社会治理的创新形式,比如华爱社区服务管理中心委派3名具有社会工作专业背景的工作人员进驻新桥镇社区文化活动中心,与原新桥镇文体所工作人员形成新的工作团队,对中心进行共同管理和开展服务,并在具体合作过程中,将委托督导管理模式深化为"伙伴同行"模式,上海长三角社会组织发展中心委派一名具有社会工作专业背景的人员,进驻上海美好临汾社区发展基金会,参与基金会项目运作,涵盖为老服务、助残服务、儿童青少年服务、社区治理等共计32个项目。上海社会组织的一系列创新形式,使其成为推动上海市创新发展的主要动力,进一步提升了自身在城市治理中的地位和价值。

---

① 静安区社会组织联合会选举产生静安首位社会组织新闻发言人. http://www.shanghai.gov.cn/nw2/nw2314/nw2315/nw15343/u21aw1193758.html.

第四章　上海社会组织相关领域制度创新

由于社会组织涉及的制度繁多,从社会组织类型分类的视角有社会团体、民办非企业单位、基金会等治理的相关政策法规;从社会组织运作流程的视角有社会组织登记、变更登记、注销登记、年度检查、评估、监督的相关政策法规;从社会组织资金流转的视角有募捐及捐赠、税收优惠、政府购买服务的相关政策法规;从社会组织的具体类型视角有科技类、城乡社区服务类、行业协会商会类、公益慈善类、环境保护类等社会组织的相关政策法规。

由于本书是从国家社会组织发展战略同上海社会组织自身发展实践相结合的视角考察上海市社会组织创新发展,因此主要基于具体功能领域,如党建、慈善事业、枢纽服务、社区治理等。同时,在分析上,做到宏观、中观、微观相结合,并对市级、区级、街道三级的相关制度创新进行解读,尤其是针对其中的案例进行相应的分析。

目前,从上海市的行政区划来看,上海市共有16个区、105个街道办事处、107个镇、2个乡(见表4.1),这是社会组织创新发展的社会空间背景,以此决定了社会组织制度创新的基本范围。

表 4.1　2017 年上海市行政区划名称表　单位：家
（截至 2018 年 6 月 30 日）

区	数量			街道、镇、乡名称
	街道	镇	乡	
黄浦	10			外滩街道、南京东路街道、半淞园路街道、小东门街道、老西门街道、豫园街道、打浦桥街道、淮海中路街道、瑞金二路街道、五里桥街道
徐汇	12	1		湖南路街道、天平路街道、枫林路街道、徐家汇街道、斜土路街道、长桥街道、漕河泾街道、康健新村街道、虹梅路街道、田林街道、凌云路街道、龙华街道、华泾镇
长宁	9	1		华阳路街道、新华路街道、江苏路街道、天山路街道、周家桥街道、虹桥街道、仙霞新村街道、程家桥街道、北新泾街道、新泾镇
静安	13	1		江宁路街道、静安寺街道、南京西路街道、曹家渡街道、石门二路街道、天目西路街道、北站街道、宝山路街道、芷江西路街道、共和新路街道、大宁路街道、彭浦新村街道、临汾路街道、彭浦镇
普陀	8	2		长寿路街道、曹杨新村街道、长风新村街道、宜川路街道、甘泉路街道、石泉路街道、真如镇街道、万里街道、长征镇、桃浦镇
虹口	8			四川北路街道、北外滩街道、欧阳路街道、广中路街道、凉城新村街道、嘉兴路街道、曲阳路街道、江湾镇街道
杨浦	11	1		定海路街道、大桥街道、平凉路街道、江浦路街道、控江路街道、殷行街道、长白新村街道、延吉新村街道、五角场街道、四平路街道、新江湾城街道、五角场镇
闵行	4	9		江川路街道、古美街道、新虹街道、浦锦街道、莘庄镇、七宝镇、浦江镇、梅陇镇、虹桥镇、马桥镇、吴泾镇、华漕镇、颛桥镇
宝山	3	9		吴淞街道、张庙街道、友谊路街道、庙行镇、罗店镇、大场镇、顾村镇、罗泾镇、杨行镇、月浦镇、淞南镇、高境镇
嘉定	3	7		嘉定镇街道、新成路街道、真新街道、马陆镇、南翔镇、江桥镇、安亭镇、外冈镇、徐行镇、华亭镇

（续表）

区	数　量			街道、镇、乡名称
	街道	镇	乡	
浦东	12	24		潍坊新村街道、陆家嘴街道、塘桥街道、周家渡街道、东明路街道、洋泾街道、上钢新村街道、沪东新村街道、金杨新村街道、浦兴路街道、南码头路街道、花木街道、川沙新镇、合庆镇、曹路镇、高东镇、高桥镇、高行镇、金桥镇、张江镇、唐镇、北蔡镇、三林镇、惠南镇、新场镇、大团镇、周浦镇、航头镇、康桥镇、宣桥镇、祝桥镇、泥城镇、书院镇、万祥镇、老港镇、南汇新城镇
金山	1	9		石化街道、枫泾镇、朱泾镇、亭林镇、漕泾镇、山阳镇、金山卫镇、张堰镇、廊下镇、吕巷镇
松江	6	11		岳阳街道、中山街道、永丰街道、方松街道、九里亭街道、广富林街道、九亭镇、泗泾镇、泖港镇、车墩镇、洞泾镇、叶榭镇、新桥镇、石湖荡镇、新浜镇、佘山镇、小昆山镇
青浦	3	8		夏阳街道、盈浦街道、香花桥街道、赵巷镇、徐泾镇、华新镇、重固镇、白鹤镇、朱家角镇、练塘镇、金泽镇
奉贤	2	8		西渡街道、奉浦街道、南桥镇、庄行镇、金汇镇、柘林镇、青村镇、奉城镇、四团镇、海湾镇
崇明		16	2	城桥镇、堡镇、庙镇、中兴镇、新河镇、三星镇、向化镇、绿华镇、建设镇、陈家镇、竖新镇、港西镇、港沿镇、新海镇、东平镇、长兴镇、新村乡、横沙乡
合计	105	107	2	

资料来源。①

第一节　主要概念界定

在阐述上海社会组织相关领域制度创新的过程中，涉及“制度”“制度创新”两类概念。

① 上海民政.http：//www.shmzj.gov.cn/gb/shmzj/node6/node34/u1ai43816.html.

一、制度

对于“制度”的界定，一部分学者将其视为一种“静态”的行为原则，如马克斯·韦伯把制度理解为人的一种行为规则，制度应是任何一定圈子里的行为准则；[①]罗尔斯指出现在要把一个制度理解为一种公开的规范体系，这一体系确定职务和地位以及他们的权利、义务、权力、豁免等。[②] 另有部分学者将其视为一种“动态”的行为模式，如亨廷顿认为“制度就是稳定的、受珍重的和周期性发生的行为模式”；[③]康芒斯认为“如果我们要找出一种普遍的原则，适用于一切所谓属于制度的行为，我们可以把制度解释为‘集体行动控制个体行为’”。[④] 由此可见，制度的内涵、外延极为宽泛，鉴于本书关注的是上海市城市发展与城市治理中的社会组织创新发展，政府在其中发挥着主导作用，相关制度存在于国家与社会关系方面的调整与相互适应上，即国家积极、主动推动社会建设，具有自上而下构建社会治理的要求；国家角色从直接控制社会，转为制度提供者和协调者；国家适应社会发展，在制度体制内追求变革，主动做出政治和社会制度的转型；国家在社会发展中的作用必不可少，必须在发挥其社会治理功能的前提条件下，对社会自治提供需要的资源份额与有效的制度供给。[⑤]

---

① 马克斯·韦伯.经济与社会(上)[M].林荣远，译.北京：商务印书馆，1997：345.

② 约翰·罗尔斯.正义论[M].何怀宏，何包钢，廖申白，译.北京：中国社会科学出版社，1988：54.

③ 塞缪尔·P.亨廷顿.变化社会中的政治秩序[M].王冠华，等，译.北京：三联书店，1989：12.

④ 康芒斯.制度经济学(上)[M].丁树声，译.北京：商务印书馆，1962：87.

⑤ 任剑涛.社会的兴起：社会管理创新的核心问题[M].北京：新华出版社，2013：35.

因此，在城市发展与治理中，各级政府对辖区空间内社会组织进行规制和安排作为主要考察对象，将社会组织相关领域制度的范围界定为由各级公权力机关制定的非针对某一具体社会组织的各类文件集合，包括规划、意见和通知等。

二、制度创新

制度创新，就是在制度概念的基础上加入了创新的内涵。由于创新内涵的丰富性，使得制度创新的内涵也越发复杂，卢现祥在制度梳理的基础上，对制度创新的复杂含义进行了归纳，他认为制度创新的内涵主要包含五点：其一，制度创新就是为获得追加利润而实施的活动；其二，制度创新就是为获取利益而实施制度变革的诸种办法与手段的总和；其三，制度创新就是在既定宪政秩序范围内求取制度供求均衡的过程；其四，制度创新就是对产权、组织、管理和约束等方面的制度设计与安排；其五，制度创新不仅包括根本制度变革，也包括具体体制模式转换，制度创新是一个制度替代、转化和交易的过程。① 同时，张娟辨析了制度变迁和制度创新，她指出制度变迁就是制度创设、调整、打破、更替的运动历程；制度创新则是进步意义上的制度变迁，就是通过渐进改革或彻底变革旧制度的方式，以一套更具功效的、更适应时代潮流的新制度部分性或根本性取代旧制度的方式与过程。②

综合相关制度创新论述，我们将制度创新特别是社会组织相关领域制

① 卢现祥.新制度经济学（第2版）[M].武汉：武汉大学出版社，2011：173.

② 张娟.制度创新：当代中国政治发展的现实诉求与路径选择[M].长沙：湖南人民出版社，2010：29.

度创新界定为对社会组织相关领域的治理规范体系进行选择、创造、新建和优化的综合过程，主要关注社会组织在党建、慈善事业、参与社区治理等领域的政策法规的调整、完善、改革、充实配套和更替。

第二节　上海社会组织制度创新概况

伴随国家的经济转轨、社会转型，社会组织的健康有序发展成为推动社会进步的重要因素。在政府的“放管服”改革中，大量社会性、公益性、服务性和互助性的职能逐步分离出来，需要由社会组织来承接，为小政府、服务型政府的实现创造条件，防止政府职能的错位、越位和缺位。① 同时为了维护社会组织的声誉形象，政府必须营造健康合理的社会组织生存发展环境，确保社会组织公益性和公信力，一方面重视社会组织的培育发展，另一方面强化社会组织的运营监管，以保障其正当功能的发挥。

2006 年 3 月，《国民经济和社会发展第十一个五年规划纲要》首次提出了社会组织管理体制改革的指导思想：培育发展行业协会、学会、公益慈善和基层服务性民间组织，发挥提供服务、反映诉求、规范行为的作用，完善民间组织自律机制，加强改进对民间组织的监管。2006 年 10 月，中国共产党第十六届六中全会《中共中央关于构建社会主义和谐社会若干重大问题的决定》，进一步明确指出：坚持培育发展和管理监督并重，完善培育扶持和依法管理社会组织的政策，发挥各类社会组织提供服务、反映诉求、规

① 马福云.社会组织发展需培育与监管并重[J].中国党政干部论坛，2017(3)：87－90.

范行为的作用;发展和规范律师、公证、会计、资产评估等机构,鼓励社会力量在教育、科技、文化、卫生、体育、社会福利等领域兴办民办非企业单位;发挥行业协会、学会、商会等社会团体的社会功能,为经济社会发展服务;发展和规范各类基金会,促进公益事业发展;引导各类社会组织加强自身建设,提高自律性和诚信度。2016年8月,中共中央办公厅、国务院办公厅印发《关于改革社会组织管理制度促进社会组织健康有序发展的意见》,意见提出了关于改革社会组织管理制度促进社会组织健康有序发展的基本原则:一是坚持党的领导,按照党中央明确的党组织在社会组织中的功能定位,发挥党组织的政治核心作用,加强社会组织党的建设等;二是坚持改革创新,改革社会组织管理制度,正确处理政府、市场、社会三者关系,改革制约社会组织发展的体制机制,激发社会组织内在活力和发展动力等;三是坚持放管并重,处理好"放"和"管"的关系,既要简政放权,优化服务,积极培育扶持,又要加强事中事后监管,促进社会组织健康有序发展;四是坚持积极稳妥推进,统筹兼顾,分类指导,抓好试点,确保改革工作平稳过渡、有序推进;"培育与监管并重"这一基本原则被多次强调,对社会组织的培育和监管将长期作为一项基础性和根本性工作。

同欧美等先发展国家中历史悠久、实力雄厚的同类社会组织相比,一方面,我国的社会组织正处在发育成长的过程,由于经验和能力的不足,尚难以作为一种成熟且规模化的社会力量参与到社会治理当中,其作用的发挥还需要国家(政府)的培育和扶持;另一方面,在培育和扶持的过程中,还要对其进行有效监管,使其在承担相应的社会治理功能时保证合法化、规范化,并将其因自身的不成熟而极有可能产生的相关风险降到最低。

围绕社会组织的培育与监管这两项基础性、根本性工作,上海市进行了诸多制度创新。

一、社会组织培育

2002 年 12 月，上海市委办公厅印发《关于进一步推进本市民间组织参与社区建设和管理的意见》，提出了各区(县)、各街道(乡镇)要建立民办非企业单位性质的民间组织服务中心，为驻地在本社区的各级各类民间组织服务的要求。2003 年，上海市民政局出台《关于在本市街道(乡镇)组建社区民间组织服务中心的实施意见》，在全市全面开展了培育和建立民间组织服务中心的工作。① 2009 年 4 月上海市民政局通过创新思维，出台了《上海市民政局关于福利彩票公益金资助项目实施公益招投标意见》，意见中的公益招投标是指市民政局将公益金资助项目的评审工作委托给第三方公益性组织(以下简称受托组织)，由其面向社会公开招标、投标，并将评审结果报市民政局，由市民政局实施审批的活动总称。公益招投标是市民政局对公益金资助项目评审方法的改革探索。意见提出公益招投标中的资助项目应更加注重投入基层社区，更加注重培育、扶持慈善公益性的社会团体、民办非企业单位和专业性社会工作组织的发展，更加注重吸引社会资金的共同参与，更加注重宣传和引导社会关心、参加与福利彩票有关的各项活动。这为社会组织提供了一扇来自政府的资金窗口，有利于社会组织发展壮大。在此基础上，上海市制定了《上海市民政局关于委托实施上海市福利彩票公益金资助项目招投标工作的通知》(2010)、《上海市民政局关于进一步

① 上海民政局.上海民政改革创新 40 年[M].上海：上海人民出版社，2018：286.

规范上海市社区公益服务项目招投标工作的通知》(2010)、《上海市社区公益服务项目目录》(2011),对社会组织参与公益招投标的内容范围进行明确。近年来上海市对社会组织扶持工作不断深化,相继出台了《关于进一步建立健全本市政府购买服务制度的实施意见》,以及"承接政府购买服务的社会组织"推荐目录等。在其他资金募集方面,2012 年上海市人大常委会颁布了《上海市募捐条例》,扩大募捐主体范围,进一步规范募捐行为和募捐管理。

二、社会组织监管

根据 1998 年发布的《社会团体管理条例》《民办非企业单位登记管理暂行条例》和 2004 年发布的《基金会管理条例》的有关规定,以"归口登记"(除法律、法规明确规定免予登记的外,所有社会组织都由民政部门统一登记,在其他国家机关、政府部门进行登记的,不被视为有效的社会组织)、"双重负责"(由登记管理机关和业务主管单位分工合作,共同实施对社会组织的管理监督)、"分级管理"(按照社会组织开展活动的范围和级别,全国性社会组织由国务院的登记管理机关及相应的业务主管单位负责管理监督,地方性社会组织由地方各级登记管理机关及相应的业务主管单位负责管理监督)、"非竞争性原则"(为了避免社会组织之间的竞争,禁止在同一行政区域内设立业务范围相同或相似的社会组织)为主要特征的传统"双重管理体制"开始了转型升级。上海市在社会组织登记管理方面进行了诸多有益的探索尝试,2014 年 3 月,由上海市民政局制订的《上海市社会组织直接登记管理若干规定》是其集中表现。根据《规定》,从 2014 年 4 月 1 日起,除了政治法律类、宗教类、涉外类等社会组织的登记仍实行双重管理，以及部分行业的社会组织需要办理行业主管部门的资质许可之外，在本市范围内新成立行业协会商会类、科技类、公益慈善类、城乡社区服务类等四类社会组织，可直接向社会组织登记管理机关依法申请登记，不再需要业务主管单位审查同意。在降低社会组织进行注册登记的要求和难度的同时，《规定》也对直接登记后的社会组织的事中、事后监管形式进行了完善，如第八条提出社会组织应当健全以章程为核心的独立自主、权责明确、运转协调、制衡有效的内部治理机制，完善自律承诺，主动履行重大事项报告和信息披露，依法接受登记管理机关的年度检查和各相关部门的管理和监督。

为衔接处理好社会组织直接登记后的监管问题，2014 年 3 月，上海市民政局印发了《关于完善社会组织综合监管体系　促进社会组织健康发展的指导意见》的通知，提出加快形成政社分开、权责明确、依法自治的现代社会组织体制，加快形成统一登记、各司其职、协调配合、分级负责、依法监管的社会组织管理体制，促进社会组织健康发展。通过改革社会组织管理制度，提升政府事中、事后监管水平，引导社会组织自律自治，拓宽社会公众参与渠道，推动社会组织自我监督、法律监管、政府监管、社会公众监督有效衔接，逐步实现社会组织自律自治有方、法律监管有力、政府监管有效、社会公众监督有序的现代社会组织综合监管体系。意见的主要特点在于重视信息公开力度和强调社会公众监督。

其中，在信息公开方面，以公开为原则、不公开为例外，主动公开章程、接受捐赠和资助情况及接受捐赠和资助财产使用管理情况等，自觉接受社会监督。同时，利用报刊、网站、微博、网上社区等渠道主动公开信息，社会团体重点向会员公开内部运作、重大活动、财务收支情况等信息；民办非企业单位重点向服务对象公开服务承诺、服务收费标准等信息；基金会重点向社会公开募捐活动、接受捐赠和资助财产使用管理情况等信息。支持专业机构对社会组织公开信息进行分析和监测。在社会公众监督方面，搭建社会公众参与平台。通过设立网上信箱、公众问答、网上调查、政策征询等方式，接受社会公众对社会组织的投诉、举报和建言、献策。通过搭建政社合作平台，加强与媒体、公众的互动交流。探索运用微信、微博等，及时发布相关信息，扩大社会公众参与监督渠道。

以《上海市社会组织直接登记管理若干规定》为基础，上海市相继于2014年4月出台《上海市社会组织重大事项报告指引》的通知，2016年7月出台《上海市社会组织信息公开办法(试行)》等规范性文件，力图建立多方合力的社会组织综合监管体系，该体系的主要特点是在法律监管和政府监管的基础上，健全社会组织内部治理机制、建立重大事项报告制度、加大信息披露力度、促进同业规范，以促进社会组织自律自治；拓展政务信息发布渠道、搭建社会公众参与平台，充分发挥社会公众参与监督的作用。①

表 4.2　社会组织相关政策法规简表

政策法规名称	颁布时间
宗教社会团体登记管理实施办法	1991 年 5 月
社会力量办学印章管理暂行规定	1991 年 8 月
企业事业单位和社会团体代码管理办法	1993 年 7 月
社会团体印章管理规定	1993 年 10 月
中共中央组织部、民政部关于在社会团体中建立党组织有关问题的通知	1998 年 2 月

① 上海社会组织网：对于直接登记的社会组织如何监管. http://www.shstj.gov.cn/node1/zhuzhan/n8/n383/userobject1ai11823.html.

（续表）

政策法规名称	颁布时间
民政部主管的社会团体管理暂行办法	1998 年 6 月
中共中央办公厅、国务院办公厅关于党政机关领导干部不兼任社会团体领导职务的通知	1998 年 7 月
民办非企业单位登记管理暂行条例	1998 年 9 月
社会团体登记管理条例	1998 年 10 月
民政部关于对中共中央办公厅、国务院办公厅《关于党政机关领导干部不兼任社会团体领导职务的通知》有关问题的解释	1998 年 11 月
社会团体设立专项基金管理机构暂行规定	1999 年 9 月
民政部、中国人民银行关于民办非企业单位开立银行账户有关问题的通知	1999 年 10 月
民政部办公厅转发《国家计委、财政部关于核定民办非企业单位登记收费标准有关问题的通知》的通知	1999 年 12 月
民办非企业单位名称管理暂行规定	1999 年 12 月
民办非企业单位登记暂行办法	1999 年 12 月
民办非企业单位印章管理规定	2000 年 1 月
民政部办公厅关于转发中组部《关于审批中央管理的干部兼任社会团体领导职务有关问题的通知》的通知	2000 年 2 月
科技类民办非企业单位登记审查与管理暂行办法	2000 年 5 月
民政部办公厅关于暂停对企业内部职工持股会进行社团法人登记的函	2000 年 7 月
民政部关于成立以人名命名的社会团体问题的通知	2000 年 7 月
民政部办公厅关于民主党派能否作为社会团体业务主管单位问题的复函	2000 年 8 月
民政部办公厅关于转发中共中央组织部《关于加强社会团体党的建设工作的意见》的通知	2000 年 10 月
体育类民办非企业单位登记审查与管理暂行办法	2000 年 11 月
民政部、人事部关于全国性社会团体专职工作人员人事管理问题的通知	2000 年 12 月
民政部关于对部分社团免予社团登记的通知	2000 年 12 月

（续表）

政策法规名称	颁布时间
民政部关于对部分团体免予社团登记有关问题的通知	2000 年 12 月
民政部、卫生部关于城镇非营利性医疗机构进行民办非企业单位登记有关问题的通知	2000 年 12 月
职业培训类民办非企业单位登记办法(试行)	2001 年 9 月
教育类民办非企业单位登记办法(试行)	2001 年 10 月
民政部办公厅关于委托上海市民政局负责对希望义卖中心进行管理的函	2001 年 12 月
关于社会团体兴办经济实体有关问题的复函	2002 年 2 月
关于全国性社会团体异地设立分支(代表)机构问题的通知	2002 年 4 月
民政部、财政部关于调整社会团体会费政策等有关问题的通知	2003 年 7 月
国家发展改革委、财政部关于社会团体分支(代表)机构登记费标准等有关问题的通知	2003 年 7 月
关于印发《关于加强农村专业经济协会培育发展和登记管理工作的指导意见》的通知	2003 年 10 月
基金会管理条例	2004 年 3 月
民政部办公厅关于委托上海市民政局负责对历道证券博物馆进行监督管理的函	2004 年 4 月
基金会名称管理规定	2004 年 6 月
财政部会计司关于做好《民间非营利组织会计制度》宣传贯彻工作的通知	2004 年 8 月
民间非营利组织会计制度	2004 年 8 月
关于现职国家工作人员不得兼任基金会负责人有关问题的通知	2004 年 10 月
关于转发《财政部关于印发〈民间非营利组织新旧会计制度有关衔接问题的处理规定〉的通知》的通知	2004 年 11 月
民间非营利组织新旧会计制度有关衔接问题的处理规定	2005 年 1 月

（续表）

政策法规名称	颁布时间
民办非企业单位年度检查办法	2005 年 4 月
基金会年度检查办法	2006 年 1 月
民政部、财政部关于进一步明确社会团体会费政策的通知	2006 年 7 月
上海市民政局、上海市社会团体管理局关于印发《上海市社会团体分类规定（试行）》的通知	2006 年 11 月
关于大力培育和规范发展涉农民间组织的意见	2006 年 12 月
2007 年度民间组织工资基金管理实施办法（暂行）	2007 年 10 月
上海市促进行业协会发展规定	2007 年 10 月
本市基金会换发登记证书的实施意见	2007 年 10 月
中央级普通高校捐赠收入财政配比资金管理暂行办法	2009 年 10 月
关于企业公益性捐赠股权有关财务问题的通知	2009 年 10 月
财政部、教育部关于印发《中央级普通高校捐赠收入财政配比资金管理暂行办法》的通知	2009 年 10 月
关于非营利组织免税资格认定管理有关问题的通知	2009 年 11 月
关于非营利组织企业所得税免税收入问题的通知	2009 年 11 月
社会组织评估管理办法	2011 年 1 月
民政部关于印发《关于规范基金会行为的若干规定（试行）》的通知	2012 年 7 月
社会组织登记管理机关行政处罚程序规定	2012 年 8 月
外国商会管理暂行规定	2013 年 12 月
民政部关于取消全国性社会团体分支机构、代表机构登记行政审批项目的通知	2014 年 2 月
上海市民政局、上海市社会团体管理局关于印发《上海市社会组织重大事项报告指引》的通知	2014 年 4 月

（续表）

政策法规名称	颁布时间
中共中央办公厅、国务院办公厅印发《行业协会商会与行政机关脱钩总体方案》	2015 年 7 月
市政府关于促进本市慈善事业健康发展的实施意见	2015 年 12 月
中华人民共和国慈善法	2016 年 3 月
《上海市社会组织信息公开办法(试行)》	2016 年 6 月
民政部关于加强和改进社会组织薪酬管理的指导意见	2016 年 6 月
中共中央办公厅　国务院办公厅印发《关于改革社会组织管理制度促进社会组织健康有序发展的意见》	2016 年 8 月
慈善组织公开募捐管理办法	2016 年 8 月
慈善组织认定办法	2016 年 8 月
民政部、财政部、国家税务总局关于印发《关于慈善组织开展慈善活动年度支出和管理费用的规定》的通知	2016 年 10 月
上海市民政局、上海市社会团体管理局、上海市人民政府合作交流办公室关于印发《上海市异地商会登记管理办法》的通知	2016 年 11 月
上海市民政局、上海市社会团体管理局关于印发《上海市社会组织信息公开办法(试行)》的通知	2016 年 11 月
教育部、人力资源社会保障部、工商总局关于印发《营利性民办学校监督管理实施细则》的通知	2016 年 12 月
教育部等五部门关于印发《民办学校分类登记实施细则》的通知	2016 年 12 月
国务院关于鼓励社会力量兴办教育　促进民办教育健康发展的若干意见	2016 年 12 月
国家发展改革委、民政部、中央组织部、中央直属机关工委、中央国家机关工委、外交部、财政部、人力资源社会保障部、国务院国资委、国家机关事务管理局关于印发《行业协会商会综合监管办法》的通知	2016 年 12 月
财政部、民政部关于通过政府购买服务支持社会组织培育发展的指导意见	2016 年 12 月

（续表）

政策法规名称	颁布时间
上海市民政局、上海市社会团体管理局关于印发《上海社会组织发展“十三五”规划》的通知	2017年2月
中共上海市委办公厅、上海市人民政府办公厅《关于本市改革社会组织管理制度促进社会组织健康有序发展的实施意见》	2017年8月
中共上海市委、上海市人民政府《关于加强本市城市管理精细化工作的实施意见》	2017年10月
民政部关于大力培育发展社区社会组织的意见	2017年12月
社会组织信用信息管理办法	2018年1月
人力资源社会保障部、民政部关于印发《高级社会工作师评价办法》的通知	2018年3月
民政部关于在社会组织章程增加党的建设和社会主义核心价值观有关内容的通知	2018年4月
关于加强非军队主管的社会团体涉军事项管理的通知	2018年6月
上海市基金会信息公布实施办法	2015年4月 延长有效期

资料来源。①

从先发展国家和地区的社会组织的发展过程和政府与社会组织两者合作的实际情况来看，完全依靠政府管制不过多干预社会组织事务，或是依靠社会组织自律不违背组织的性质是不现实的，法律制度环境不仅是规范社会组织发展的基础因素，也是影响社会组织与政府互动的重要因素。如表4.2所示，改革开放后特别是90年代以来，上海市一方面通过积极与

① 上海社会组织网站“政策法规”. http://www.shstj.gov.cn/node1/zhuzhan/n5/n33/index.html.

中央社会组织政策法规相配套，出台地方实施细则，另一方面根据自身发展情况因时制宜、因地制宜出台地方性的社会组织政策法规，使地区社会组织发展基本实现了有章可循、有规可依，既有宏观层面的发展规划，又有中观层面的行业督导，还有微观层面操作指南，初步形成了一套有上海市特色的较为完善的制度创新体系。

第三节　上海社会组织主要制度创新

上海社会组织主要制度创新体现在社会组织党建制度创新、社会组织参与政府购买服务制度创新、社会组织参与慈善事业制度创新、社会组织参与社区治理制度创新四个方面。

一、社会组织党建制度创新

随着社会转型初步到位，城市治理的重点问题发生变化。此时，同一区域内开始生成多个参与治理主体，这些主体之间产生权力冲突与摩擦，如何推动区域内治理力量实现有机合作从而实现有效治理，就成为党组织统合性功能实现需要面对的问题，这就需要创新党的组织形态与治理形态。① 鉴于当前社会组织现已成为参与城市治理的重要力量，社会组织党

① 郑长忠.重塑城市治理整体性的政党逻辑——国家治理现代化与上海大党建格局发展[J].中国浦东干部学院学报，2017(2)：78－84.

建政策法规创新对于健全社会组织党建工作管理的体系机制有着重大而深远的影响，包括健全组织机构、理顺党建体系、完善工作机制。由于社会组织党建的全局性、系统性，上海市各级政府协同探索纵横结合、上下贯通的社会组织党建制度创新。下面，将顺应“市-区-街道”这一三级顺序，对党建制度创新作一系统阐释。

（一）市级党建制度创新

上海社会组织党建面临数量多、类型分散、类型功能差异大、党建基础参差不齐的难题，对政策法规的制定实施造成了很大挑战。因此，上海市级层面的党建政策法规，站在顶层设计高度谋篇布局，出台了一系列分门别类、有针对性的党建制度规范，为超大型城市社会组织党建提供了有益的经验。上海市的具体做法是：

1. 将社会组织党建纳入上海社会组织发展规划中

从2006年上海市民政事业发展“十一五”规划中就提出按照“党委领导、政府负责，整体规划、有序发展，分类管理、重点扶持，社会协同、公众参与”的原则完善党建工作体制，基本形成组织健全、覆盖全面、工作有力的民间组织党建新体系。在理顺社会组织条、口关系的基础上，上海市委明确街道党工委在社区建设和社区党建中发挥领导核心作用以来，基层党组织的“属地管理”已经逐渐形成气候，并越来越成为新形势下基层党组织管理体制调整的一种趋势，就社会组织党建采取属地和区域管理的方式不断进行探索和推广。① 2017年上海社会组织“十三五”规划中提出：“加强社

① 马西恒.民间组织发展与执政党建设——对上海市民间组织党建实践的思考[J].政治学研究，2003(1)：23－37.

会组织党的建设工作，完善组织部门牵头抓总、统筹协调，社会工作党委主管，条块结合、行业归口、区域兜底的社会组织党建工作管理体制和工作机制，推进社会组织党的组织和党的工作有效覆盖。根据不同类型不同规模社会组织情况开展工作，充分发挥社会组织党组织的战斗堡垒作用和党员的先锋模范作用。将党建工作融入社会组织登记、检查、评估等日常管理服务工作，督促社会组织将党的建设写入章程。落实党建主体责任，做好社会组织党风廉政建设和反腐败工作。发挥工会、共青团、妇联等群团组织作用，形成做好群众工作合力。”上海社会组织党建在坚持党建的政治引领下，不断继承创新，顶层设计日趋完整系统，从探索走向具体规划安排，精细化程度实现跃升。

2. 以“两新”组织党建为抓手，提升社会组织党建的操作性

“两新”组织党建是极具上海市特色的党建活动（“两新”组织即新经济组织和新社会组织，新社会组织作为一个新词汇在20世纪90年代的上海市被提了出来。其特点是，相对于“社会组织”“民间组织”“群众组织”的概念，把范围缩小在社会主义市场经济体制发展完善过程中涌现出来的民间组织）。① 上海市围绕“两新”组织党建出台《上海市“两新”组织党建工作三年行动计划（2009—2011年）》，在主要任务设置上明确加强党组织书记队伍建设、加强党员队伍的先进性建设、做好党的群众工作和人才工作，并提出操作方案，为新社会组织党建提供了具体指导。

3. 注重分类引导，提升党建工作的针对性

四类社会组织直接登记后，依据2014年上海市《关于行业协会商会

① 陈皓华.上海市普陀区新社会组织党建工作模式研究[D].上海：华东师范大学，2010.

类、科技类、公益慈善类、城乡社区服务类等四类社会组织直接登记后党建工作管理暂行办法》继续坚持分类管理的原则，新登记的行业协会商会类、科技类、公益慈善类、城乡服务类社会组织的党建工作，按照《暂行办法》实行归口管理；已登记的社会组织，党建工作一般维持原有管理关系不变，必须调整的按上述原则归口。

（二）区级党建制度创新

上海市区级社会组织党建在市级社会组织党建的规划安排上，各区结合自己的实际，出台有自身特色的党建制度，推动本区社会组织党建的有效开展。

1. 出台政策，引导社会组织党建

出台针对该区某一类社会组织发展的政策，将其发展同党建有机结合，例如《浦东新区关于进一步推进社区社会组织发展的指导意见》，其中指出要坚持党建联动，要以区域化大党建为依托，创新社区社会组织党组织的设置方式和工作方式，引领社会组织坚持正确政治方向，发挥提供服务、反映诉求和规范行为的作用。

2. 发挥社会组织党建与基层党建的联动结合

社会组织党建与基层党建有机结合，进行属地管理、联合会管理。例如《静安区关于贯彻全面从严治党要求落实基层党建工作责任制的实施意见》，该意见提出通过“归口管理”和“属地管理”相结合的分段管理法，推进社会组织联合会、社会组织服务中心双轮驱动、融合发展，完善党建工作平台、架构。例如《2018 年杨浦民政工作要点》，其中明确强化社会组织党建工作，继续提升社会组织的党组织覆盖率，推动社会组织把党建工作写入章程，依托社区社会组织联合会，加强社区社会组织、群众活动团队的党建工作。

3. 注重党建人才培养，纳入民政发展规划

社会组织党建人才的培养是提升社会组织党建水平的基础性力量。在上海市社会组织党建人才培养方面，做得比较突出的是嘉定区。嘉定区委宣传部、区社会工作党委、区财政局联合对提高社会组织思想政治工作者专业职务补贴制订了一个实施办法，从制度上保障社会组织党建队伍的收入水平。《闵行区民政事业改革与发展“十三五”规划》提出完善社会组织党建机制，按照“应建尽建、应派尽派”的原则，抓好党组织设置，加强党在社会组织中的领导。

（三）街镇党建制度创新

上海市街镇层面的社会组织党建制度文件因涉及大量党建工作具体落实、落地的问题，所以比较注重因地制宜、因时制宜，根据自身党建的实际特点出台相应的制度安排。

1. 发挥党建文件的推动力量

街镇层面，首先倾向于制定覆盖街镇社会组织党建以及操作方法的相关文件，以期带动社会组织党建活动的开展。例如，宝山区吴淞街道结合本街道实际情况制定《吴淞街道“两新”组织“双覆盖”工作的实施方案》，推进社会组织党的组织和党的工作有效覆盖，通过单独组建、单位联建、聘请促建、选派党建顾问等方式实现组织覆盖和工作覆盖，对该街道党建的内容形式进行了精心的安排布置。嘉定区安亭镇出台《“两新”组织党组织书记履职及常规工作清单》进一步明确党支部书记工作职责，规范“三会一课”制度，实施“5 + 7”组织生活模式，夯实党建工作基础。《关于完善安亭镇“两新”组织党建工作经费使用管理办法的实施意见》根据党组织规模对

工作经费、书记履职补贴作了相应调整，明确经费使用的额度、范围、报销及拨付等操作程序，实施规范化管理，进一步推动"两新"党建工作顺利开展。安亭镇从党建经费入手，有助于为党建提供明确的资金保障，解决社会组织党建工作者后顾之忧。

2. 对社会组织党组织互相交流学习进行制度安排

强化社会组织党组织互相交流学习，是推进和优化社会组织党建的必由之路，因此，应依靠相关的制度安排加以保障。例如，静安区江宁路社区社会组织联合会出台意见，推动所属的上海智能消防学校党支部、上海洪智城市小区管理服务中心党支部、社区综联第三党支部结对共建，以"促进社会就业，维护社会稳定"为要求，三支部优势互补，依法为刑释出监人员解决就业工作及家庭生活具体困难，成功申报为静安区"两新"党建创新项目，进一步衍生为"大墙内外同有一个中国梦"政府购买服务项目。此外还有五支部结对共建打造的"15 心理嘉年华"等项目，将社会组织党组织政治优势转化为服务社会的优势。通过各个社会组织党组织间的互相学习借鉴，有助于先进经验的传播推广，创新党建活动形式。

二、社会组织参与政府购买服务制度创新

在政府购买社会组织服务制度创新这一领域，出现了"市-区-街道"三级协同推进的有利局面，探索出社会创新孵化园制度。这些制度创新内容，有力地推动着上海社会组织的建设和发展。

（一）市级社会组织参与政府购买服务制度创新

2009 年以来，市民政局从福利彩票公益金中拿出资金进行"改拨为

招”的探索，采用公益创投和公益招投标的项目形式。公益创投侧重“创”字，即由公益组织发现社区居民需求，创意设计出新的公益服务项目参与大赛，获胜者得到主办方项目投资。公益招投标侧重“招”字，即由出资方提出公益服务项目需求，面向社会公开招标，各公益组织参与竞标，中标者获得项目经费资助。[①] 上海首届社区公益创投大赛也由此于 2009 年 12 月召开。2014 年上海市委开展创新社会治理、加强基层建设 1 号课题调研，针对“购买主体找不到好的社会组织的问题”，提出了编制承接政府购买服务社会组织推荐目录的要求，由市社会团体管理局具体负责落实。市社会团体管理局经过精心准备，于 2015 年 6 月印发《上海市民政局上海市社会团体管理局关于印发〈建立上海市承接政府购买服务社会组织推荐目录（试行）〉的通知》，明确条件要求、目录形成、目录发布、目录运用等事项。同年 7 月 1 日，推荐目录在“上海社会组织网”上发布，对社会公众提供查询服务。

（二）区级社会组织参与政府购买服务制度创新

以公益创投开展比较早的静安区为例。2016 年 10 月，静安区宣布成立“静安公益创投专项基金”，推出了静安公益创投 LOGO。自此，除政府的定向扶持资金外，静安区又开辟了一条“社会化募集、多渠道参与”助力社会组织培育发展的新路，政府、社会组织、全社会良性互动的社会组织培育发展生态系统初见雏形。“静安公益创投专项基金”采取线上、线下向全社会募集的方式，实现了公益创投项目由政府资金单一投入向政府引导、

① 王劲颖.上海公益创业的社会生态路径——对首届“上海公益伙伴日”的思考[J].社团管理研究，2012(2)：51－53.

社会多方投入的转变。这既有效增强了对优秀公益创投项目的扶持力度，又为爱心企业和人士承担社会责任、贡献自身力量开辟了新的途径。首批募集线下共有 13 家企业积极参与贡献爱心，募集金额达 70 余万元。线上募集通过腾讯乐捐平台，共有 400 余位爱心人士踊跃捐款，短短 3 天，收到爱心捐款 4 万余元。①

（三）街道社会组织参与政府购买服务制度创新

2017 年 5 月，塘桥街道委托浦东新区公益组织项目合作促进会主持社会组织服务项目发布会，打破了原职能科室指定式购买的局面，通过填写《购买社会组织服务项目需求书》进行申报，制作《塘桥街道购买社会组织服务项目推介》，对项目实行线上、线下发布，公开向社会组织招标，建立信息统一平台，实现项目一站式对接，有效提升市场竞争，逐步扩大塘桥街道向社会组织购买服务的范围和规模，使购买服务更规范、更透明、更公开。②

探索实行孵化园制度创新。2010 年 7 月，上海市社会创新孵化园开园。该孵化园由上海市民政局立项，福利彩票公益金提供资金支持，通过招标的方式委托上海浦东非营利组织发展中心（简称 NPI）进行运营管理，旨在通过政府、社会组织和社会企业的跨界互动合作，探索社会创新的机制、模式和方法。目前，上海市除设社会创新孵化园以外，浦东、杨浦、虹口、闵行、黄浦、静安等区也已纷纷成立孵化园、公益服务园、孵化实践基地

① 静安公益创投专项基金成立. http://www.jingan.gov.cn/xwzx/002001/20161014//e75b95b0 - eed6 - 460f - 9407 - e5d755f3518d.html.

② 塘桥街道召开购买社会组织服务项目发布会. http://www.tangqiao.sh.cn/jddt/20170601/201706011351000000 48.html.

等名称各异的社会组织孵化基地。①

三、社会组织参与慈善事业制度创新

中国正处在经济社会转型的重要历史时期，社会阶层分化日益严重，社会问题凸显，社会弱势群体的帮扶需求不断增加。慈善事业作为社会转型的内在关怀纽带在调节收入分配、弥合贫富差距、完善民生保障、提供社会基本公共服务补充供给、参与社会治理等方面发挥着重要作用。② 慈善事业同社会组织发展息息相关。近年来，上海市慈善事业的蓬勃发展离不开上海市相关政策法规的引导和支持。通过相关制度创新，推动以党政部门为代表的国家权力主体和以社会组织为代表的社会参与主体协同保障，有助于总结经验，形成借鉴示范效应。

（一）市级社会组织参与慈善事业制度创新

为规范慈善事业管理，上海先后出台了多项政策法规，引导社会组织参与慈善事业健康发展，为慈善事业的创新发展奠定了制度保障。

1. 有目标、有追求、有方案，推动社会组织参与慈善事业有序健康发展

为保证社会组织有序参与慈善事业，且实现自身的持续性健康发展，有必要对其发展过程、发展方式、发展目标作一详细规划，例如，上海市“十

① 王劲颖.上海公益创业的社会生态路径——对首届“上海公益伙伴日”的思考[J].社团管理研究，2012(2)：51－53.

② 吴宏洛.中国特色慈善事业的历史演进与发展路径[J].东南学术，2016(1)：70－79.

三五规划”纲要对“慈善事业”和“志愿服务”所作的规定。上海市“十三五规划”纲要提出大力发展慈善事业和志愿服务，弘扬公益文化，鼓励社会各界参与慈善事业，搭建政府、企业、社会多方合作的公益活动平台，鼓励发展社会投资机构、社会企业等新兴公益力量。完善志愿者招募、管理、培训、激励、评估等制度，促进志愿服务活动常态化、社会化、项目化。到2020年，注册志愿者人数占常住人口的比例超过10%。

2. 找准抓手，将慈善组织培育成为慈善事业发展的中坚力量

慈善组织依凭其组织特殊性，成为慈善事业发展的中坚力量，且得到了政府部门的重视。2016年上海市政府出台了《关于促进本市慈善事业健康发展的实施意见》，该意见提出积极培育和发展慈善组织，加强慈善组织自我管理能力、规范慈善组织各种活动、大力推动慈善组织公开透明以及具体的操作意见，有助于慈善组织的培育成长。

3. 初步形成有上海特色的慈善事业政策法规体系

上海通过制订相关的政策法规，从体系上确保了上海社会组织的可持续发展。具体而言，根据上海市人大常委会、上海市人民政府和上海市有关部门相继制定的《上海市志愿服务条例》(2009年)、《上海市慈善事业发展指导纲要》(2010年)、《上海市募捐条例》(2012年)、《上海市募捐活动备案实施办法》(2013年)、《上海市人民政府关于促进本市慈善事业健康发展的实施意见》(2015年)以及五年发展规划中对慈善事业的论述安排，这些政策法规，可以系统全面地推进慈善事业的发展。同时，通过慈善事业的发展又进一步激发了以慈善组织为代表的社会组织活力，实现慈善事业发展和社会组织建设的共同繁荣。

（二）区级社会组织参与慈善事业制度创新

上海市各区级层面的慈善事业发展的制度安排同社会组织建设密切结合，推动社会组织在慈善事业领域的创新发展。

1. 通过相关意见，促成自己的品牌特色

在政府意见规划的带动下，社会组织会逐渐形成具有品牌特色的慈善事业。例如，浦东新区的《关于促进浦东新区社区慈善超市创新发展的实施意见》，其中提出强化公益属性、明确社会化方向、坚持可持续发展、注重因地制宜的基本原则，这有利于推进浦东新区社区慈善超市街镇全覆盖、标准化工作，促进社区慈善超市创新发展，产生规模示范效应。社区基金会方面，浦东从2012年开始探索社区基金会，2013年率先登记了全市第一家公募社区公益基金会——上海洋泾社区公益基金会，2015年9月，浦东新区陆家嘴社区公益基金会（非公募）成立。这两家社区基金会通过精准对接社区需求，打造相应的品牌活动项目，激活社区共治机制，形成的经验蓝本对全区乃至全市产生了良好的创新示范效应。在此基础上，浦东新区将其纳入社区社会组织发展规划中，出台相应意见，如《关于“十三五”期间促进浦东新区社会组织发展的财政扶持意见》就提出对浦东的社区基金会，按照其当年募集资金的情况给予一定额度的募款奖励。

2. 制定评估考评办法，促进公益服务类社会组织发展

社会组织考评制度是制度创新的代表，有利于促进公益服务类社会组织的发展，并将该类社会组织的社会效益发挥到最大。例如，杨浦区在全市率先研究并出台的《杨浦区关于开展公益服务类社会组织“优选名册”工作的实施意见（试行）》。该意见与政府购买社会组织服务相挂钩，采用“一年一评、动态调整”的方式，原则上是从优选名册中择取合适的社会组织承

接服务项目，以此鞭策入选社会组织始终守牢公益服务的“质量线”，鼓励未入选的社会组织继续努力。

（三）街镇社会组织参与慈善事业制度创新

慈善事业在街道层面的制度创新主要以文件倡导、宣传动员的形式展开。

1. 出台具体慈善措施方案，提升社会组织参与

制定慈善措施方案，是带动和规范社会组织参与的先决事件，在方案的引导下，社会组织的参与能力及其效果也得以发挥出来。例如，2015 年浦东新区塘桥社区制定“慈善公益联合捐”活动实施方案。该方案安排“慈善公益联合捐”所募集的善款，由街道统一收集，上交上海市慈善基金会浦东分会，经审核返还后，纳入街道民生基金，设立专项科目（慈善联合捐），使用情况接受社会监督和有关部门的审计。塘桥出台的专门措施，将推动慈善事业在街道同社会组织更进一步有机结合。

2. 引导辖区社会组织申报慈善公益项目

利用制度化的政策文件，在充分宣传的基础上，引导辖区社会组织申报慈善公益项目。如杨浦区大桥街道制定推广文件。这些制度化的政策文件，在辖区社会组织工作例会上对申报慈善公益项目这一事项，进行重点宣传。在此基础上，大桥街道社会组织服务中心收到 8 项来自辖区社会组织的慈善公益项目申请。这种由制度化的政策文件引导的政府购买服务项目活动，是社会组织承接政府职能的具体体现，慈善公益项目在大桥街道社会组织中出现踊跃申报的局面，有助于社会组织参与慈善事业活动，促进上海市慈善事业可持续发展。慈善事业在街道主要以具体的项目活动展开，因此，以慈善公益慈善项目为基础，出台引导意见，有助于更好

地吸引社会组织参与。

3. 助推志愿服务，提升区域文明

以制度规划推动志愿服务是一种制度创新的新方式。静安区彭浦镇运用《彭浦镇经济和社会发展“十三五”规划》完善志愿服务体系。在《彭浦镇经济和社会发展“十三五”规划》的指导下，该镇广泛普及志愿理念，大力弘扬志愿文化，规范社区志愿服务中心运行，搭建社会各界参与志愿活动的公共服务平台，加强志愿服务组织和志愿者队伍建设，建立多层次、相对稳定的社区志愿者队伍，推动各居民区志愿服务全覆盖，形成组织网络健全、工作项目丰富、运行机制完善的社区志愿者服务网络体系。经常开展种类多、质量高的“邻里守望”志愿服务活动，促进志愿者服务品牌打造，逐步把社区打造成为志愿服务活动的组织地、志愿服务资源的整合地、志愿服务文化的传播地。志愿服务作为慈善事业领域的重要领域，对其在街道中的开展进行安排规划，可以志愿服务为旗帜更好地鼓励动员社会组织投入街道慈善事业发展。

四、社会组织参与社区治理制度创新

2017 年 3 月，习近平总书记在参加十二届全国人大五次会议上海市代表团审议时希望上海市在四个方面有新作为，他明确指出，城市治理问题是摆在国家治理体系和治理能力现代化进程中的重大课题，要走出一条符合超大城市特点和规律的社会治理新路子。上海市在城市发展的过程中面临着城市建设和管理方面的种种矛盾和冲突，在基层治理方面，随着市场化和社区化的深入，各种社会矛盾与问题下沉到社区，城市社区在基层治理中的作用更加突出。与此同时，市场化孕育的社会组织逐渐增多，逐渐出现了业主、业委会、物业服务公司、开发商、居委会、街道办等相关利益主体，城市社区组织关系日益复杂，社区利益格局深刻变化，社区成为不同社会组织角力的场域。① 针对社区治理的新形势、新问题，上海市启动社会治理方式的全面创新，从管理走向治理，围绕社会组织有效参与社区治理出台了诸多具有创新示范意义的制度安排。

（一）市级社会组织参与社区治理制度创新

90年代后，上海出台了一系列加强基层治理政策文件，1994年中国上海市委、市政府出台了《关于加强街道、居委会建设和社区管理的政策意见》。2004年以来，上海市开展社区建设扩大试点工作，2007年上海市政府出台了《关于完善社区服务促进社区建设的实施意见》，《意见》提出培育发展社区民间公益性组织，加快培育能够协助政府承担事务性工作、提供公益性服务、调解民间纠纷、发展慈善事业的社区公益性民间组织。街道办事处、镇（乡）政府要建立政府购买服务机制，支持社区民间公益性组织运作。《意见》强调社区委员会在社区党组织的领导和行政组织的参与下，组织发动社区居民、驻区单位、民间组织、群众团队等各方力量，搞好社区共治，并积极反映各方利益诉求，广聚民智民力。该《意见》为社会组织参与社区公共事务治理提供了相应的制度保障。

2014年，上海市委将“创新社会治理、加强基层建设”列为年度重点调研课题。当年年底，课题调研形成了“1+6”成果，即1个关于《创新社会治

① 孙娜，唐丽萍.城市社区治理现代化的逻辑建构与创新实践——基于上海城市社区治理经验分析[J].发展改革理论与实践，2018(6)：5－11.

理、加强基层建设的意见》和6个配套文件《深化本市街道体制改革》《完善居民区治理体系》《完善村级治理体系》《组织引导社会力量参与社区治理》《深化拓展网格化管理提升城市综合管理效能》等。其中《组织引导社会力量参与社区治理》对于社会组织参与社区治理创新发展有着极高的指导意义。2017年10月，中共上海市委、上海市人民政府发布《关于加强本市城市管理精细化工作的实施意见》，强调鼓励、支持、培育社会组织发展，引导动员区域企事业单位、各类机构组织共建社区；增强市民群众和机关、企事业单位、社会组织参与城市管理的意识；大力培育、发展城市维护产业，充分发挥社会组织、市场机制在城市管理中的作用。

1. 各职能部门出台相应配套方案，形成政策法规创新体系

为了贯彻落实市委《关于进一步创新社会治理加强基层建设的意见》，进一步“激发社会活力、形成社区治理体系”，引导社会组织参与社会治理，上海市民政局、社会团体管理局联合有关部门出台关于社会组织的“121”系列政策文件，即《关于加快培育发展本市社区社会组织的若干意见（试行）》《关于加强本市社会组织服务中心建设的指导意见（试行）》《上海社区基金会建设指引（试行）》和《建立上海市承接政府购买服务社会组织推荐目录（试行）》。通过系列政策文件，把社会组织参与社区治理落到实处。

2. 从社会组织实际出发，提升参与社区治理的能力

基于社会组织这一主体，增强其参与社区治理的能力，主要靠两方面制度创新：一是编制政府购买服务的两大目录，将购买服务具体化。二是完善社会组织服务的支撑体系。政府将购买公共服务资金列入同级财政预算，逐步增加购买比例；推动居民区设立社区自治金，街镇设立社区发展基金（会），为社会资金支持社会力量参与治理创造条件等，这些规定和办

法，有助于引导社会组织有序参与社区自治。

（二）区级社会组织参与社区治理制度创新

围绕“1+6”文件的贯彻落实，各区级层面也针对社会组织参与社区治理进行了相应的制度创新。

1. 出台政策法规，鼓励合作结对

政策法规的出台，有利于促成社区与社会组织的合作。黄浦区出台文件引导区社会组织公益园与上海市公益新天地合作，16 家社会组织与小东门街道的 19 个居委会进行“相亲”，形成参与居民自治的 25 个项目，让社会组织参与“老城厢，新家园”小东门街道社区居民区“自治家园”示范点创建工作项目。通过项目合作，社会组织找到社会需求的落脚点，提升社会组织参与社区自治的能力，提高社区与社会组织合作的能力，社会组织扎根社区孵化成长。

2. 制定战略规划意见，统筹安排社会组织参与社区治理

战略规划意见是保障社会组织有序参与社区治理，并能够逐步实现其治理目标。例如，浦东新区“十三五”社会组织扶持政策中明确相关配套条款。条款中说明，要重点发展四个领域的社区社会组织，即提供社区生活服务的社会组织、推动社区互助救助的社会组织、满足文化体育教育需求的社会组织、促进基层治理和社区参与的社会组织，鼓励街镇引入社会力量，建立社区基金会，通过资金筹措和运作方式的改变，扩大社区动员面、参与面，提高社会服务效能。《黄浦区民政局 2016 年工作计划》。该计划的制定，目的是提高社会组织服务能级，探索社会组织协同社区发展，以养老、公益慈善、社区服务等为重点，通过社区、社工、社会组织的“三社”联动，引导新一批社会组织开展协同服务的试点，探索社会组织在协同服务

过程中的路径、方法和手段，增强社会组织协助政府开展公共服务的能力。加强与上海市社会创新孵化园（上海市公益新天地）的全面合作，共同推进黄浦社会组织的引进、孵化、培育、交流、培训、跨界合作等功能建设。

（三）街镇社会组织参与社区治理制度创新

街镇是社会组织参与社区治理的落地环节，作为社会组织参与社区治理的“最后一公里”，上海市各街道也进行了诸多制度安排，通过“构建社会组织参与社区治理制度化”和“细化社会组织参与社区治理的实施方法”，两种方式切实推进社会组织参与社区治理创新。

1. 推进社会组织参与社区治理制度化

社会组织需要相关制度规范其参与行为。例如黄浦区五里桥街道党工委、办事处印发的《关于培育发展社区社会组织的指导意见》，该意见制定了街道社会组织服务中心中心联席会议、联合支部党建、受理服务轮值、重大事项报告、定期监管培训、社会评估激励、专项资金支撑等七项制度，确保社会组织参与社区治理制度化和规范化。五里桥街道社会组织参与社区治理的制度化、规范化、常态化建设将有助于该街道进一步提升社区治理的能力水平。

2. 细化社会组织参与社区治理的实施方法

社会组织参与社区治理，需要明确且细致的实施方法予以保障。例如普陀区长寿路街道联合会制定的《长寿社会组织联合会财务管理制度》等规范。这些规范的日常运作，使得社会组织在财务管理规范的基础上，培育壮大了自身的品牌项目，按照“优秀项目品牌化”和“优秀社会组织品牌化”的发展思路，联合会成员单位已经成功打造了“分享冰箱”“食物银行”“知音人画生活”等自治项目，扩大社会组织影响力。再如《七宝镇加强住宅小区综合治理三年行动计划(2015—2017)》,该计划提出积极培育专业社会中介组织参与住宅小区管理事务。落实资金,通过政府购买服务的形式,建立专业社会中介组织提供公共服务和解决事项的社区治理模式,引导专业社会中介组织为业主大会组建、业委会换届改选、物业选聘、维修资金使用、物业矛盾纠纷化解等住宅小区管理事务提供服务,逐步引导专业社会中介组织参与住宅小区事务管理工作。社区治理像绣花一样精细,对社会组织参与社区治理的合理精细化安排,有助于进一步推动社会组织在社区治理中落地扎根。

第五章　上海社会组织党建创新发展

在中国，社会组织的全面成长与中国从计划经济转型市场经济体制密切相关。中国共产党是进行社会组织化建设和社会力量动员的领导核心，社会组织是开展相应社会建构体系的重要力量。基于不同的社会建构体系，中国共产党接受了社会组织的发展，但要保障其领导地位，就必须在不同的社会建构体系中协调好与社会组织之间的关系。[①] 由于中国特色社会主义最本质特征是中国共产党领导，中国特色社会主义制度的最大优势也是中国共产党领导。因此如何团结带领广大社会组织共同推进中国特色社会组织建设，成为对党的执政能力和执政智慧的一大考验，对党的活动方式[②]提出的新的要求。

自1990年以后，中国共产党先后出台了多项制度规范，团结、带领社

① 林尚立.两种社会建构：中国共产党与非政府组织[J].中国非营利评论，2007(1)：1－14.

② 党的活动方式，就是政党为实现自己的目的而采取的手段、方法、形式的总称，是党为调动、利用党内外各种资源服务于自己奋斗目标的有组织的集体行为模式。高新民.中国共产党活动方式研究[D].北京：中共中央党校，2002.

会组织开展党建工作，不断提高社会组织的党组织覆盖面，推出了北京市枢纽型“3 + 1”党建模式、江苏省“双报双推”型党建模式、浙江省“1 + N”党建模式等创新型党建模式典型。① 当然，上海市作为中国共产党的发源地，同时也作为社会组织创新发展的标杆城市，在社会组织党建方面成绩卓越、贡献突出：上海市围绕“两新”组织党建和实施四类社会组织（行业协会商会类、科技类、公益慈善类、城乡社区服务类）直接登记政策后的党建跟进工作开展了诸多创新实践，筑实社会组织党建，逐渐摸索出一套富有成效的上海市社会组织党建体系，为破解社会组织党建难题提供了来自上海市的经验思路。

从具体治理角度看，党组织具有统合性治理功能，能够为国家和社会的整体性治理奠定组织性与机制性基础，从而成为中国国家与社会治理的一大优势与特点。上海市作为直辖市和特大型国际性城市，鉴于其城市治理的复杂性，发挥党组织的统合性治理功能就应成为上海市城市治理的重要内容。② “十二五”期间，上海市进一步加强党建对城市治理的引领工作，且努力完善了党组织领导基层工作的相关制度，使得上海市的区域化党建工作机制和“1 + 3”党建体制不断完善，且基本建成以街道党组织为核心、社区党组织为基础、驻区单位党组织和社区内全体党员共同参与的区域化党建格局。此外，党委领导的制度也在不断被夯实：在 2012 年成立上海市社会工作党委的基础上，全市 17 个区（县）先后成立社会（综合）党

① 陈家喜.我国新社会组织党建：模式、困境与方向[J].中共中央党校学报，2012(2)：36 - 40.

② 郑长忠.重塑城市治理整体性的政党逻辑——国家治理现代化与上海大党建格局发展[J].中国浦东干部学院学报，2017(2)：78 - 84.

委，并延伸至街镇，初步形成上下对应、工作联动的党建工作组织架构。除了制度完善外，上海市还努力尝试党在社会领域的创新工作方法，探索并试点出了单位党建、行业党建、区域党建等新模式。①

为详细介绍上海市社会组织党建的创新发展，本章将从上海市社会组织党建创新发展的主要概念界定、背景内涵、若干方式以及案例介绍四方面对其创新现状作一系统分析。

第一节　主要概念界定

在展开分析上海社会组织党建创新发展的过程中，涉及两个概念，即“党建创新”“社会组织党建”。

一、党建创新

党建创新中的“党建”可以简单理解为中国共产党的自身建设，具体包括思想建设、组织建设、作风建设、制度建设、反腐倡廉建设、纯洁性建设和人员建设等。这些党建内容具有鲜明的指导性和实践性，且反映了中国共产党在不同时代、不同情况下的工作与活动。将党建内容与创新理念相结合就构成了党建创新的核心内涵，指中国共产党在自身建设方面进行创造

① 陈群民，李显波，徐建，等.“十三五”时期上海社会发展和社会治理思路研究[J].科学发展，2015(6)：27－36.

性突破，提出新的党建理论、党建模式、党建思路和党建方式方法等。[①] 基于此，可以把党建创新界定为：在中国共产党的宗旨、使命和目标的指引下，党的建设方面有一个与过去不一样的创造性突破，提出新的党建理论、党建模式、党建思路、党建领域和方式方法的过程和活动。

二、社会组织党建

中国共产党建立政权的重要经验，即为“凡是有社会经济活动发生的地方，就应当有党组织的存在”。[②] 由于目前社会组织在社会经济活动方面发挥了越来越重要的作用，且已成为其中最主要的建设主体之一，因而党建工作也应覆盖到社会组织领域，以期引导社会组织规范发展、合法运作，开展符合我国意识形态和党性要求的社会经济活动。那么，社会组织党建到底指什么？其内涵具体有哪些？首先，需要从历年来有关社会组织党建的文件入手，分析社会组织党建的定义及其主要内涵。

1994年召开的十四届四中全会《中共中央关于加强党的建设几个重大问题的决定》指出，各种新建立的经济组织和社会组织日益增多，需要从实际出发建立党的组织，开展党的活动。这是改革开放后第一份对社会组织党建进行规范性论述的党的重要文件。其中，大致介绍了社会组织党建的主要内容，即在社会组织中建立党的基层组织以及开展党的活动。之

① 邹谨.国家治理体系和治理能力现代化视阈下中共党建创新历程与经验研究[D].武汉：华中师范大学，2017.

② 马西恒.民间组织发展与执政党建设——对上海市民间组织党建实践的思考[J].政治学研究，2003(1)：23－37.

后，中国共产党又相继发布了党的重要文件，比如1998年2月中共中央组织部和民政部下发的《关于在社会团体中建立党组织有关问题的通知》、2000年7月中共中央组织部印发的《关于加强社会团体党的建设工作的意见》等，进一步规范和丰富了社会组织党建的具体内容。

2015年9月，中共中央办公厅印发《关于加强社会组织党的建设工作的意见(试行)》。这个《意见(试行)》是新时期社会组织党建的纲领性文件，对新时期社会组织党建的原则和具体要求都作了更为详细的规定。一方面，社会组织党建的原则就是坚持党的领导与社会组织依法自治相统一，把党的工作融入社会组织运行和发展过程，更好地组织、引导、团结社会组织及其从业人员。另一方面，社会组织党建的具体要求是坚持从严从实，把握特点规律，严格落实党建工作制度，积极探索符合社会组织实际的方式方法，防止行政化和形式主义；坚持问题导向，着力破解组织体系不够健全、组织覆盖不够全面、作用发挥不够充分等难题，推动社会组织党建工作水平全面提升；坚持分类指导，根据不同类型不同规模社会组织情况开展工作，正确处理一致性和多样性关系，切实提高针对性和实效性，不断增强社会组织党组织的创造力凝聚力战斗力，充分发挥社会组织党组织的战斗堡垒作用和党员的先锋模范作用。

基于以上文件，可将社会组织党建的具体内涵概括为：社会组织党建是以理顺党组织隶属关系、提高组织党性修养、形成完整全覆盖的党建工作体系为目标的，以党组织建设为核心，以社会组织发展为依托，以书记选拔、队伍培养、制度建设等为主要形式，且能够充分发挥自身在社会组织政治上的引导作用和监督作用、发展上的支持作用和服务作用、社情民意的传达作用和反馈作用的一系列建设活动。

对此界定，我们可作如下解读：

第一，社会组织党建的目标。社会组织党建的目标有三：一是理顺党组织隶属关系，建立健全社会组织中的党组织，且具体包括按单位建立党组织、按行业建立党组织、按区域建立党组织以及其他创新形式如联合共建等，逐步实现全部领域的全面覆盖；二是完善党员人事管理制度和人事培训制度，提高组织中党员的党性修养；三是形成完整全覆盖的党建工作体系机制并加强相关制度建设。

第二，社会组织党建的作用。社会组织党建的作用体现在以下三个方面：政治上的引导作用和监督作用、发展上的支持作用和服务作用、社情民意的传达作用和反馈作用。

第三，社会组织党建的主要内容。社会组织党建的主要内容具体表现为：以组织建设为核心进行书记选拔、队伍培养、制度建设，不断加强思想政治和党员先进性建设，注重与社会组织发展紧密结合，贴近群众需求，突出社会组织特点。

第二节　上海社会组织党建创新发展的背景阐释

本书对上海社会组织党建创新发展的背景将会从宏观、中观、微观三方面作具体阐释。宏观方面，以介绍早期基层党建的经历为主，为阐释社会组织党建作铺垫；中观方面，以介绍社会组织党建的建设过程为主，既将基层党建的具体方向聚焦于社会组织，又为进一步引出上海社会组织党建历程作铺垫；微观方面，就是主要聚焦于上海社会组织的创新发展历程。

一、宏观背景：中国早期的基层党建

鉴于社会组织党建属于基层党建的特有现象，因此，在具体介绍社会组织党建背景前，可对基层党建的发展经历作一回顾。我国的基层党建的发展，最早可追溯到新中国成立初期，即开始了将基层党组织作为社会管理核心探索工作，并形成了相应的单位制体系。

改革开放以前，中国共产党主要通过行政权力来调动一切社会资源以实现其目标。这一时间内，以党的基层组织为核心的单位制社会结构也开始在城市中形成。在这种社会结构中，整个社会就是围绕着基层党组织网络构筑起来的。基层党组织的活动方式和活动内容与单位的生产生活紧密相关，这成为党与社会关系最密切、最直接的表现形式。①

在计划经济体制时期，基层党组织在组织设置形式和活动方式等方面所形成的单一、陈旧、简单化等弊端，是与市场经济的复杂性、多样性和多变性不相适应的。②

1978年12月召开的党的十一届三中全会，标志着中国开始进入改革开放和社会主义现代化建设的新时期。在这一新时期中，中国开始实现“两个历史性转变”，即从高度集中的计划经济体制到充满活力的市场经济

① 林尚立.社区党建：中国政治发展的新生长点[J].上海党史与党建，2001(3)：10－13.

② 罗争玉.毛泽东邓小平江泽民基层党建理论研究[D].长沙：湖南师范大学，2002.

体制的历史性转变，以及从封闭半封闭到全方位开放的历史性转变。① 党的十一届三中全会指出，实现四个现代化，要求大幅度地提高生产力，也就必然要求多方面地改变同生产力发展不适应的生产关系和上层建筑，改变一切不适应的管理方式、活动方式和思想形式。这就要求基层党组织必须改进和调整组织设置形式、活动方式等，以适应改革开放和发展社会主义市场经济这一新形势的要求。

二、中观背景：中国基层党建的领域扩展

在改革开放后，社会组织越发迅速发展，并逐渐壮大，基层党组织为保证社会组织规范发展，也逐渐将建设领域扩展到社会组织中。习近平同志在 2008 年 2 月 17 日召开的全国组织工作会议以及 2009 年 12 月 11 日召开的全国组织部长会议上的讲话中均强调指出，基层党组织建设要着力于优化组织设置，扩大组织覆盖，适应经济结构、产业布局、组织形式、行业分工、党员流向的发展变化，要坚持有利于加强领导、活跃基层、发挥作用的原则，在以地域、单位为主设置党组织的基础上，因地制宜、灵活多样地设置党组织，切实做到哪里有党员，哪里就有党的组织和有效的管理。按照这一要求，2014 年 5 月，中共中央办公厅印发的《关于加强基层服务型党组织建设的意见》进一步明确指出，城市在依托街道、社区设置党组织的同时，在片区、楼宇和流动党员集中点建立党组织，在社区居民中按照志向相

① 朱孟光.中国共产党基层组织活动方式社会化研究——主要基于城市基层党建的考察[D].北京：中共中央党校，2016.

投、兴趣相近、活动相似的不同群体建立党组织。非公有制企业和社会组织等领域，采取单独组建、区域联建、行业统建等方式建立党组织，加快推进党的组织和工作覆盖。推行区域化党建，可以由街道、社区党组织与辖区内单位党组织共同组建区域性党组织，也可以依托居民区、商务区、开发区等组建区域性党组织。在扩大党的组织覆盖面上，不同的社会组织中的党组织形式很难实现整齐划一，千篇一律。这就要针对各类社会组织的具体情况，灵活地创新党的组织形式。2015 年 9 月，中央办公厅印发的《关于加强社会组织党的建设工作的意见（试行）》，为全面加强社会组织党建工作指明了方向、提供了遵循原则。

社会组织党建除了会对社会组织规范发展产生引导作用，此外还有两方面具体作用，即对政治文化的传播以及在过程中加强中国共产党与社会组织之间的密切联系。

（一）社会组织党建与政治文化传播功能

鉴于社会组织同群众日常生产生活的密切联系，开展社会组织党建有利于进一步提升党同群众的关系，巩固党的执政基础。因此，社会组织党建也成为政治社会化的重要组成部分。政治社会化是特定政治文化传播和延续的过程，任何政治系统都试图通过各种途径让本系统认同的政治取向模式和行为规范被社会的大多数成员接受，以建立社会成员对政治系统及其运作的认同感。① 社会组织作为组织化的社会成员群体，通过开展党建活动，能够使其在政治社会化扮演着重要角色，既能成为政治文化的接受者，也能成为政治文化的传播者。

① 孙关宏，胡雨春，任军锋.政治学概论（第二版）[M].上海：复旦大学出版社，2008：382.

（二）密切党与社会组织之间的联系

一方面，中国共产党作为执政党，通过社会化过程将党的路线、方针、政策、思想观念以及意识形态传递给社会组织，对社会组织施加各种影响，并使其经过后者的认知过程逐步内化为他们观念结构的一部分；另一方面，社会组织开展有效党建活动后，将成为中国共产党的理解者和协作者，积极自觉地向其他社会成员、社会组织宣传党的思想、理论、大政方针，成为中国共产党进行政治社会化的助力者。

此外，社会组织经营领域的社会性、管理模式的行业性、活动方式的分散性及人员的流动性等特点，决定了社会组织党建工作的复杂性和独特性，这是目前我国社会组织党建的重要挑战。

三、微观背景：上海社会组织党建创新发展历程

上海社会组织党建创新发展历程共分为两个阶段，其一是早年间的社会组织党建探索阶段；其二是 2003 年之后的社会组织党建创新发展阶段，这一阶段又体现出四种创新发展方法：打造上海社会组织规范化、系统化的党建体系；探索社会组织党建工作联动体系，找准枢纽支点；融入区域大党建格局，各主体间党建互动协同开展；探索激励机制，引导社会组织党建创新发展。

（一）上海社会组织党建探索阶段

上海社会组织党建工作早在 20 世纪 80 年代就进行了初步探索。为了克服党政不分现象，1983 年上海市委成立了 8 个大口党的工作委员会，作为市委派出机构，开启了大口党委改革进程，随后改革政府机构与职能，

不断调整大口党委设置。把党委对政府的归口管理改为大口党委制度，是上海市委解决党政不分、以党代政的一个重要举措。归口管理更多的是党委直接干预政府工作，而大口党委工作更多的是协调政府部门关系，使政府主体性得以提升。① 为后面社会组织党建的试点管理工作以及经验总结和推广工作奠定了一定的组织基础。

（二）上海社会组织党建创新发展阶段

2003 年 8 月，中共上海市社会工作委员会成立，其职能是负责新社会组织、新经济组织党的工作。经过 10 多年的探索，上海市着眼于建立纵横结合、上下贯通的社会组织党建工作体制，积极应对社会组织人员流动率高、组织变动快等社会组织党建难题，在市级层面及各区县建立社会组织党建工作机构，负责社会组织党建工作指导，将不同行业、不同领域党组织隶属关系厘清、理顺，通过建立逐级分类领导体系，形成“三级联动、条块结合”的社会组织党建格局。正如有学者指出社会组织党建工作的关键在于“有所建，有所不建”，也就是要求对各类民间组织“因地制宜”，依照民间组织的性质、整合程度、活动方式、党员数量等方面的条件，区分为党建工作“条件成熟”“不成熟”“完全没有可能”等不同情况，条件具备的必须建立党组织，条件不具备的则必须首先采取各种措施将其置于党的工作或影响的覆盖之下。② 上海社会组织党建在探索实践过程中形成的主要经验是，坚持一切从实际出发，努力寻求提高社会组织党建的覆盖面和提升社会组织党建具体效果之间的有机结合，根据各类社会组织中党员的数量和结构状

① 张阳.大口党委的制度功能分析：以上海为例[J].理论界，2012(9)：20－22.

② 马西恒.民间组织发展与执政党建设——对上海市民间组织党建实践的思考[J].政治学研究，2003(1)：23－37.

况，建立多样化的党的具体组织形式，既有量的覆盖面又有质的党建影响。这些经验具体表现为如下四点：打造上海市社会组织规范化、系统化的党建体系；探索社会组织党建工作联动体系，找准枢纽支点；融入区域大党建格局，各主体间党建互动协同开展；探索激励机制引导社会组织党建创新发展。

1. 打造上海社会组织规范化、系统化的党建体系

打造上海市社会组织规范化、系统化的党建体系是上海市社会组织党建的首要建设内容，上海市在2003年和2008年分别对此作了详细设置。

2003年，中共上海市社会工作委员会成立，作为市委派出机构，根据市委授权，负责对全市社会团体、社会中介组织、非公经济组织、民办非企业单位党的工作以及相关的社区党建工作进行指导、协调、研究和督查。各区（县）、街道、居民区分别建立了新经济、社会组织党建工作协调指导机构、社区综合经济党委（党总支）以及新经济、社会组织党建工作联络站，同时采取“属地”（即隶属于地方单位和社区党组织）、“属条”（即以资产为纽带，由投资、主办新的经济组织和社会组织的单位党组织主管这些组织的党建工作）、“属业”（即由行业协会党组织主管本行业内的党建工作）等多种方法，形成了覆盖全市、上下贯通的新经济、社会组织党建工作管理体系。①

2008年上海市将社会工作委员会的基本职能浓缩为以下几个方面：根据市委授权，负责对本市新社会组织、新经济组织党的工作进行指导、协

① 张国龙.加强新经济组织和新社会组织党建工作的几点思考[J].上海党史与党建，2004(12)：1-4.

调、研究和督查。根据对两新组织基层党建工作调查研究，两新组织的党建经验可总结为：地方党委统一领导，党政配合，城市街道一级党组织具体负责，形成两新组织党建工作网络。①

2. 探索社会组织党建工作联动体系，找准枢纽支点

社会组织枢纽型党建工作是随着“枢纽型”社会组织的建立和发展而逐步成熟的。2006年，上海市委办公厅转发《市委组织部关于进一步加强民间组织党的建设工作的若干意见》，把民间组织枢纽式党建和管理试点工作作为当年市委的重点工作，按照“党建先行、以民管民”的思路，通过建立联合会（市工业经济联合会、市商业联合会）党委、行业协会（市政公路协会、信息行业协会、人才行业协会、装饰装修行业协会等）党委，在发挥联合会和行业协会党组织对所辖协会（重点是经济性社团）党组织领导管理的同时，对无党组织隶属关系的会员单位党建工作实施指导，实现了对会员单位党建工作的全覆盖，逐步形成“联合会党建、联席会议党建、社会组织服务中心党建、孵化园（基地）党建”等枢纽式党建工作模式。

3. 融入区域大党建格局，各主体间党建互动协同开展

上海市主张构建区域大党建格局，实现各主体间党建的互动协同开展，这有利于发挥出党建合力，产生更大的党建效力。

源于1996年前后的上海市社区党建在组织体系上探索了社区内各级各类党组织之间建构横向联系、互动合作的新型社会化组织方式，改变了以往基层党组织纵向联系的单一化和线性化；在功能目标上明确提出了“群众性、公益性”要求，形成社区内各级各类党组织必须承担的社会服务

① 林立公.试论两新组织党的建设[J].政治学研究，2009(5)：42－52.

和政治领导的共同责任，克服基层党组织在社会领域中条块分割、单位分割、部门分割的局限性，有助于执政党在有效的社会整合中形成统一的组织化社会政治力量。随着“社区党建”工作在实践和理论层面的丰满，中国共产党上海市委员会在2004年审时度势提出区域性“大党建”的概念，从格局和体制层面将社区党建推进到科学化、规范化和制度化的新阶段。①这里的区域性“大党建”概念已经突破原有的“社区党建”的概念，在内涵与范围上有新的变化。“大党建”的主要思路是，在地方党委的领导下，在政府部门配合和群众组织的参与下，以社区街道管辖区域为基本网格，形成以社区党工委为核心，行政单位党组织、居民区党组织、驻区单位党组织为基础，社区全体党员为主体，社区内各类基层党组织共同参与，党政群组织齐抓共管的党建工作新格局。区域性“大党建”的提出，意味社区党建领域必须从直接隶属范围拓展为区域范围，使基层党组织的重建与基层社会的重构互动，通过促进社会整合确立以社会成员为主体的社会认同系统。

4. 探索激励机制引导社会组织党建创新发展

激励机制是促进党建思想政治工作创新的要素、制度、模式共同构成的机制，是为党建思想政治工作的创新和发展激发活力、提供动力的机制。

对于社会组织枢纽型党建模式，可建立相应监管和激励机制，同时可借鉴依靠传统群团组织的党建优势；对于社会组织区域大党建模式，需要建立覆盖全区范围内社会组织党建的监管和激励机制；对于行业归口和分级管理的条块结合管理模式，最主要的是确立一个责任主体集中管理。上

① 执政党的重要功能是实现有效的“社会整合”. http：//www.cnepaper.com/DFC XB/html/2013－11/19/content_1_6.htm.

海市社会工作委员会作为“负责对上海市新社会组织、新经济组织党的工作的指导、协调、研究和督查”的市委派出机构，在此过程中发挥了很大的作用，促进了社会组织的有序发展。

第三节　上海社会组织党建创新发展的方式

社会组织党建的基本情况。2016 年，上海市社会组织有党委 46 家，党组 17 家，党总支 130 家，党支部 1 420 家，临时支部 339 家，联合支部 1 097 家，党小组 489 家，党建联络员 4 593 家，党的工作小组 539 家，无党建形式 3 572 家。这些党组织通过不同的方式发挥着引领政治方向和先锋模范带头作用。其中根据隶属关系，有业务主管单位党组织为 3 026 个，挂靠单位党组织 2 028 个，属地党组织为 1 899 个，行业党组织 402 个，其他党组织为 1 292个。① 由于上海市社会组织具有分布广、领域宽、种类多的特征，因而上海市社会组织党建会积极探索同社会组织具体情况相结合的党建模式，把党建与社会组织服务相结合，以“党建强”促“服务强”，进一步增强社会组织生命力，推动党建工作与社会组织发展齐头并进。具体方式包括：分类、分级、条块管理相结合，确保党建全覆盖；从试点到推广，以枢纽的形式创新社会组织党建；实行区域管理夯实基层社会组织党建，形成属地化党建形式；通过“双达标”“分类定级”“五星评定”，规范和激励党建发展。当前的改革探索更注重系统化、多层次的体制、机制建设，逐步形成了街镇、

① 上海社会组织年度发展报告(2017).

街区、居民区三个层次、一体化衔接的党建引领自治共治工作网络;同时不断向特大城市治理难点领域延伸,探索了城市新兴领域自治共治新方法。①

一、分类、分级、条块管理相结合,确保党建全覆盖

在四类社会组织直接登记后,依据2014年上海市《关于行业协会商会类、科技类、公益慈善类、城乡社区服务类等四类社会组织直接登记后党建工作管理暂行办法》,上海市社会组织党建依据分类管理、分级管理、条块结合的原则,采取了对应的措施:

(一) 坚持分类管理的原则

新登记的行业协会商会类、科技类、公益慈善类、城乡服务类社会组织的党建工作,按照《暂行办法》实行归口管理;已登记的社会组织,党建工作一般维持原有管理关系不变,必须调整的按上述原则归口。

(二) 采取分级管理方式

按照分级管理的方式,分别由市或区县有关部门管理。在市社团局登记的社会组织,由市级相应党组织承接管理,特殊情况可委托区县托管;在区县社团局登记的社会组织,党建工作原则上由区县相应党组织管理。

(三) 完善条块结合机制

行业归口管理党组织和区县党组织要加强"条""块"联动,整合资源,

① 黄晓春.党建引领基层自治共治:实践与理论思考[J].党政论坛,2017(3):17-20.

协调配合，加大对四类社会组织党建工作的支持力度。

按照“党组织应建尽建、工作覆盖全面有效”的目标，上海在社会组织中积极建立党组织，开展党的工作。规范设置单独组建，在专职工作人员中有 3 名以上正式党员的社会组织中抓组建，推动符合条件的社会团体秘书处、基金会常设办事机构，规模较大、社会影响较大的中介机构以及民办医院、民办学校等民办非企业单位独立组建党组织。① 此外，在三个原则的要求下，对规制机构的职责也做了明确分工。各级组织部门、社会工作党委、社团局及各机关、人民团体党组织将建立联动协同推进机制，共同构建服务社会组织党建的工作网络。具体来看，党委组织部门负责加强对社会组织党建工作的宏观指导和前瞻性研究，完善党建工作体制机制，检查督促党建工作责任的落实；社会工作党委继续着重抓好对社会组织党建工作的协调指导，切实承担社会组织党建工作的托底职责；社会组织登记管理机关在社会组织登记环节，坚持把社会组织党建情况作为初步审核内容，对无法落实党建归口单位的，开具党建工作流转单，提出归口安排意见，在年检环节将做好党建工作的核查和信息登记，实现与组织部门、社会工作党委、行业归口部门党组织的信息共享；行业归口单位党组织负责落实归口管理责任，加强对社会组织党建工作的领导，切实承担起组织覆盖和工作覆盖、党务工作者队伍建设、党员教育管理、党组织的作用发挥、党建工作支撑保障、党建工作制度完善等职责，②参见图 5.1。

---

① 沪组.上海抓牢抓实社会组织党建[N].中国组织人事报，2015－11－23.

② 上海社会组织党建启动配套完善措施. http：//newspaper. jfdaily. com/jfrb/html/2014－04/25/content_1162300.htm.

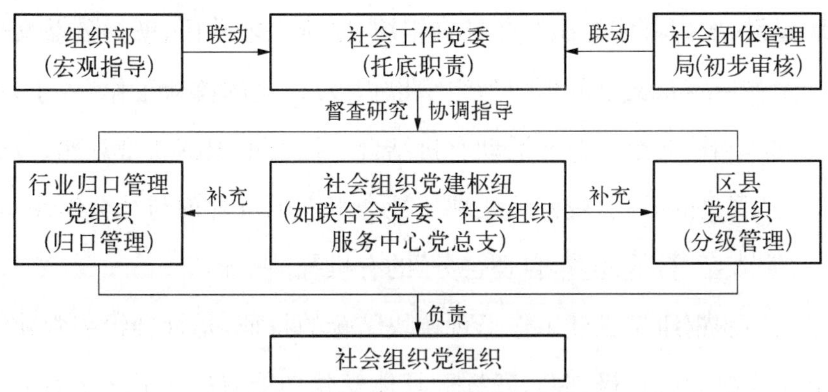

图 5.1　上海市社会组织党组织管理框架

资料来源：课题组自制。

二、从试点到推广，以枢纽的形式创新社会组织党建

社会组织党建，涉及诸多方面，没有现成的经验可供借鉴，因此，需要在试点中寻找到可行性和操作性俱佳的方案，最后达到全面推广实施的效果。聚焦于上海市，政府也采取了试点方式，寻找社会组织的枢纽型党建的具体实施方案，以期推广于全市，乃至全国。

上海社会组织党建的工作也遵循着这样一个程序。在市级层面上，市工经联(工业经济联合会)、市商联会(商业联合会)等单位开展社会组织枢纽式党建工作试点；在区级层面上，浦东新区、静安区等也根据枢纽式党建工作的精神，结合各自实际，依托社会组织服务园、社会组织联合会开展枢纽式党建工作的试点，取得了初步成效。同时，按照 2011 年市委《关于加强和改进工会、共青团、妇联等人民团体工作　做好新形势下党的群众工作的意见》的部署安排，工会、共青团、妇女等群团组织积极推进本系统社会组织建设，发挥群团组织服务社会组织、凝聚人才队伍、弘扬公益文化的作用。这些传统意义上的枢纽型组织也积极从“党的群众工作”入手，使社会组织党建和社会组织业务活动有机结合。社会组织枢纽型党建，以党建引领、以民管民的方式，较好地实现了社会组织规范管理与社会组织“自我发起、自愿入会、自筹经费、自理会务”的有机统一。

社会组织枢纽型党建工作呈现条块结合的特征，是社会组织党建管理体系和工作机制的积极创新，发挥的具体党建功能有以下几个方面：一是发挥社会组织枢纽的党建功能，社会组织枢纽型党建扩大了社会组织党的组织和工作覆盖，强化了党员的教育管理，凝聚了职工群众，畅通了建议渠道，夯实了党建工作基础；二是促进政社分开，促进政社分开目的是营造有利于社会组织发展的宽松环境，强化社会组织枢纽指导、服务社会组织的功能，促进社会组织自主发展；三是发挥社会组织党组织在社会组织内的政治核心作用，社会组织枢纽型党建体现保驾护航、引领发展等功能，促进社会组织发挥提供服务、反映诉求、规范行为的积极作用，推进社会组织履行社会责任；四是理顺社会组织党的组织关系，通过推动社会组织枢纽型党建工作从单一、分散向系统、整体的转变，有效解决社会组织党组织多头隶属、分散管理的不利局面，有效解决社会组织党建分散和行政管理力量不足等问题。实践证明，社会组织枢纽式党建工作是上海市在加强社会组织党建工作的成功探索。

三、实行区域管理形成属地化党建形式

社会组织党建工作融入区域大党建将会有更好的发展平台，嵌入到丰

富的区域大党建社会网络关系中，促进社会整合，更有利于发挥社会组织党组织对社会组织发展的促进作用。同时，区域大党建如果没有社会组织党建工作的支持也不完整，其群众性、参与性等特点也难以保证。

2011 年 9 月中共上海市委办公厅印发《关于进一步推进本市区域化党建工作的若干意见》的通知，提出要“坚持以属地管理为基本原则，加强综合党委对区域内无上级主管的非公有制经济组织和新社会组织党建工作的领导，协调驻区单位党组织参与社区建设，整合区域资源，为驻区单位党组织服务”的党建工作领导体制、“建立区域内各类基层党组织经常性主动走访联系身边群众制度和街道乡镇党组织经常走访联系区域内经济组织、社会组织制度”以及“发挥社会组织在做好群众工作中的作用，探索基层党组织和群众自治组织、群团组织等为群众反映诉求、促进办理制度”的服务群众工作体系、“上级党组织要配备必要的人力和经费，通过基层党建工作枢纽带动、支持和服务规模以下、党建基础薄弱的非公有制经济组织和新社会组织”的支持保障体系。实践中，社区(街镇)综合党委和社会组织服务中心党组织对数量众多、规模较小的服务类民办非企业单位和城乡基层社会组织，实行兜底管理，落实党建工作。如嘉定区建立并逐步完善上级党组织联系服务社会组织、社会组织党组织与行政管理层建立沟通的“两项机制”建设，发挥社会组织党组织的领导核心和政治引领作用。同时，加强社会组织党建工作指导员、联络员和辅导员队伍建设，有效落实好对社会组织的联系、沟通、服务与工作指导，确保 20 人以上社会组织有党员数达 100%。①

---

① 人民网。上海嘉定.加强社会组织党建，引领其正确发展.dangjian.people.com.cn/n1/2017/0810/c412046 - 29461924.html.

四、通过“双达标”“分类定级”“五星评定”，规范和激励党建发展

上海市积极借助“双达标”“分类定级”“五星评定”这些社会组织党建的创新活动形式，推进社会组织党建规范化，同时激励社会组织党建发展。

（一）“双达标”活动

2004年起，上海市贯彻落实中共中央组织部关于“双达标”要求，形成由市委组织部牵头抓总、市社会工作党委具体实施、相关部门共同参与的工作格局，采取向“两新”组织输送党员、做好流动党员管理和隐性党员梳理、加强规范党员组织关系的接转、加快发展党员工作、加大选派党建工作指导员的力度等措施，努力达成新社会组织20人以上的有党员，50人以上的建立组织的目标。

（二）“分类定级”活动

2012年，根据中共中央组织部办公厅印发《关于做好基层党组织分类定级工作的指导意见》的通知精神，为在全市社会组织党组织中开展了分类定级、进位升级活动，由市委组织部牵头制订了《社会组织党组织分类定级标准》，指导全市做好社会组织党组织分类定级工作。其主要工作方式是：按照“分级负责、分类评定”的原则，在开展调查的基础上，对照党的组织部门确定的分类，制定参考标准，且通过社会党组织自评、上一级党组织复核、大口党（工）委审定的程序开展定级评判。对社会组织党组织进行分类定级，是上海市开展社会组织党组织的重要基础，是促进上海市社会组织党组织不断转化升级，增强创造力、凝聚力和战斗力的重要手段，为加强党的基层组织建设、提高基层党建工作科学化水平提供了有力保障。

（三）“五星评定”活动

2013年，中共上海市社会工作委员会首次开展上海市创建五星级社会组织党组织活动，采用标准化评估指标对社会组织党组织进行评审，其中评估指标包括社会组织治理结构和运作机制、社会组织在“提供服务、反映诉求、规范行为”中的作用、党组织和党员队伍建设、党组织政治核心作用机制建设、加分项（获奖情况）。经基层党组织自评申报、上级党组织审核、专家组评审、征求相关部门意见、网上公示等程序，于2014年6月27日公布了上海市市政公路行业协会党委、上海防灾安全策略研究中心党支部、上海中致社区服务社党总支、上海市通力律师事务所党支部、静安寺街道老年协会与柏万青志愿者工作室联合党支部、上海市民办师大实验中学党支部等50家社会组织党组织为五星级社会组织党组织。五星级社会组织党组织创建活动，进一步加强了社会组织党建工作，提高社会组织党组织建设规范化水平，发挥社会组织党组织在引领社会组织正确发展方向、激发社会组织活力、促进社会组织健康发展中的积极作用。①

第四节　上海社会组织党建创新发展的案例

为具体分析上海社会组织党建创新发展的实践过程、内容及其效果，本章选取了上海市两项社会组织创新发展的案，即静安区区域性枢纽型社

① 上海两新互动网。关于认定上海市市政公路行业协会党委等社会组织党组织为五星级社会组织党组织的通知.http：//www.shlxhd.gov.cn/www2/website/view.aspx?id=1005284.

会组织党建模式与塘桥社区社会组织党建联合会，以期在此基础上，将这些优秀的经验，在上海市乃至全国予以推广。

一、静安区区域性枢纽型社会组织党建模式

静安区区域性枢纽型社会组织党建模式，主要是指静安区在推行实现区域内资源整合的“1+5+X”枢纽型社会组织管理服务模式中，融入了党建内容，以此构成了独具地区特色的区域性枢纽型社会组织党建模式。①

2007年5月，静安区委、区政府在深入调研、掌握实情的基础上，制定了《关于进一步加强社会组织工作的若干意见》，明确提出“新时期的社会组织工作是党和政府的一项重要工作”。同年6月，在上海市率先成立区级层面的社会组织联合会，作为“1”扮演“总枢纽”，之后又相继在5个街道，在劳动、文化、教育等“X”领域成立社会组织联合会作为“子枢纽”，形成静安区“1+5+X”枢纽型社会组织管理服务模式，“1”和“5”是属于区域类的枢纽型社会组织，“X”是属于领域类的枢纽型社会组织，枢纽型管理模式使得区域内“块”和“条”的社会组织在区级层面上得以实现整合。“5”和“X”作为地域和领域内的责任主体，“1”作为全区的责任主体，解决了联动后的责任不明确问题。在2014年4月的“1+5+X”社会组织联合会党建负责人例会上，该区提出要以主动对接社会组织登记改革为契机，按照

① 资料来源：根据课题访谈调研、有关资料收集整理。顾维民.“枢纽型”社会组织参与社会管理的实践探索与发展思考——以上海市静安区社会组织联合会为例[J].上海市社会主义学院学报，2012(06)：35-42.

“行业归口、分级管理、区域托底、规范有序”的要求，落实直接登记后枢纽党建的联系服务职责，加强引导基层党组织建设，提升社会组织党建工作渗透力。区社会组织联合会、静安寺社会组织联合会党总支联手增设“便民大篷车”静安公园定期专场，深化社会组织社区服务专业联盟常态公益机制；区劳动社会组织联合会党支部树立“多一句关照提醒，让服务对象少跑一回”的工作意识，带动党员切实加强服务会员；区教育社会组织联合会党支部依托社会组织青年志愿专业联盟，为一众青年人才策划了“享受青春，放飞梦想”特色活动，突出群众路线教育实践的针对性与实效性。此外，静安区社会组织联合会把党建工作写入联合会章程，明确联合会党总支在社会组织党建工作方面的职责，形成了独具静安区特色的区域性枢纽型社会组织党建模式。

静安区区域性枢纽型社会组织党建模式的主要特点有三个方面：

第一，多元联动，发展党建。区域性枢纽型社会组织党建主要以区域或领域为边界、以多层责任主体为抓手，基于资源联动和协同合作，开展党组织建设和党组织活动。

第二，坚持“党建”引领“社建”。区域性枢纽型社会组织党建使社会组织党的建设和业务建设同步加强，且在“凝聚党员、增强对党组织的归属感，服务群众、增强公益意识和奉献精神，协同社会、增强参与意识和社会责任感”上充分体现了党建作用。

第三，党建工作与业务工作的有机结合。在区域性枢纽型社会组织党建模式中，将具体的党建活动与经常性的、符合社会组织特点的组织活动相结合，有利于实现“党建”和“社建”的双重建设目标。

静安区区域性枢纽型社会组织党建经验对其他区具有一定的借鉴意

义的，该经验高度重视对社会组织的政治引导，推动了党建工作全覆盖；该模式持续推动“去行政化”，发挥枢纽型社会组织“以社管社”机制；该模式的创新社会治理理念，寓管理于服务、以服务赢信任等。但是，对其他区域来说，在借鉴静安区区域性枢纽型社会组织党建经验一般规律的过程中，必须先考虑社会组织的数量。这是因为社会组织的数量是否达到了建立枢纽型社会组织的要求，这是建立枢纽型社会组织的重要因素，如果社会组织数量较少的区域，盲目成立枢纽型社会组织联合会存在资源浪费、机构重复的问题。

二、浦东新区塘桥社区社会组织党建联合会

浦东新区塘桥社区社会组织党建联合会是塘桥街道在不断探索党建过程中挖掘出的创新形式，可以从发展历程和组织功效两方面作具体分析。①

从塘桥社区社会组织党建联合会的发展历程来看，可追溯到 2010 年先锋志愿服务社的成立，这是塘桥社区社会组织党建的开端。

2010 年，塘桥社区党员志愿者发起成立先锋志愿服务社，开创了上海市民办非企业单位参与社区党建工作的先河，标志着党建工作的深入。在此之后，塘桥社区物业服务社、桂兴华工作室、塘桥社区万名党员爱心基金、离退休干部党员理事会等新生社会组织进入社区党建领域。2013 年，

① 资料来源：据课题访谈调研和网上资料收集整理。塘桥：坚持“三民一满意”保障人民当家作主.http：//www.pudong.gov.cn/shpd/InfoOpen/InfoDetail.aspx？ Id＝479321.

塘桥街道积极构建了党工委领导下的“1X1”新社会组织党建模式，并取得了一定成效。为进一步完善“1X1”的模式、探索社会组织参与区域化党建大格局的途径和方法、打破党建工作开展时社会组织地域和行业的壁垒、整合社区资源、拓宽工作领域、形成工作合力，2014 年 7 月，塘桥社区社会组织党建联合会成立。

塘桥社区社会组织党建联合会的组织功效来看，可具体分为三个方面：

第一，做到塘桥区域内的社会组织一体化。塘桥社区社会组织党建联合会同社区社会组织服务中心制作先锋公益名录，量身定制社会组织服务项目整合模块，并以菜单方式，供社区居民依照需求做出服务选择，最大限度利用社会组织的服务能力，同时，原来独立服务的社会组织也聚合成为有序发展的社区服务专业团体，充分盘活社区内现有资源，构建社会协同、全员参与的共治格局。

第二，实现塘桥区域内多样化社会组织的规范化发展。现在落户塘桥地区的社会组织不仅有社区服务类、公益慈善类等社区社会组织，还有行业协会商会与行政机关脱钩试点后落户塘桥的市级行业协会，品种越来越多，功能越来越全。为了加强这些多样化的社会组织在发展过程中的规范性，塘桥社区坚持党建引领的理念，运用社会组织党建联合会这一平台，凝聚塘桥社区内的社会组织，将其组织能力和组织活力发挥到最大，为塘桥社区建设作出更多贡献。

第三，培育许多以社区建设或百姓民生需求为导向的社会组织。塘桥社区社会组织党建联合会是以需求为导向，以社区建设需要、民生需要为重点，致力于培育与这些需求相对接的各类社会组织。比如：社区企业社会责任促进会、社区促进就业协会、社区共治研究中心、社区自治支持中心、社区公共事物评估发展中心等，这些均为以满足社区建设和民生需求为主，是活跃在社区建设过程中的典型社会组织。

第六章　上海社会组织参与慈善事业创新发展

慈善是中华民族的传统美德，慈善事业是中国特色社会主义事业和社会保障体系的重要组成部分，是现阶段改善民生、促进社会和谐、维护社会稳定的一个重要途径。1994 年 5 月，改革开放以来我国第一个以“慈善”为名的社会组织——上海市慈善基金会应运而生，二十余年来，基金会通过各种渠道和方式捐赠款物。除传统的扶老、助残、救孤、济困、赈灾之外，上海市慈善事业逐步覆盖教育、卫生、文化、环境保护等领域。在此过程中，相关基金会、社会团体、社会服务机构等创立了多个上海市知名慈善项目品牌，如市老年基金会的“九九关爱老年人”、宋庆龄基金会的“母婴平安”、上海联劝公益基金会“一个鸡蛋的暴走”等。① 截至 2017 年 9 月，全市已有上万家从事慈善事业的社会组织，其中 394 家基金会创造了 4 000 多个慈善公益项目。在“中国城市慈善指数”排行榜上，上海市多次位列前茅，慈善事业的兴盛使上海市更具人文关怀，更有城市温度。

① 上海：让慈善温暖城市. http://www.sh.xinhuanet.com/2017-09/22/c_136629532.htm.

本章通过对上海社会组织参与慈善事业创新发展的实践经验进行梳理阐发，总结出上海慈善事业若干特色模式，发掘其中亮点，构建新型政社关系，形成多元治理主体之间的协同参与机制。其中，对两类上海市慈善事业发展创新的实践项目，即慈善超市和慈善信托的介绍。本书旨在通过总结以上内容，提炼相关创新发展经验，以期为其他地区的慈善事业创新发展提供借鉴。

第一节 主要概念界定

“上海市社会组织参与慈善事业创新发展”这一部分，主要涉及“慈善事业”“慈善事业创新发展”“慈善超市”“慈善信托”四个概念。

一、慈善事业

对于“慈善”概念，我们运用了词语拆分释义、中英文对照释义两种方法，揭示了“慈善”的具体内涵，明确了“慈善”的范围。

从词语拆分释义的方法来看。在《现代汉语词典》依次查询“慈”“善”和“慈善”的解释后，可知：第一，“慈”具有四种解释，即① 和善，②（上对下）慈爱，③ 指母亲，④ 姓，且从第一、二两项解释中，可以看出“慈”表达了“慈善”中“和善”“慈爱”的价值观念；第二，“善”具有十种解释，即① 善良，② 善行，③ 良好，④ 友好、和好，⑤ 熟悉，⑥ 办好、弄好，⑦ 擅长、长于，⑧ 好好地，⑨ 容易、易于，⑩ 姓，且从第一、二、三、四、八，五项解释中，可以看出“善”表达了“慈善”中“善良”“友好”的价值观念，以及“善行”“良好”的行为规则，且突出了“慈善”中行为归之于“好的一面”。将“慈”与“善”合并，对“慈善”的解释是“对人关怀，富有同情心”。

从中英文对照释义的方法来看。在英文中，与“慈善”对应的词汇主要有两种，一个是“charity”，与基督“Christ”的前缀相同，一般解释为“仁爱”“基督之爱”“为上帝而普爱众生”等，带有浓厚的宗教(基督教)色彩。另一个词“philanthropy”，这个词是从希腊文来的，它由“爱”和“人类”两个部分构成，常常被译为“博爱”或者“慈善事业”。虽然，这两个词都指慈善，但之间的区别还是很明显的，相对来说，“charity”更强调对困苦状态的人的帮助和救济，而“philanthropy”则不仅仅限于帮助穷人，它还带有提高社会整体福利水平的意思。[①] 目前来看，两类词汇中，“philanthropy”对于“慈善”的理解和表述更贴合全球社会发展的实际，应体现出相应的人文关怀和伦理道德，指明慈善是人与人之间温情与善意的呈现，绝不能仅仅将其理解为富对穷的施舍或上对下的恩赐。诺贝尔经济学奖获得者、美国经济学家贝克尔给慈善下的定义是“如果将时间与产品转移给没有利益关系的人或组织，那么，这种行为就被称为慈善”。[②] 综上，从英文释义来看，普遍意义上的“慈善”具有两个特点，一是针对没有利益关系的人或组织；二是一种自愿行为，绝对没有强制的成分。

反观中国，“慈善”一词最早出现在中国的传统文化典籍中，《北史·崔

---

① 赵俊男.中国慈善事业治理研究[D].长春：吉林大学，2013.

② 加里·S.贝克尔.人类行为的经济分析[M].王业宇，陈琪，译.上海：三联书店上海分店，1995：321.

光传》中有："光宽和慈善，不忤于物，进退沉浮，自得而已。"[①]其中的"慈善"就包含了"善良、慈祥"之义，也揭示了"慈善"之行为，应为"善良、慈祥"之行为。但更具学理性的慈善概念，则出自近年来诸多学者的研究所得，且"慈善"界定中，多包含了广义和狭义两个层面，比如狭义慈善是指怜悯、同情和帮助弱势群体，是扶贫济困、帮助老幼病残，而广义慈善则是超越救助弱势群体的概念，递进至广泛增进他人福祉的善行。[②]

综上所述，小范围的慈善仅仅指帮助困难群体、弱势群体和特殊群体，而大范围的慈善除这些以外，还包括教育、科学、文化、环保等领域。本书把慈善与公益等同，不再加以区分。

慈善事业的界定主要是以慈善的具体活动方式为界定依据。比如秦晖通过对中外公益历史的分析构建了基于强制—志愿、私益—公益的坐标体系，将慈善事业分为强制、私益，强制、公益，志愿、私益，志愿、公益四种象限，其中志愿、公益的组合为理解第三部门和慈善事业提供了很好的视角。[③] 厉以宁将慈善事业的社会资源配置方式划分为三个层面：第一层面的分配动力是竞争机制，即按照市场经济规律和个人对社会的贡献进行分配；第二层面的分配动力是公平原则，即通过政府的社会保障和社会救济制度进行再次分配；第三层面的分配动力是道德观念，即通过财富的自愿转移，社会资源由相对富裕的阶层向有需要的弱势群体流动。[④] 郑功成强

① 张奇林，等.中国慈善事业发展研究[M].北京：人民出版社，2014：39.

② 马剑银."慈善"的法律界定[J].学术交流，2016(7)：87－93.

③ 秦晖."NGO反对WTO"的社会历史背景——全球化进程与入世后的中国第三部门[J].探索与争鸣，2007(5)：4－10＋1.

④ 厉以宁.计划与市场是资源配置的两种方式[J].党校科研信息，1992(9)：9－10.

调慈善事业是一种“混合型社会分配方式”，因为慈善事业的经费来源除了自愿捐赠以外还包括政府的财政拨款或计入企业生产经营成本的资金。[①]

在我国，慈善事业处于“政府主导下的社会保障体系的一种必要的补充”地位，它是在政府的倡导或帮助、扶持下，由民间的团体和个人自愿组织、开展活动，对社会中遇到灾难及不幸的人，不求回报地实施救助，或者是为了提高社会整体的福利水平无私的提供资助的一种支持与奉献的事业。慈善事业作为一种社会分配形式的本质，是以社会慈善力量主导的志愿性利益分配为主，有别于市场主导的契约型利益分配和政府主导的强制性利益分配。[②]

上海在“十三五规划”中提出要大力发展慈善事业和志愿服务，弘扬公益文化，鼓励社会各界参与慈善事业，搭建政府、企业、社会多方合作的公益活动平台，鼓励发展社会投资机构、社会企业等新兴公益力量。完善志愿者招募、管理、培训、激励、评估等制度，促进志愿服务活动常态化、社会化、项目化。到2020年，注册志愿者人数占常住人口的比例超过10％。

二、慈善事业创新发展

慈善事业创新发展的概念界定顺应于我国慈善事业的发展现状与趋势变迁，并体现出具体的内涵设定。具体而言，当前我国慈善事业取得了

① 郑功成.现代慈善事业及其在中国的发展[J].学海，2005(2)：36－43.

② 赵俊男.中国慈善事业治理研究[D].长春：吉林大学，2013.

不俗的成绩，不论是社会公众的慈善意识和慈善实践，还是慈善组织数量以及慈善组织质量都取得了一定的突破，但是慈善事业发展仍然面临慈善组织数量不足、质量不高、社会公信力低和行政化倾向高等问题，严重影响了我国慈善事业的持续健康发展。因此慈善事业需要进一步创新发展，实现从富人慈善向大众慈善、从官办慈善向民间慈善、从限制慈善向支持慈善、从城市慈善向农村慈善、从救助型慈善向发展型慈善的转变。① 这即为慈善事业创新发展的实际内涵。

慈善事业创新发展产生出的“全民公益”，是其概念的主要内容和价值。由于长期以来计划经济和行政统管制度的实行，使我国慈善事业烙上了浓厚的官办印记。这种状况的出现使政府承担了过多、过重的任务，并增加了财政支出的压力，不利于慈善事业的发展。全民公益是我国慈善事业发展的转型和方向，也是我国社会变革的重要推动力。要实现全民公益，其前提是慈善事业管理模式去行政化。政府应将慈善事业社会化、现代公益事业体系化，站在公共经济管理的领域去支持和鼓励民间和私人从事慈善活动，在法律和政策上给予引导和规范化，并加强对慈善组织的管理，保证其健康发展。②

三、慈善超市

慈善超市是一种极为传统的慈善组织形式。它诞生于19世纪，早期

① 黄闯.我国社会慈善事业创新发展的理念更新和实践转向[J].理论导刊，2014(1)：9－11.

② 廖建军.公共经济管理视角下政府推动全民公益事业发展探析[J].广东行政学院学报，2011(4)：83－87.

的英国慈善超市专门通过销售盲人手工制品来筹资的。① 更具现代意义的慈善超市则是起源于美国的“好意慈善事业组织”(Goodwill),它是非营利组织开办的一种免税“公司”,以前店后厂的形式运作。② 无论是英国还是美国的慈善超市,都是以销售商品来实现慈善目的。

而在我国,早期慈善超市所被赋予的最重要使命,是开展社会救助,如《浙江省慈善超市建设管理办法》中将慈善超市定义为“以经常性社会捐助站(点)为依托,以解决社会困难群众临时生活困难为目的,以有针对性的募集和发放为主要形式的经常性社会捐助或社会救助机构”。2013 年,《民政部关于加强和创新慈善超市建设的意见》中,将慈善超市定义为“以社会公众自愿无偿捐助为基础、借助超级市场管理和运营模式,为困难群众提供物质帮扶和志愿服务的社会服务机构”。其中,困难群体的范围包括“低保对象、低收入群体、五保对象、临时性困难群体和支出型贫困群体”。后续的地方慈善超市相关文件中也沿用了这一定义。但通过对中外慈善超市的成功运作案例进行分析,我们发现慈善超市的受益对象并不仅限于困难群众,其所开展的各项便民服务,也同样适用于以社区居民为代表的普通公众。

基于以上分析,可以界定慈善超市,它是以社会公众自愿无偿捐助为基础、借助超级市场管理和运营模式,为困难群众提供物质帮扶和志愿服务,并向居民销售日常必需品的社会服务机构。

---

① Rohloff, Kathy. “Thrift Store or Treasure Trove-You Decide”, The Herald, October 3, 2013.

② About Us, Goodwill.http: //www.goodwill.org/about - us/.

四、慈善信托

《慈善法》对慈善信托的概念作了具体的规定，在第五章第四十四条。该法条规定，慈善信托是委托人依法将其财产委托给受托人，由受托人按照委托人意愿，以受托人名义进行管理和处分，开展慈善活动的行为。这个概念包含着以下几个方面：慈善信托的主体、慈善信托的客体、慈善信托的内容和慈善信托的方式。慈善信托是出于慈善目的，是一种集财产转移功能与财产管理功能于一身的财产制度，是中国慈善事业一种新的创新形式。

第二节　上海社会组织参与慈善事业创新发展的背景

上海社会组织参与慈善事业创新发展，不仅包含上海慈善事业发展的条件和环境，还包括全国慈善事业发展的条件和环境，因此，背景主要从宏观层面和微观层面展开论述。

一、宏观层面：中国慈善事业发展

中国早期，通过土地改革、没收官僚资本等一系列革命行动，国家逐步控制和管理了主要的社会经济资源，民办慈善机构被取缔，原中国福利基金会、中国红十字会被改组，民间的慈善济困活动改由政府承担，慈善事业仅仅被理解为政府福利的一部分。① 这种局面在改革开后的90年代得到了转变，1994年3月国务院颁布的《国家八七扶贫攻坚计划》指出：要充分发挥中国扶贫基金会和其他各类民间扶贫组织的作用，提出政府愿意与民间力量合作，共同支持和开展扶贫工作。同年4月，成立了新中国成立以来首个全国性的慈善组织——中华慈善总会。以1994年中华慈善总会的成立为起点，我国慈善事业开始进入快速发展时期。1994年之后，各地慈善组织先后成立，政府随之颁布了一系列政策法规来规范其运行和捐赠行为。1998年抗洪救灾、2003年抗击非典、2008年汶川地震、2010年玉树地震、2012年雅安地震等，各种慈善组织和各类慈善活动在抗灾救灾、灾后重建等方面发挥了巨大作用。尤其2008年汶川地震，引发了前所未有的"全民慈善"大潮，全民慈善引发了全民问责。越来越多的人关注慈善，投身慈善。随着2016年《慈善法》出台实施，慈善事业创新发展主要基于贯彻慈善法，推动慈善法的落地转化。慈善法的出台标志着我国慈善事业进入依法治善的新阶段，同时对慈善工作也提出了更高的要求：一是要按照《慈善法》规范当前的工作，又要依据《慈善法》的制度精神大胆创新；二是夯实基础，吸引企业和社会各界的广泛参与，是形成人心向善、人人行善，慈善事业创新发展的重要基础；三是做大、做细、做实、做宽。做大意味着拓展慈善视野、扩大慈善范围；做细即财务管理精细化、信息公开透明化；做实意味着积极实施慈善项目、提升慈善救助效果；做宽意味着拓宽慈善募捐渠道，增强善款筹集能力，在此

① 吴宏洛.中国特色慈善事业的历史演进与发展路径[J].东南学术，2016(1)：70－79.

基础上壮大志愿服务队伍，打造慈善品牌。①

二、微观层面：上海慈善事业发展

上海慈善事业创新发展的内容主要是基于政府、社会组织等主体进行的创新活动和发展过程中的新类型展开。改革开放后，上海市城市空间结构急剧转型，原有计划经济条件下的以单位制为基础的单一生产性空间逐步被瓦解，原有的个人同单位的依附关系逐渐被减弱，个人从单位被抛向市场和社会，面临着诸多风险和挑战。随着市场经济的逐步确立和发展，市场机制在加速经济发展的同时，无情割断了原有的个人与社会群体之间的伦理纽带。个人成为市场中追逐自身最大化利益的独立个体。然而，他们无法得到传统社会中群体的支持而不得不依靠自身的力量。现代社会的各种风险使得个人越来越难以承担保护与发展自己的全部责任。② 由此，社会产生了对现代慈善事业的客观需求。在城市高速发展的同时，上海也面临着城市各区域发展不平衡的问题，如陈浩等所指出的，空间再开发过程往往与资本积累、市场化的社会关系再生产建立紧密的关系，而重构的空间则由前改革社会主义工业与社会福利的空间转化为资本化的消费型与商务型的空间，这种空间构型体现的是资本与权力的运作逻辑，同时也意味着民生与福利（相对于低水平、广覆盖的民生与社会福利状况）的

① 李劲夫.以慈善法为引领　推动慈善事业创新发展[J].中国社会组织，2016(16)：44-46.

② 寸洪斌，曹艳春."市场"与"社会"关系探究：社会政策研究路向思考——基于卡尔·波兰尼的"嵌入性"理论[J].思想战线，2013(1)：94-97.

相对消退，是新自由主义理念（政府、企业的去福利化）在空间上的展现。[①]这种情况下城市空间会出现断裂和破碎，形成资本、服务等各种资源高度集中的高端商务区、住宅区，与各种资源相对匮乏的其他区域相互交织的局面，这种不平衡、碎片化的城市空间结构需要现代慈善事业进行一定程度的弥补和再平衡。1993年6月，以“慈善”命名的浦东新区老人慈善福利会登记成立，标志着上海解放思想，以改革的胆识突破了长期计划经济体制下对慈善的误区和桎梏，敢为天下先，起到了引领全国作用。同时就整个国家而言，因幅员辽阔和人口众多也面临着各区域发展不平衡的问题。上海市作为全国工商业最发达的城市，每年对全国欠发达地区进行了大量援助，但由单一政府力量主导区域援助工作难以面面俱到，因此上海市现代慈善事业的发展以及相应的走出去工作，也有助于上海市慈善事业特别是若干慈善品牌项目的传播和扩散，形成相应的慈善事业创新的规模和示范效应。

本章重点关注上海社会组织在参与慈善事业过程中形成新的价值观念、新的战略部署、新的概念设计、新的制度体制、新的活动方式和新的关系模式等。当前上海社会组织参与慈善事业创新发展的主要新动向有以下几个方面：慈善组织认定有序开展、多样化的慈善创新活动、慈善超市的规范化建设和慈善信托在上海“落地生根”。

（一）慈善组织认定有序开展

2016年9月1日起实施的《慈善法》，赋予民政部门对慈善组织进

① 陈浩，张京祥，吴启焰.转型期城市空间再开发中非均衡博弈的透视——政治经济学的视角[J].城市规划学刊，2010(5)：33－40.

行登记管理的法定职责，明确新设立的慈善组织可向民政部门申请登记；已设立的社会组织，可以向民政部门申请认定为慈善组织。慈善组织取得公开募捐资格后方可组织开展公开募捐。将慈善组织确立为慈善事业的主要载体，激发了社会力量通过慈善组织参与慈善事业的热情，有助于慈善事业的创新发展，包括上海市慈善基金会、上海宋庆龄基金会、上海市老年基金会、上海真爱梦想公益基金会、上海仁德基金会在内的 5 家单位，在《慈善法》实施后，首批成功获得“慈善组织登记证书”和“慈善组织公开募捐资格证书”。2016 年底，全市共登记、认定了慈善组织 41 家，慈善组织登记和认定工作正逐步有序开展。同时，2016 年度 34 家慈善组织开展了年报公示。截至 2017 年底，登记注册的基金会有 426 家，登记和认定的慈善组织共计 248 家，基金会是慈善组织的主要组成部分，在 248 家慈善组织中有基金会 234 家，完成公开募捐资格认定 18 家，公开募捐方案备案公示 143 个，慈善信托备案公示 3 个。

上海市将慈善组织培育成为慈善事业发展的中坚力量，积极培育和发展慈善组织，加强慈善组织自我管理能力，规范慈善组织各种活动，大力推动慈善组织公开透明，主要开展了以下三个方面的工作：一是注重制度规范建设，先后制订了基金会等慈善组织信息公布实施办法、与异地社会组织合作开展公开募捐活动规范等十多个文件制度，研究制定了慈善组织登记与认定、公开募捐资格认定和备案公示、慈善组织年报制等系列配套政策；二是突出日常监督管理，完善和建立“四必”管理制度，通过“访、审、评、查”，强化动态、重点、精细化服务管理；三是注重提升信息化水平，通过信息系统、信息公开、信息管理等“三信”建设，用信息化实现信息公开。①

（二）多样化的慈善创新活动

目前上海市的慈善创新活动类型多样，方式多元，具体可从志愿服务、慈善活动、公益基地三方面展开论述。

1. 志愿服务

上海在志愿服务发展方面长期居于全国前列，涌现出一大批先进志愿组织或团体。为规范志愿组织或团体的志愿服务，加强志愿服务记录制度建设，上海市制定以志愿服务信息收集、记载、保存、查询、证明机制为主要内容的志愿服务记录网上管理制度，促进志愿服务可持续发展，并推进志愿者注册制度，到 2020 年，全市志愿者注册人数达到全市常住人口的 12%。据《上海志愿服务发展报告(2016)》显示，上海市的志愿服务情况呈现出如下几个特点：

一是志愿者注册人数和注册率不断上升。2007 年 8 月，上海在全国首次实行志愿者实名注册制度，之后又逐步完善了志愿者注册登记制度，建立了注册志愿者库，招募、储备、培养了一支常态化和专业化的志愿者队伍。每年上海市实名认证注册的志愿者人数呈现不断上升的趋势，截至 2016 年 12 月 31 日，全市实名注册志愿者人数超过 260 万。

二是帮助他人是首要目的。志愿者参与志愿服务以帮助他人为首要目的，志愿者未来继续参与志愿服务的意愿较高。从志愿者参与志愿服务的首要目的来看，排在首位的是“希望帮助有需求的人”，选择比例为

① 民政部社会组织管理局巡视员李波一行来沪专题调研慈善组织工作. http://www.shstj.gov.cn/node1/n56/n156/n162/u1ai95259.html.

51.2%，可见志愿者参加志愿服务活动主要是处于利他性。

三是志愿服务持续参与意愿高。对于未来参与志愿服务活动的意愿，94%以上的志愿者表示会继续参与。

2. *慈善活动*

上海慈善活动也涌现了许多创新形式，比如已连续七年举办"公益伙伴日"活动、上海市慈善基金会举办的"蓝天下至爱"活动，以及上海乐群社工服务社、美丽心灵社区基金会开展的诸多慈善项目活动。

"公益伙伴日"活动。自 2011 年起，上海市已连续八年举办"上海公益伙伴日"活动，创新政社互动与跨界合作方式。"公益伙伴日"旨在促成社会组织和企业的交流与合作，在政府的支持下帮助打造企业、基金会与公益组织的伙伴关系，实现双赢。八年来，"上海公益伙伴日"活动受到了社会各界的广泛关注，共有来自长三角地区的上千家公益机构和企事业单位参加了交流展示和互动演出，吸引了 20 多万人次的专业观众和普通市民参观，2000 多人次志愿者参与协助各项活动。①

上海市慈善基金会举办的"蓝天下至爱"活动。这活动自 1995 年 1 月首届举办以来，至今已连续举办了 24 届。其主要活动形式包括慈善捐赠仪式、万人上街募捐活动、慈善之夜等，同时，在 2017 年 12 月 23 日至 2018 年 1 月 28 日开展的第二十四届"蓝天下的至爱"活动还在技术和形式上进行了创新，运用网络和微信手段开展"让特困家庭过好年"的募捐活动；并连续三年在公益微电影节上，以公益电影的形式，向大家传达有关慈善的

① 上海公益伙伴日——打造都市最耀眼的公益名片. http://www.shshjs.gov.cn/shjs/n369/n371/n372/u1ai107640.html.

文化、行为、事迹等，营造了很好的慈善氛围。①

上海乐群社工服务社、美丽心灵社区基金会两家组织，则聚焦于社会组织具体的慈善项目活动。上海乐群社工服务社是中国大陆第一家非营利的社会工作服务机构，具体开展了运用专业的社会工作方法，为低保家庭困难学生提供教育服务的“乐益成长屋”；通过在张江地区发展老年志愿者，推进社区共建和社区和谐发展的“精彩乐龄项目”；应用全面综合模式及综合服务网络的综合服务理念，提供包括养老、亲子、青少年、阳光之家、慈善超市、社区工作者能力建设等全面、无缝、一站式社区服务的鹤沙航城社区综合服务中心服务项目等。上海乐群社工服务社在慈善活动方面，社会反响较好，并于 2016 年 3 月荣获“2015 年度全国百强社会工作服务机构”称号。

上海美丽心灵社区公益基金会成立于 2012 年 9 月 29 日，是具有独立法人资格的综合性、非营利性公益社会组织，业务主管单位和登记管理机关为上海市民政局。上海美丽心灵社区公益基金会在上海市儿童医院、黄浦区、普陀区、浦东新区等主城区设立有 6 个关爱中心和驿站，为受助家庭提供心理援助，帮助他们走出困境，寻求发展机遇和人际和谐。典型的慈善活动项目有关注儿童学习空间改造的“螺蛳壳儿童空间改造”项目；关注重患病儿童心理健康的“重症患儿支持”项目；注重通过音乐，拉近人与人之间距离的“公益第一站音乐会”项目等。上海美丽心灵社区公益基金会在社区建设和受助家庭扶助方面，贡献卓越，获得 4A 等级社会组织。

① 张俊.申城共享“蓝天下的至爱”[N].中国社会报，2015－2－6(1).

3. 公益基地

公益基地是为慈善捐赠、志愿服务和其他公益活动提供支持和服务的平台。它有一个实体办公室。企业、事业单位、社会组织、街道社区服务机构、邻里中心、居村委会均可以申报。公益基地应当统一公益标示，根据自身特点设置公益岗位和公益项目，给公益人士提供公益性活动信息、公益性捐赠记录、公益性服务记录、专业服务支持等。公益基地是通过自愿申请、专家评估和组织审计来遴选的，在上海市计划内，到 2020 年将建成至少万家公益基地，这些基地将公益服务和公益需求相对接，充分展示公益文化，支持公益创业。此外，公益基地还推出了公益护照制度，对公益志愿者服务和公益捐赠进行权威记录。公共护照和身份信息之间的联系是独一无二的。公益人员可以在互联网上填写相关资料，在附近基地申领公益护照，或者直接在公益基地申领。借助公益基地，上海还将推出“公益地图”。市民可以使用电子地图功能搜索周边公益基地，除了可详细浏览其名称、电话、地址、简介、服务方向、品牌项目、活动相册、公益需求等信息外，还可通过 GPS 定位实现驾车、公交和步行导航，真正实现公益项目触手可及，处处可为。① 增加上海市公益基地评审办法等法律条文，还有公益基地目前的数量。

（三）慈善超市的规范化建设

慈善超市是上海市民政局主打的创新型慈善项目之一，可从基本情况、运营模式两方面去分析。

---

① 上海民政.上海启动万家公益基地建设计划. www. shmzj. gov. cn/gb//shmzj/node4/node12//n2567/u1ai43431.html.

1. 慈善超市的基本情况

根据上海市民政局提供的数据，截至 2016 年底，上海市范围内共有慈善超市 144 家，分布在全市 16 个行政区当中。其中，慈善超市数量最多的是浦东新区，总共有 33 家慈善超市；其他慈善超市数量超过两位数的行政区还包括静安区 14 家、闵行区 15 家、崇明区 15 家、金山区 11 家和长宁区 11 家、杨浦区 10 家、黄浦 10 家等，剩余各区的慈善超市数量则从 2 家至 9 家不等。对上海市慈善超市数量的详细统计见表 6.1。另外，上海市范围内还有 28 家爱心屋，同样作为基层的救助与慈善平台而发挥作用。

表 6.1　上海市慈善超市信息统计表(2018 年 3 月)　　单位：家

区名	现有超市数	2018 年拟新建数
浦东新区	33	4
黄浦区	9	
静安区	14	
徐汇区	7	
长宁区	11	1
普陀区	9	1
虹口区	8	8
杨浦区	10	1
宝山区	2	1
闵行区	15	
嘉定区	4	9
金山区	11	
松江区	8	6

（续表）

区名	现有超市数	2018 年拟新建数
青浦区	2	5
奉贤区	5	5
崇明区	15	5
合　计	163	46

资料来源：上海市民政局。

2017 年 3 月，上海市民政局发布《上海市慈善超市创新发展三年规划(2017—2019 年)》，为进一步推进新形势下慈善超市的创新和发展制定了工作目标和主要任务，提供了一系列的保障措施，提供了指导思想和基本原则。时隔一年，在 2018 年 3 月，上海市民政局正式发布《慈善超市设施和服务规范指引》，明确慈善超市定义，对本市慈善超市在设施、服务和管理上的具体工作开展设定标准。在这两部政策文件的指导下，上海市慈善超市发展进一步规范化，这有利于慈善超市发挥出自身慈善救助的功能，乃至社会公益服务的功能。

2. 慈善超市的多元化运营模式

慈善超市多元化运作模式主要以不同类型的运营主体为划分依据，可将其划分为政府运作型慈善超市、企业运作型慈善超市和社会组织运作型慈善超市。

大部分以承接政府购买服务为主，主要决策由所在街道(镇)政府做出，以社会救助为主要职能的慈善超市，可以归为政府运作型；由政府委托企业直接经营，开展日常销售活动，较少承担或不承担社会救助任务的慈善，为企业运作型；由社会组织接受政府委托运营，同时获取销售收入和政府支持资金，业务活动偏重社会救助的慈善超市，则归为社会组织运作型。① 在上海市慈善超市中，上述三类慈善超市都有相应的代表。

政府主导型慈善超市以普陀区长寿慈善超市为代表。成立于 2004 年 2 月的长寿慈善超市，是上海市最早开设的慈善超市之一，也曾是众多学者开展社区慈善研究的关注对象。尽管从 11 年之后就成为独立注册的社会组织，但长寿慈善超市仍然保持了与政府部门，尤其是长寿路街道办事处的紧密联系。该超市所有的办公用品、人员的经费补贴全部是由政府购买服务项目单列支出；而帮困资金同样单列，全部用到帮困项目当中。作为慈善超市的业务主管单位，长寿路街道办事处给予了该超市小到办公场地、网站和微信公众号维护，大到政府购买服务投标指引等方面的全面帮助。

企业运作型慈善超市以闵行区莘庄工业区慈善超市为代表。成立于 2011 年的莘庄工业区慈善超市，也是在成立之初即注册为民办非企业单位，由街道办事处主管。不过，由街道运作了一段时间之后，2015 年闵行区民政局决定将辖区内 6 家慈善超市委托给一家企业进行运营，成为自我管理、自我约束的独立法人单位。包括莘庄工业区慈善超市在内的 6 家慈善超市统一采取了双轨登记，即在区级工商部门注册上海闵慈贸易有限公司，作为经营实体合法取得食品流通权，向各家慈善超市统一供货；同时在区社会团体管理局注册民办非企业单位上海闵行区乐善慈善超市服务中心，在慈善超市社会化运作的同时，保留了公益服务平台。莘庄工业区慈

① 徐家良，张其伟，汪晓菡.多中心治理视角下慈善超市角色与困境——基于 S 市的调查[J].中国行政管理，2017(12)：54 - 59.

善超市工作人员全部由企业自行招聘、自行管理，充分实现社会化经营。企业承担了该慈善超市的商品供应和运营管理，政府则从日常管理工作中顺利退出。

社会组织运作型慈善超市以浦东新区上钢慈爱公益服务社（以下简称“上钢慈善超市”）为代表。成立于2006年的上钢慈善超市原先也由街道民政负责运营管理，2010年由社区建设的支持型机构上海屋里厢社区服务中心接手。屋里厢社区服务中心的主要创新举措，是在上钢新村街道内实行双机构合作运营——在接手上钢慈善超市的同时，还建立了上钢新村街道阳光之家，向智力残疾人士提供日间照料服务和康复训练课程。两个机构放在一起运营，慈善超市为残疾人提供职业技能培训，同时吸纳残疾人作为超市志愿者。不过，上钢慈善超市生存所需的资源，仍然主要从基层政府获取：其场地仍然由街道提供，人员成本和日常运营资金也主要是政府拨款或购买服务的资金，呈现出一种“类政府主导”的发展状态。

（四）慈善信托在上海“落地生根”

上海市民政局另一个创新型慈善项目为慈善信托，可从发展阶段、特色内容两方面去分析。

1. 慈善信托的发展阶段

上海市慈善信托的发展具体包含四个阶段，且每个阶段均对应着一项标志性事件：

第一阶段为上海市慈善信托的起步时期。这一阶段是从2001年至2007年。它的标志性事件是2001年《中华人民共和国信托法》（以下简称《信托法》）的颁布。

自2001年《信托法》颁布后，以上海市慈善基金会为主的实务界精英人士已经发现这是一个新契机，可以有助于改善基金会治理结构的行政化，通过引入市场的力量，促进慈善资产的保值和增值。

第二阶段为上海市慈善信托发展时期。这一阶段是从 2008 年至 2013 年。它的标志性事件是 2008 年汶川地震。

自 2008 年汶川地震之后，中国银监会办公厅发布《关于鼓励信托公司开展公益信托业务支持灾后重建工作的通知》银监办发（2008）93 号，实务界人士再次汇聚一堂开始热议公益信托的发展运作，不过当时还是采用既有的物资捐助和以志愿者为主的方式。真正迈出实质性的一步是 2011—2012 年由安信信托股份公司发起“关爱系列”的“阳光 1 号”“阳光 2 号”和“阳光 3 号”类公益信托，安信信托公司将投资理财中的收益捐给上海宋庆龄基金会、上海市老年基金会和上海市慈善基金会，进行慈善活动的运作。

第三阶段为上海市慈善信托成熟时期。这一阶段的时间是从 2014 年至 2016 年。它的标志性事件是 2014 年《关于信托公司风险监管的指导意见》的发布和 2016 年《慈善法》的颁布。

其一是中国银监会办公厅 2014 年发布《关于信托公司风险监管的指导意见》。该意见规定了“完善公益信托制度，大力发展公益信托，推动信托公司履行社会责任”。在此大背景下，上海国际信托有限公司接连推出 2 单“上善”系列公益慈善类信托计划：云南地区教育助学信托计划和长江 C8 援建桃树完小信托计划。除了实务界的探索之外，高校也开始积极参与，并受到相关基金会的支持。

其二是 2016 年 3 月 16 日《慈善法》。该法律颁布之后，上海市各界开始积极探索慈善信托的有效运作。上海国际信托于 2016 年 5 月再度发布一单资助高端艺术文化发展的类公益信托——“上善”系列悦享盛音资金信托。

第四阶段为慈善信托的创新发展时期。这一阶段时间是从 2017 年至今。它的标志性事件是以“蓝天至爱 1 号”“蓝天至爱 1 号”“放眼看世界”“真爱梦想 1 号”“真爱梦想 2 号”为代表的慈善信托项目。

上海市民政局也相继发表相关文件，支持在慈善信托这一新兴领域的尝试，11 月上海市慈善基金会委托安信信托公司成功备案上海市首单慈善信托“蓝天至爱 1 号”，随后，上海国际信托有限公司成功备案“上善”系列浦发银行“放眼看世界”困难家庭儿童眼睛健康公益手术项目慈善信托，最新一单是上海市慈善基金会与中信信托公司联合发布的“中信·上海市慈善基金会 2017 蓝天至爱 2 号慧福慈善信托”。与此同时，上海真爱梦想基金会先后与北京国投泰康信托有限公司发布“真爱梦想 1 号”和“真爱梦想 2 号”教育慈善信托。目前上海市慈善基金在与中信信托公司合作积极备案一单双受托人模式的慈善信托，可以看出上海市参与主体为 3 家基金会和 3 家信托公司：上海市慈善基金会、上海市儿童健康基金会、上海真爱梦想公益基金会、安信信托股份公司、上海国际信托公司和中信信托公司。

2. *慈善信托的特色*

上海市慈善信托的特色主要体现在三个方面，即凭借专业化手段保值增值、强烈的品牌意识和高度的社会责任感、民政部门协调引导下的跨界联动效应。

凭借专业化手段保值增值。目前担任受托人的三家信托公司，安信信托、上海信托和中信信托都具有高度专业性的优势，可以根据慈善信托资金的风险偏好和资金使用计划，进行有效管理资金，实现慈善资产保值增值，提升慈善服务力度，充分发挥出上海市金融之都的优势。尤其是有着

24年历史的上海市慈善基金会在保值增值和投资管理中也走在时代的前沿，是全国首例建立自己投资公司的基金会。

强烈的品牌意识和高度的社会责任感。上海市慈善基金会的“蓝天下的至爱”这一著名慈善品牌目前估值15亿；上海市慈善基金会的红心会标是著名商标，也正在申请全国驰名商标，两者经专业机构评估的无形资产整体价值接近50亿，这在全国社会组织中是非常前沿的。上海信托公司也注册了“上善”等商标，打造信托公司领域的慈善品牌，体现了上海市慈善事业的品牌意识，与此同时，也在慈善公益领域勇于承担社会责任，通过慈善项目的运作进一步打造慈善品牌的影响力。

民政部门协调引导下的跨界联动效应。民政部门搭建与银监局、慈善组织、信托公司、律师事务所、会计师事务所、高校科研机构等代表互动交流的平台，一起探讨上海市慈善信托发展中存在的问题与所需的政策保障，上海市民政局本着鼓励支持慈善信托备案发展有效防范风险的原则，组织相关信托公司和慈善组织召开座谈交流会，听取各方意见，完善相关工作，委托上海交通大学中国公益发展研究院开展课题研究，以第三方独立身份进行慈善信托备案后工作进展的追踪式调研，形成政策研究—多方联动交流—科研攻关等慈善信托工作网络，充分发挥各方的优势。

第三节　上海社会组织参与慈善事业创新发展的方式

在上海市社会组织开展慈善事业的若干方式中，最具创新代表性的，是以“两类主体，一种模式”为代表的慈善事业开展方式。其中，“两类主体”指基金会和慈善超市，“一种模式”指慈善信托模式。

一、以基金会为主体，参与慈善事业创新发展

上海社会组织参与慈善事业创新发展涌现出了若干品牌项目活动，其中各类形式的基金会是开展慈善事业的主力军。上海基金会建设工作一直走在全国前列，2004 年 6 月 1 日国务院《基金会管理条例》正式实施首日，上海就举行了首批非公募基金会成立颁证仪式，市领导和市民政局有关领导向首批获准成立的上海复旦大学教育发展基金会等四家非公募基金会颁发了法人证书。基金会主要通过在社会中募集资金，然后用于社会中的公益项目这样的举措来实现自身的社会功能，在一些相关领域，如扶贫、教育、医疗等，基金会具有更加灵活、便利更有针对性的优势。绝大多数情况下，基金会所使用的资金基本上是政府税收之外的社会资源。基金会通过筹集慈善基金、将资金用于帮助弱势群体，来实现它的使命。基金会通过进行资源的再分配过程，促使资源由高收入群体向低收入群体转移，在现有公共财政无法满足社会多样化需求的情况下，基金会可以为处于现有公共服务体系之外的弱势群体提供服务。并在提供救助和服务的过程中，传递公益慈善的价值理念，其既可以用于指导组织成员的公益行动，也可以通过理念来影响被帮助者，使其自立自强，还可以用理念来吸引旁观者，使更多的人参与到公益慈善当中来。

在上海慈善事业发展过程中，就涌现出了一批先进的基金会，其中比较有名的为上海市慈善基金会、上海宋庆龄基金会、上海联劝公益基金会、

上海市教育发展基金会、上海真爱梦想公益基金会。

上海市慈善基金会自1994年5月成立以来，致力于发掘慈善资源，实施慈善救助，传播慈善理念，举办了形式多样的慈善活动，广泛动员民众和团体参与慈善。其宗旨是：安老、扶幼、助学、济困。在助学方面，为了帮助家境贫困、品学兼优的学生克服暂时困难，顺利完成学业，上海市慈善基金会在社会各界的大力支持下，开展了多种形式的助学活动，包括基金助学、结对助学、国际友人捐资助学等。在助困方面，上海市慈善基金会遵照"扶贫济困"的宗旨，除了对社会上有特殊困难的家庭进行经常性的救助项目外，在慈善助困方面多年来也形成了不少品牌项目，如万户助困、爱心流动轮椅车等项目。同时在助医，教育培育方面，上海市慈善基金会也有颇多建树，形成了若干品牌项目，如农村合作医疗慈善救助、妇女健康检查项目以及慈善再就业培训、万名外来媳妇技能培训等。

上海宋庆龄基金会是由宋庆龄女士所创办的中国福利会发起的，于1986年成立的一家公募基金会。本着对妇女儿童的特别关注，上海宋庆龄基金会已经在妇幼保健、助学助教、儿童文化等方面设立了多个项目基金，足迹遍布全国各大省市自治区。变革发展中的上海宋庆龄基金会也是一家具有国际视野的公益机构，其有效借助自身优势，立足中国，放眼全球，积极拓展国际的项目合作与交流。同时，努力加强和推动跨界合作，通过不断探索和实践，让宋庆龄女士的爱心事业惠及更多人群，最终推动社会的全面发展。在教育慈善领域，该基金会开展的4C儿童互助行动很有示范意义，4C的名称来自英语Children help Children Charity Council的四个C，起源于一个妈妈希望为女儿筹划一个有意义的10岁生日会的初衷。参与4C项目执行的儿童(以下简称4C儿童)大多来自上海市各大国际学校和部分国内学校,他们通过义卖自己的艺术品及手工制品,文艺演出或亲手烘焙各种健康、美味的西点筹集善款,组织开展各种与白血病或其他恶性疾病患儿进行互动的关爱活动,资助部分家庭经济条件有困难的白血病病童。在2011年,该基金会接受中静实业(集团)董事长高央先生捐赠的企业97.5%的股份,设立专项基金,用于公益项目,成为中国大陆公募基金会接受股权捐赠的第一个"吃螃蟹者"。①

上海联劝公益基金会是一家资助型公募基金会,成立于2009年。联劝公益基金主要采用联合劝募的方式,向企业和公众进行公益宣导,拉近公益与公众的距离,引导公众和企业支持公益。联劝资助儿童、妇女、助老、教育、环境、动植物、助残、医疗健康、扶贫帮困、社区发展、公益行业支持、文化及其他等13个公益领域,以促进公益组织互相合作、可持续发展为目标。联劝拥有3个资助计划:"U积木计划"资助对象为儿童领域公益组织,致力于让0～18岁儿童安全成长、平等发展;"U悠计划"资助对象为上海地区助老公益机构,为60岁以上老人提供健康照护、心理慰藉、体育文娱、社区参与等服务,让老人拥有一个健康、快乐、积极的晚年生活;"U泉计划"通过给公益组织提供非限定性的资金支持,增强机构自身的发展能力。联劝目前拥有"一个鸡蛋的暴走""小小暴走"等颇具影响力的品牌运动筹款活动,公众可以通过徒步及创意方式向熟人网络募集善款,实现个人挑战和公益参与的双重价值。联劝自主开发的"联劝网"是民政部认定的首批慈善组织互联网公开募捐信息平台,公众可以在联劝网找到靠谱的公益组织、有趣的募捐活动和可持续的公益项目进行捐赠,从而获得公

① 上海宋庆龄基金会官方网站.http://www.ssclf.org/.

益成长。此外,联劝还开创了集体捐赠模式“一众基金”以及捐赠人社群部落“劝友会”,鼓励公众增长公益认知、丰富公益生活、积累公益体验。

上海市教育发展基金会是经上海市民政局批准,于1993年正式成立的公募基金会。[①] 上海市教育发展基金会以党和国家的教育方针、政策法规为依据,致力于将教育与经济、社会发展相结合,促进上海市的教育事业发展。该基金会主要向国内外社会团体、企事业单位和个人筹集资金,接受捐赠;管理和使用募集的资金和物资;资助符合上海市教育发展规划和目标的有关教学、科研项目及国际教育交流与合作等。上海市教育发展基金会于成立之初,为解决家庭经济困难和特殊群体的学生读书求学问题,设立了一系列“帮困及奖励计划”。2012年,为了使基金会资助计划能开展系列化宣传,将这项目更名为“普光计划”。20年来,不断加大资助项目的力度和广度,先后开展了灾区援建基金、源恺教育基金、农民工子女教育基金、特殊教育基金、申银万国助奖金、优秀中学生助奖金、久隆自强奖教金等资助工作,累计资助超过4万人次,累计资助金额超过2 000万元。

上海真爱梦想公益基金会成立于2008年8月,是一家由金融机构和上市公司的专业管理人员发起与运营的公募公益基金会。上海真爱梦想公益基金会投身于青少年教育公益事业,已在全国31省建立了活跃的教育生态网络,帮助310万师生自信、从容、有尊严地成长。项目规范化运作方面,上海真爱梦想公益基金会致力于搭建标准化的连锁体系,主要业务目标是提升欠发达地区基础教育阶段(1～9年级)的素质教育水平,核心

① 上海市教育发展基金会官方网站.http://www.shedf.org.cn/pc/about.

项目有“梦想中心”(连锁网络体系)、“梦想课程”(课程创新为核心的素质教育体系)、“梦想领路人”(以探究型学习为核心的教师培训体系)、“梦想银行”(以教师发展和教师奖励作为主要推动力的激励体系)。每选点一个学校,就会同步推出或纳入这四个产品,实现了梦想中心建设和运营的标准化、连锁化,形成了真爱梦想独特的核心素质教育的公益体系,并派生出二级项目“梦想书屋”及三级项目“梦想格子”。信息公开透明方面,上海真爱梦想公益基金会是中国第一家按照上市公司标准披露年报的慈善基金会,每年都参照上市公司标准公开财报,在信息披露的广度和深度上不断进化,在 2011 年、2012 年、2013 年及 2014 年连续四年被《福布斯》(中文版)评为“中国最透明基金会”,位列权威新媒体《界面》发布“2016 年中国最透明慈善公益基金会排行榜”榜首。国外认证的评价方面,2017 年 11 月,上海真爱梦想公益基金会完成了 SGS 的全球 NGO 基准审核,最终获得 88.4 分的高分,其治理管理能力跻身同行业领先水平,受到国际认可,成为通过该机构审核的第一家来自中国的社会组织。

除基金会外,在上海市一系列慈善事业创新发展中,慈善超市和慈善信托是上海市位居全国前列且极具上海市特色的具体实践项目。慈善超市的形式创新主要表现在登记管理的类型创新和开展多元化的业务活动,慈善信托的形式创新主要表现在慈善项目形式的安排设计上。

二、以慈善超市为主体,参与慈善事业创新发展

上海慈善超市采取多元化运作模式。

根据上海市民政局发布的《上海市慈善超市创新发展三年规划

(2017—2019 年)》和《慈善超市设施和服务规范指引》,上海市慈善超市的业务范围包括款物募集、困难群体救助、商品销售、慈善文化传播、志愿服务、便民服务等六个方面。实践中,上海市各家慈善超市也的确在上述业务领域向困难群体和社会公众提供服务。根据抽样问卷调查,上海市 58 家受访慈善超市中有 55 家开展慈善文化传播活动,50 家开展困难群体救助活动,45 家开展商品销售活动,42 家进行款物募集活动,38 家提供志愿或便民服务。①

不同运营主体管理的慈善超市,其业务活动开展也存在差异。长寿慈善超市的业务活动内容极为全面,直接扶贫帮困、接收现金捐赠和开展慈善义卖三项重点工作始终保持开展。在扶贫帮困方面,长寿慈善超市的主要救助对象是三类人员——孤儿、孤残和孤老,其常态化工作为发放爱心券和爱心卡。到重大节日,长寿慈善超市则会配合普陀区慈善基金会开展"四送活动",即春节送温暖,元宵送汤圆,中秋送月饼和夏季送清凉。在秋季开学季前,长寿慈善超市还会对街道所属各社区的困难家庭学生进行点对点帮困。

与长寿慈善超市相比,企业运作的莘庄工业区慈善超市之业务活动则主要集中于商品销售。由于闵行区民政局与委托企业共同制定的业务自理、管理自主、盈亏自负和人员自聘"四自"运营方针,莘庄工业区慈善超市不再被看作是向困难群体提供实物救助的福利机构,而成为自主经营的商业实体。日常销售成为该慈善超市的主要业务活动,且其销售商品也从以

① 上海交通大学中国公益发展研究院,上海市慈善超市创新发展研究课题组.上海慈善超市创新发展研究报告,上海市民政局委托课题报告,2016.

衣物为主变成了面粉、副食、调料等便民物资。由于进货渠道的畅通，莘庄工业区慈善超市销售的商品价格较之周边普通零售商店有较强优势，直接让附近居民获得实惠。

上钢慈善超市的业务活动也相当丰富。如前所述，该慈善超市会为同为屋里厢运营的阳光之家残疾人提供培训服务，并接受他们进店作为志愿者。为了帮助包括残障人士在内的志愿者尽快熟悉岗位职责，上钢慈善超市的管理者会为每名志愿者设计完整的培训计划，培训内容极具操作性，只有经过知识、技能、心理、观念等相关培训才能正式上岗。① 这样一来，不仅超市能够组建业务熟练的志愿服务团队，残障人士也可以通过培训掌握相关的职业技能，对日后职业发展有所帮助。屋里厢还推出综合性的微信公众号“阳光慈爱”，发布关于阳光之家、上钢新村街道残疾人服务中心和上钢慈善超市的相关内容，让公众以最快速度了解几家机构的动向。微信公众号下还开设微店，销售慈善超市上新物品。

三、运用慈善信托方式，推动慈善事业创新发展

2016 年 3 月《慈善法》通过，2016 年 11 月第一单慈善信托创立，逐渐形成上海慈善信托的多元格局，其在形式的创新主要有以下几个方面：

（一）孵化慈善项目

用慈善信托的方式培育和孵化慈善项目，主要体现在“蓝天至爱”1 号

① 上钢新村街道慈善超市故事//上海市民政局慈善事业促进处材料，2016.

和 2 号慈善信托。“蓝天至爱 1 号”是上海市慈善基金会预期出资 1 亿设立的永续性慈善信托，迄至 2017 年 6 月 30 日到位资金 3 500 万（含保值增值的收益），“蓝天至爱 2 号”预期资金总额 600 万。上海市慈善基金会通过以上两个慈善项目，促进了慈善事业可持续发展。

（二）慈善信托种类多样

在上海市备案的 3 单慈善信托中，“蓝天至爱 1 号”的委托人是慈善组织，受托人是信托公司，从而形成“捐赠 + 受托”模式；“放眼看世界”的受托人是信托公司，项目执行人是慈善组织，从而形成“信托 + 项目执行”模式；“蓝天至爱 2 号慧福”的受托人既是慈善组织，又是信托公司，从而形成“双受托人”模式。慈善组织与信托公司在慈善信托项目当中，发挥各自优势，在慈善目标的指引下，实现社会效益最大化。

第四节　上海社会组织参与慈善事业创新发展案例

一、“善淘网”托管运营的慈善超市

在各行业强调“互联网 + ”运行模式的背景下，开设线上线下（O2O）同步运营的慈善超市，实现物资在线上商业平台和线下实体店的快速流转，可充分挖掘基层社区的闲置资源，拓展慈善物资募集和变现渠道；更重要的是可为社区居民提供在线慈善购物的公益体验机会，提高公众参与度，形成良好的慈善文化氛围。实践中，上海市已有 6 家慈善超市在 2017 年之后与专业互联网平台善淘网合作，有望在运作模式和公众参与两方面实

现创新。①

2017年6月，由第三方“善淘网”托管运营的慈善超市在静安区石门二路街道正式开张，这家超市不仅是国内首家O2O(线上线下)慈善超市，而且也是中国第一家网上慈善商店。该超市引入“互联网+”创新运营机制，通过O2O慈善商店的形式，线上线下同步挖掘社区的闲置资源，提高资源的利用率，形成公益慈善的文化氛围。慈善超市内的商品均来自慈善机构、个人等的捐赠，商品定价为原价的5～7折。店内的消费者除了可以挑选现场有售的商品，也可以通过iPad登录网上慈善超市，购买更多的其他慈善商品。目前，善淘网在淘宝开有两家慈善商店，已经分别成长为两皇冠和四蓝钻的在线店铺，消费者可以通过淘宝网进行购买，也可以进行捐赠。

与此同时慈善超市还与社区公益基金实现了有机对接，将自身发展同社区建设相融合。在该慈善超市开张首日，石门二路街道社区发展基金也随即成立。居民、企业、社会组织等可向慈善超市捐钱、捐物，也可以参与志愿活动。钱直接进入社区发展基金；物通过网上、慈善超市实体店售卖，所得的款项进入社区发展基金。此外，各个居委会也将成为慈善超市、社区发展基金的接收点。社区发展基金使用范围除了原慈善基金助学、助困、助老、助医等扶贫济困项目外，还包括公益性项目和社区自治类项目。社区发展基金将通过居民自筹、社会捐赠、举办公益集市、慈善超市等形式进行资金众筹，形成“取之于社区，用之于社区”的良性循环，通过这样营造

① 根据课题访谈和网上资料整理。善淘网由上海聚善助残公益发展中心运行，注册为民办非企业单位.

社区慈善文化氛围将有助于慈善超市的进一步发展。

慈善超市采取了社区残疾人与健全人共同工作的模式。慈善超市的员工中有40%是特殊人士,既有肢体、视力、听力残障人士,也有融入社会有困难的人士。慈善超市合作方善淘网负责人余诗瑶表示,超市内聘用了一位20多岁的聋哑人虎哥,他可以通过手语和胸卡上的文字来为消费者引路,比如胸卡上会有"请跟我去收银台""请跟我去更衣室"等文字,虎哥会根据需要及时更换胸卡为客人提供"无声的服务";另一位肢残女青年叫丝丝,她担任的是收银、码货、商品陈列等工作,两位残障员工每天工作8小时,除去五险一金外,每月每人到手收入在3 800元左右。在慈善超市里,这些社区特殊人士能不断融入社会。

二、"蓝天至爱1号"慈善信托

2016年11月,"蓝天至爱1号"慈善信托在上海市民政局成功备案,上海市慈善基金会委托安信信托股份有限公司成立资金额为1亿的永续性慈善信托,首期到位资金3 200万元,信托财产及其收益全部用于慈善项目,是国内规模最大的一个慈善信托项目之一。① 上海市慈善基金会已经连续24年开展名为"蓝天下的至爱"为主题慈善活动,它已成为上海市的一张慈善名片。2017年12月,第24届"蓝天下的至爱"慈善活动召开。"蓝天至爱1号"是上海市慈善基金会打造的慈善信托品牌。这一慈善信托项目面向市和区县各级慈善组织、爱心企业和个人全面开放,搭建"人人

① 根据课题访谈和网上资料整理.

做慈善，行行可慈善”的慈善信托品牌。遵守国家的《慈善法》《信托法》和《银行业监督管理法》，严格做到运作管理公开、财产收益公开、善款支出公开和受益对象公开，从事符合《慈善法》的慈善活动。①

为了充分发挥慈善组织从事公益项目的规范化运作和信托公司资金管理的优势，在整个信托架构下的参与主体分工合理、职责明确：慈善项目顾问是上海市慈善基金会担当，对慈善项目提出建议，行使委托人意愿的权利；对慈善资产进行保值增值的是安信信托股份有限公司，负责具体运作慈善项目；作为托管人的招商银行上海分行，负责保管资产；作为信托项目监察人的上海联合律师事务所，负责监督检查信托资金的运作和信息披露事务。

① 上海民政网. http：//www. shmzj. gov. cn/gb/shmzj/node4/node13/n2578/u1ai43251. html.

第七章　上海社会组织枢纽服务创新发展

近年来，随着中国社会转型发展的不断加快，公民的自主性逐渐提高，由多元主体发起的各类社会组织也应运而生，且日益壮大。为整合和凝聚多样化的社会组织，中国部分社会化程度较高的城市，尝试性地探索出了一种专注于规范社会组织发展方式、服务社会组织发展需求、维系社会组织与多元主体（尤其是政府）间联系的新型服务，即社会组织枢纽服务。

社会组织枢纽服务能够使中国多数社会组织有效规避“志愿失灵”问题，推动更多社会组织的健康发展，同时，还有利于协调社会组织与国家间的相互关系，实现国家治理与社会组织发展的有机统一。上海市作为社会组织发展的先驱城市之一，积极尝试通过社会组织枢纽服务整合和凝聚上海市本地的多样化社会组织，并探索出了社会组织枢纽服务中的，以一种理念、两种方式、三项举措为代表的创新性服务内容，与以业管社、以社管社、以节管社为代表的创新性管理形式，更涌现出了许多有关于上海市社会组织枢纽服务的创新实践案例，比如浦东新区的“社会组织合作”公益生态圈模式，充分反映社会组织枢纽服务在规范社会组织建设、服务社会组织发展和维系社会组织与多元主体(尤其是政府)间联系等方面上发挥的作用。

第一节 主要概念界定

在展开分析上海市社会组织枢纽服务创新发展的过程中,涉及两个概念,即"枢纽服务""枢纽型社会组织"。

一、枢纽服务

在谈及"枢纽服务"的概念前,我们先了解什么是"枢纽"。"枢纽"一词从字源本义上讲,是指门户开合之枢与提系器物之纽,引申为事物的关键之处和事物之间联系的中心环节。① 将"枢纽"概念引到枢纽服务的界定中,可初步将枢纽服务界定为,为了解决组织发展之难题,维系本组织与其他主体之关系的关键性服务。

目前,对于枢纽服务的具体界定,不同的学科给予其不同的内涵。从交通运输工程学、物流学等理工类学科来看,枢纽服务的界定较为具体。早期多指围绕交通枢纽、物流枢纽等具体实物开展的一系列服务,后来用于指称工程中占据中心地位的环节,该环节的特征是能够联系起整个工程

① 王鹏.国家与社会关系视角下的枢纽型组织构建——以共青团为例[J].中国青年政治学院学报,2013(5):33-39.

中的各类要素与资源，且贯穿于整个工程的始终。将枢纽服务的概念引到人文社科类学科，则显得较为抽象。比如，教育学中提出的“枢纽服务”，侧重于描述大学教育中，实现社会需求与人才培育有效对接的一系列具体服务措施。进一步聚焦于社会学，现有文献中仅有“枢纽式管理”这一提法，“枢纽式管理”就是指在政府管理部门和社会组织之间设立一个组织载体，通过该载体服务和管理一个系统、一个领域的社会组织，行使一部分党和政府授权或委托的职能，并把社会组织的需求、意见和建议向政府管理部门反馈，使其成为“加强党建工作的支撑、完善双重管理的依托、凝聚团体会员的载体和实现合作共治的平台”。[①] 但尚未存在“枢纽服务”这种提法，更缺少在社会组织的视角下，界定“枢纽服务”的具体内涵。不过，在已有的社会组织研究成果中，已提出了与“枢纽服务”相关的其他概念，比如社会组织的“整合发展”“孵化培育”“协作运营”等，且提出了一种专职于提供社会组织枢纽服务的社会组织类型——枢纽型社会组织。为便于理解枢纽服务的含义，部分学者将由枢纽型社会组织开展的，服务于其他社会组织的活动视为枢纽服务。不过，依照目前的调研材料来看，社会组织枢纽服务的主体不仅限于枢纽型社会组织，还包含着政府、企业等其他主体。本书探讨的是社会组织的枢纽服务，因此，在界定“枢纽服务”的概念时，应考虑到三方面因素：服务主体的多元性、服务行为的公益性、服务内容的多样性。基于此理解，可以把枢纽服务的概念定位为是以多元社会主体出于公益和互益目的，为扶助发展动力不足，或发展条件稀缺，或发展能力较

① 曾永和.培育综合性社会组织 促进社会组织管理创新——上海市推进社会组织枢纽式管理的调查与思考[J].社团管理研究，2011(8)：52－54.

低的组织(尤其是社会组织),所提供的一系列服务活动。

二、枢纽型社会组织

枢纽型社会组织是社会组织枢纽服务的核心主体,发挥着重要的服务力量。为将"枢纽型社会组织"的概念进一步具体化、明晰化,本书对以往学者提出的概念作简要梳理。

对"枢纽型社会组织"概念的界定视角,可分为三种:目的导向型概念、过程导向型概念、功能导向型概念。

(一) 目的导向型概念

该概念偏重于揭示枢纽型社会组织的社会使命。姚迈新认为枢纽型社会组织是突破"双重管理体制"的治理困境,消解"高分化、低整合"下的社会矛盾,实现对社会组织的"网络有机整合"的特殊性社会组织;①刘洋认为枢纽型社会组织的出现是回应对社会组织质疑的一种路径选择等。②

(二) 过程导向型概念

该概念偏重于揭示枢纽型社会组织的产生过程。郭道久、董碧莹认为枢纽型社会组织是一种由双重管理到单一部门管理的过渡办法;③彭善民认为枢纽型社会组织是顺应经济社会发展的产物,主要基于创新政府管理社会

① 姚迈新."枢纽型"社会组织:目标偏离与防范[J].广东行政学院学报,2013(1):5-9.

② 刘洋.枢纽型社会组织的生成基础与发展路径——基于社会学的视角[J].学习与实践,2016(12):86-92.

③ 郭道久,董碧莹.法团主义视角下"枢纽型"社会组织解析[J].天津行政学院学报,2014(1):49-55.

组织的方式和推动社会组织自主发展的两种需要而设立的新型组织。①

（三）功能导向型概念

该概念偏重于揭示枢纽型社会组织的实际功效。崔玉开认为枢纽型社会组织是对其他社会组织进行管理与指导、服务的社会组织；②徐双敏、张景平认为枢纽型社会组织主要是指能够对相关社会组织进行日常管理、提供服务，能够发挥党和政府与社会各界群众广泛联系的桥梁和纽带作用，能够把性质相同、业务相近的社会组织联合起来，发挥龙头作用的社会组织等。③

综合三类界定视角下，对枢纽型社会组织所作的诸多概念，并结合现实调研中获取的相关信息，本书对枢纽型社会组织的概念作如下界定：枢纽型社会组织是指在国家转型发展过程中，为达到有效整合、管理、培育、引导、服务其他社会组织的目的而设立的，具有组织代表性、专业影响力，且具备多元主体间关系维系能力的社会组织。

第二节　上海社会组织枢纽服务创新发展的背景

改革开放后，我国的经济、社会管理方式发生了巨大变化，传统的"国家—单位—个人"的控制链条大部分失效，更多的社会成员成为非公有制

① 彭善民.枢纽型社会组织建设与社会自主管理创新[J].江苏行政学院学报，2012(1)：64－67.

② 崔玉开."枢纽型"社会组织：背景、概念与意义[J].甘肃理论学刊，2010(5)：75－78.

③ 徐双敏，张景平.枢纽型社会组织参与政府购买服务的逻辑与路径——以共青团组织为例[J].中国行政管理，2014(9)：41－44.

经济体中的从业人员或自由职业者,拥有了更加多元化的资源获取方式,使得传统的社会整合主体——单位的整合功能得以弱化。而社会组织作为“第三部门”,是社会领域的重要组织形式和纽带,它能够将处于原子化状态、缺乏组织的社会成员联结起来,实现其公益性或互益性的功能,有效化解“高分化、低整合”社会的各种矛盾与问题。

由于当前我国的社会组织正呈现出分散无序、资源匮乏、能力不足等特征,有必要通过培育和建立新型的社会整合主体加强彼此间的联系、壮大其实力。① 基于社会法团主义的视角,为“枢纽型”社会组织和相关枢纽服务的产生和构建提供了有效的理论阐释。在社会法团主义模式中,某些社团享有的特殊地位是通过自下而上的竞争性淘汰过程形成而非国家指定的,同时竞争性社团的出现在国家的法律监管体系中并没有得到禁止,只不过由于国家的力量毕竟强大,已经获得国家支持或承认的社团拥有丰厚的经济、政治和社会资本,新兴的社团无法通过竞争撼动其垄断性或主宰性地位而已。② 在这种模式下,现有的国家管控的社团组织发育成具有充分自主性的中枢组织,能有效地代表功能团体内的社会成员的利益,以利益代表者的资格与政府协商。“枢纽型”社会组织的建立,将有效改变目前社会组织政社不分、管理分散、服务不到位、发展不充分等现状,弥补政府在社会管理和公共服务环节上的不足。③ 枢纽型社会组织以及相应枢纽服务的正向价值主要有整合性、联结性、引领性、培育性与承接性功能。

---

① 姚迈新.“枢纽型”社会组织:目标偏离与防范[J].广东行政学院学报,2013(1):5-9.

② 张长东,顾昕.从国家法团主义到社会法团主义——中国市场转型过程中国家与行业协会关系的演变[J].东岳论丛,2015(2):5-13.

③ 崔玉开.“枢纽型”社会组织:背景、概念与意义[J].甘肃理论学刊,2010(5):75-78.

枢纽型社会组织的发展迎合了政府职能转变、转移的需要，是国家与社会关系重塑的结果。枢纽型社会组织作为政府职能转变、转移的接盘手，其良性发展尤其需要进一步的制度建构。①

在培育枢纽型社会组织、提供枢纽服务的过程中，上海市进行了诸多有益的探索实践。在枢纽型组织概念提出之前，上海市在社会组织管理实践中一定程度上有了枢纽型社会组织的雏形。2003 年上海市普陀区便在全区 9 个街镇探索性建立民办非企业性质的社区民间组织服务中心，作为辖区社会组织的管理机构，旨在打造党建工作的支撑平台、扶持培育的发展平台、惠及百姓的服务平台、整合资源的合作平台、购买服务的承载平台、监督预警的信息平台。2007 年上海市静安区更是在上海市率先建立"1 + 5 + X"的枢纽式管理服务机制，积极探索以社会组织管理社会组织。2007 年 4 月上海市浦东非营利组织发展中心正式运作，为初创时期的社会组织提供办公场所和公共设施，帮助他们获得专业知识、提高核心能力。2009 年 12 月，浦东公益服务园正式开园，有 18 家社会组织入驻园区，享受政府提供的办公补贴、运营补贴、财会代理、法律咨询等服务。② 2010 年 7 月，全国首家由政府、社会组织和社会企业合作互动，以培育社会组织、解决社会问题、促进社会进步为目标的社会创新园区——上海市社会创新孵化园正式开园。上海市社会创新孵化园位于卢湾区丽园路 501 号，由上海市民政局立项，福利彩票公益金提供资金支持，委托浦东非营利组织发

① 沈荣华，鹿斌. 制度建构：枢纽型社会组织的行动逻辑[J]. 中国行政管理，2014(10)：41 - 45.

② 曾永和. 社会组织发展支持体系研究——以上海为例[J]. 中共青岛市委党校. 青岛行政学院学报，2011(1)：47 - 53.

展中心运作管理。孵化园通过实现一系列公益指标，帮助公益性社会组织成长，促进残障人士实现就业，融入社会。2011 年上海市“十二五规划”明确了在社会组织的培育过程中，要加强枢纽型社会组织建设，发挥枢纽型组织在社会组织管理、发展和服务中的重要作用。

成立于 2000 年 8 月的上海市社会组织服务中心作为全国首家省市级社会组织服务中心，以“服务社会组织、服务政府部门、服务社会公众”为宗旨，开展了多方面服务工作，一是搭建社会组织各类培训平台，举办各类培训班 200 多期，近 5 万人次；二是开展社会组织规范化建设评估的探索工作，对相关评估指标进行了修订，并对全市 600 多家社会组织进行了规范化建设等级评估；三是承接了市级社会组织咨询接待、登记业务的代理代办，工资基金申报审核，业务档案的整理归档和档案电子化及档案的查询利用等服务工作；四是编辑出版了近 70 期的《上海社会组织》期刊，为社会组织提供了阅读性、指导性都较强的刊物。上海市社会组织服务中心开展的上述工作得到了行业主管部门和登记管理机关以及社会组织的充分肯定，其在 2014 年底被评为上海市社会组织规范化建设 5A 级单位。在上海市民间组织服务中心的基础上，2001 年 5 月上海市首家区一级的服务中心——普陀民间服务中心成立。2002 年 8 月，全市首家街镇级的服务中心——普陀区长寿路街道民间服务中心成立，该服务中心因塑造了政府与社会新型关系，获得第四届“中国地方政府创新奖”。[①] 在总结上海市社会服务组织中心，以及其他区级、街道级前期试点社会组织服务中心有益经验和做法的基础上，2015 年 6 月，上海市民政局、上海市社会团体管理局印

① 上海民政局.上海民政改革创新 40 年[M].上海：上海人民出版社，2018：286.

发《关于加强本市社会组织服务中心建设的指导意见(试行)》,意见提出围绕市委市政府“创新社会治理加强基层建设”发展大局,以促进社会治理体系和治理能力现代化为目标,以构建社会组织服务支持体系和综合监管体系为重点,按照扩大覆盖、拓展功能、提升水平的要求,大力推动社会组织服务中心的建设,加快形成“覆盖广泛、功能互补、工作联动”的市、区(县)、街道(乡镇)社会组织服务中心体系,在服务社会组织发展中发挥枢纽作用。2017 年 2 月,上海市民政局、上海市社会团体管理局印发《上海社会组织发展十三五规划》,提出的主要目标就有未来将使社会组织服务中心全面覆盖街镇,社会组织孵化基地、联合会等支持性、枢纽型平台作用得到有效发挥。

从上海枢纽服务的探索与实践来看,可将其创新发展过程中的内容概括为一种理念(即联合行动理念),两种方式(即指“自上而下”的规范方式和“自下而上”的服务方式),三项举措(即上海市枢纽服务机制建设,上海市枢纽服务能力建设,以及上海市枢纽服务平台建设)。

一、一种理念

一种理念是指联合行动理念。上海市社会组织枢纽服务虽然主要依托枢纽型社会组织开展。但在整合、管理、培育、引导、服务其他社会组织的过程中,还需要依靠多元社会主体的共同参与,并提供相应的支持,比如,政府提供的政策支持、企业提供的资金支持、高校提供的技术支持、其他社会组织提供的信息支持等。因此,上海市社会组织枢纽服务探索出了一条以枢纽型社会组织为主体,以联合多元主体的力量为手段,以规范和带动其他社会组织的建立、发展、壮大为目标的特有路径。这也是上海市社会组织枢纽服务在服务理念层面上的创新之处。

二、两种方式

两种方式是指“自上而下”的规范方式和“自下而上”的服务方式。上海市社会组织枢纽服务，注重凝聚社会组织的发展力量、规范社会组织的发展方式、服务社会组织的发展诉求，且有效连接社会组织与除社会组织外的其他社会主体，尤其是与政府之间的关系。为达到该服务效果，上海市社会组织枢纽服务开创了两种新型方式："自上而下"的规制方式和“自下而上”的服务方式。

具体而言，“自上而下”的规范方式指的是以枢纽型社会组织为首要主体开展的上海市社会组织枢纽服务，应“自上而下”地将政府对社会组织的发展要求传达给社会组织，并以理念引导、政策指导、能力培育等规范社会组织的发展模式，推动社会组织实现合法化、合理化运作，从而使其能够更好地服务社会。

“自下而上”的服务方式是指以枢纽型社会组织为首要主体开展的上海市社会组织枢纽服务，应在实际服务过程中，注重深入到其他社会组织中，了解其在发展过程中的各方面诉求，并从社会组织发展的专业角度，用最优化方案满足这些诉求。同时可采用孵化模式，系统培育初具规模的草根类社会组织，更加全面地服务于社会组织的成长。

三、三项举措

枢纽服务的三项举措，主要体现在：一是内部治理结构社会化运作

（枢纽型社会组织的内部结构去行政化），二是枢纽服务逐渐智能化（社会组织枢纽服务的智能化），三是枢纽服务多以多元化的公共活动为依托（多元化的公共活动为服务依托）。

（一）内部治理结构社会化运作

静安区社会组织联合会在推动内部治理结构社会化运作方面效果较好。2013 年 6 月 25 日，静安区社会组织联合会召开了二届一次会员大会，选举产生了第二届理事会理事、会长、副会长、秘书长。与第一届理事会相比，新二届理事会体现出明显的去行政化：在第一届 25 名理事中有现职国家工作人员 5 名，而新的一届 51 名理事中，没有一名国家机关工作人员。这使得静安区社会组织联合会在整合和凝聚其他社会组织的过程中，自由空间较大，自主性较强，更有利于枢纽型社会组织发挥自己的本职使命，在一定程度上避免官方压力对内部治理的影响。

（二）枢纽服务逐渐智能化

“互联网＋”时代下，上海市社会组织枢纽服务逐渐改进服务方式，尝试运用新媒体手段，通过“两微一端”（微信、微博、移动客户端）传达信息、传递技能、传输资源，提高了其外部服务行为的效率。通过利用微信等新兴信息传播技术，有助于扩大社会组织信息的宣传，加强社会组织与公众之间的联系沟通。陆家嘴社会组织服务中心作为通过引入和培育社会各领域的优秀社会组织，引导居民参与社区管理，实现服务政府、服务社会组织、服务社区的区域支持型枢纽平台，及时设立微信公众号，将信息发布、产品展示、用户管理、品牌传播等宣传推广活动融入进微信公众号，使其成为外界了解陆家嘴社会组织服务中心的一张新名片。

（三）枢纽服务多以多元化的公共活动为依托

上海社会组织枢纽服务主要以公共活动的方式，整合和凝聚其他社会组织，使其在较为自由的环境下，能够掌握思想、学到技术、获取资源，更加提升了上海市社会组织枢纽服务的服务效能。上海市每年一度"公益伙伴日"活动通过集约、整合社会组织开展公益活动，展示社会创新孵化园、公益创投、公益招投标、民生服务热线等创新内容，凸显了政府组织、社会组织和经济组织三方开展跨界合作所取得的积极成效。① 2017 年第七届上海公益伙伴日，由上海市民政局、市社团局共同主办，以打造"公益之城"为理念，吸引了 500 余家机关事业单位、社会组织、企业、媒体参加。公益活动类型多样，有公益论坛、项目发布、资源对接、筹款宣讲，专业的公益人士在这里有专业的体验和收获；还有公益地图、公益糖果、公益大舞台、公益集市，各个年龄段的普通观众在这里也能找到属于自己的公益乐趣。②

第三节　上海社会组织枢纽服务创新发展的方式

枢纽服务的主要载体是一些不直接服务于目标人群，而是以提供活动经费、公益需求信息、能力培训、政策咨询等方式服务于另一些中小型社会组织、草根社会组织的一类组织。③ 上海社会组织在发展过程中涌现出了

---

① 王劲颖.上海公益创业的社会生态路径——对首届"上海公益伙伴日"的思考[J].社团管理研究，2012(2)：51－53.

② 朱勤，高一村.上海公益伙伴日[J].中国社会组织，2017(18)：13.

③ 周秀平，刘求实.以社管社：创新社会组织管理制度[J].中国非营利评论，2011，7(1)：55－70.

发挥一批枢纽服务创新的先进社会组织，就上海市的实际情况来看，枢纽服务的社会组织既可以由现有社会组织转型发展而来，如工青妇等群团组织、以居委会为核心的社区社会组织、宗教机构、品牌慈善机构或慈善基金都可通过去行政化转型为枢纽型社会组织；①也可以通过整合同类社会组织形成联合性的枢纽型组织，或在一定空间范围内集中提供场地、资金、指导服务等资源发挥枢纽服务功能，使各类社会组织产生集聚和规模效应；还有就是由一些先发展起来的社会组织通过经验分享和影响力传播，对后发展的社会组织自然而然发挥示范、引导作用，强化枢纽服务功能。这些已形成一定创新示范效应，辐射影响全国的典型代表有浦东新区公益服务园、恩派公益等。

浦东新区公益服务园是浦东新区民政局为了推进社会管理创新，支持社会组织发展而实行的一项社会创新，从创立之始公益服务园就秉持"公益服务社会、合作促进发展"的使命。浦东新区公益服务园是内地首个容纳公益组织集聚办公，并提供多种共享设施和服务的公益创意园区。入驻的公益性组织均可享受政府提供的办公补贴和运营补贴，并享受财会代理、法律咨询等服务，园区将吸纳近30家在各领域有代表性的公益性组织入驻，成为沪上首个社会组织集聚办公、共享服务资源的公益园区。浦东新区公益服务园的创新主要体现在：一是组织形态上的创新，公益服务园打造了一个多层次、多样化的，以枢纽性、支持性、联合性社会组织为主体的公益共同体；二是服务功能上的创新，通过多部门合作和社社合作，园内机构不断提升和拓展其服务能力，发挥了多元化、复

① 金心异.四种枢纽型社会组织[N].21世纪经济报道，2014-03-21(006).

合型地服务社会和社区的功能；三是社会管理机制上的创新，打造了一个多部门社会管理合作的平台，实现了从直接管理到间接管理、再到社会组织的自我管理的转变。①

恩派公益成立于2006年，是中国领先的支持性公益组织，业务遍及全国40多个城市，是上海市民政局评定的5A级社会组织和民政部授予的“全国优秀社会组织”，致力于公益孵化、能力建设、社区服务、政购评估、社会企业投资、社创空间运营等领域，合作伙伴遍及各级政府、基金会和全球五百强企业。秉承“助力社会创新，培育公益人才”的使命，恩派首创的“公益孵化器”模式成为社会建设领域的重要创新制度，迄今已孵化超过600家社会组织及社会企业，其他各项业务资助支持了超过3 000家公益机构，培训公益人才数万人，涵盖养老、教育、环保、青少年发展、扶贫、助残、社区服务、社会工作等诸多领域。恩派扶植的多家机构，如“新途”“手牵手”“青翼”“歌路营”“乐龄”“百特教育”“瓷娃娃”“雷励”“爱有戏”“益众”“十方缘”“绿主妇”“益宝”“翠竹园”“益修”等已成中国公益领域的知名品牌。恩派发起了“屋里厢”“联劝”“明善道”“724”“里仁”“安逸舍”“益博云天”“知行”等20余家社会服务机构、基金会和社会企业，在全国范围内托管运营及技术支持约40个社会创新服务园区，承担运营约80 000平方米的社区公共空间。除了公益孵化器之外，恩派及其发起机构率先在国内实施了公益创投、政府购买服务招投标平台、联合劝募平台、公益行业交流展示会、社会影响力投资平台、企业社会责任(CSR)咨询、社区综合发展、社会创新智库

① 上海市浦东新区民政局—公益服务园. http://www.360doc.com/content/12/0404/16/620041_200763255.shtml.

等一系列具有重要示范意义的创新探索。恩派在全国设立有 40 多个办事处及项目点,全职员工近 300 名,服务网络辐射全国。①

上海社会组织枢纽服务的主要目的在于实现对社会组织的妥善管理,以达到整合和凝聚现有社会组织的目的。细数上海社会组织枢纽服务发展过程中涌现出的创新发展主要形式,可将其概括为以业管社、以社管社、以节管社三种。

一、以业管社

以业管社的枢纽服务是通过串联共同公益领域中不同的社会组织,以实现统一化管理。这种创新的管理形式主要效仿企业的流水线作业。所谓流水线作业,是指企业在运营中,为提高产品的生产效率,将劳动者按专长分类,将不同类劳动者分配在产品生产的不同环节上,使其充分发挥自己的能力。该方式具有生产高效化、操作专业化、流程协作化的特征,且能够有效保证产品生产的数量和质量,因此上海社会组织枢纽服务果断则将该思维转化到社会组织的具体管理上,以打造流水线式的社会组织枢纽服务。具体操作过程,有以下三个方面的特点:第一,以实现共同的公益目标为出发点,共同的公益目标是凝聚社会组织力量的主要动力;第二,按照社会组织的专长分工运作,妥善的分工使不同专长的社会组织各司其职,各谋其位,发挥出各自的功效,共同促进公益目标的实现;第三,完善的公益流水线规划,良好的规划设计和服务制度,保证了这种流水线式的枢纽

① 恩派官网.http://www.npi.org.cn/aboutus/2006/01/1.html.

服务的实现。

成立于2003年2月的上海乐群社工服务社以“促进社会进步，焕发生命光彩”为使命，致力于为不同性别、年龄、社会阶层、宗教和种族的人群提供切实、专业、人性化的服务，倡导社会公平、公正、参与、互助，协助社会公共政策和福利的实施。乐群社工服务社在青少年儿童、长者、社区服务和社区发展等多个领域开展综合服务，并通过能力建设服务促进社会工作行业实务能力的提升，乐群社工服务社提供的各类服务已覆盖上海市多个行政区及全国多地。乐群社工服务社共计有员工60多人，工作岗位分布于26个社区生活服务中心、日间照顾中心及工作站等，共同以“发掘社区能量，营造友善社区”为工作主题，与志愿者、社会组织、企业、政府部门等合作，实施社会服务，培育社区团队，促进社区发展。2013年12月，被国家民政部评为“全国社会工作服务示范单位”；2016年3月，荣获“2015年度全国百强社会工作服务机构”称号。①

二、以社管社

以社管社的枢纽服务是通过成立专门的社会组织服务机构，实现对其他社会组织的专业化管理。为提高对社会组织的管理效果和服务效果，上海市成立了专门的社会组织服务机构，以此对其他社会组织提供专业化的管理和更细致的服务，这是上海社会组织枢纽服务的重要创举，其中，较为典型的社会组织服务机构为上海市浦东新区公益组织项目合作促进会。

上海市浦东新区公益组织项目合作促进会（以下简称为“浦东公益促进

① 上海乐群社工服务社官方网站.http：//www.lequn.org/about.asp?pageID=14.

会”)成立于2009年5月,是由浦东社工协会、浦东非营利组织发展中心(NPI)等最初入驻浦东公益服务园的10家社会组织共同发起成立的联合性社会团体,到2017年浦东公益促进会已发展成为单位会员75家,个人会员2人的具有一定规模效应和创新示范作用的枢纽型社会组织。它的成立旨在增进浦东新区工作于不同领域,来自不同背景和服务领域的社会服务机构之间的交流与合作。主要包括建设和管理浦东公益服务园公共设施,协调园内公共事务,组织公共服务,并以浦东公益服务园为立足点,策划举办交流活动,促进园内外公益机构的交流与合作。同时,浦东公益促进会在公益服务园公共空间开设了国内首个“公益产品展厅”,展示国内社会企业和公平贸易机构的产品,推介这两种新兴的扶贫模式,积极宣传和实践新的公益理念;开通公益热线,建设浦东公益网,为社会组织搭建交流平台,提供业内最新资讯,提升公益事业的影响力。浦东公益促进会自成立以来,积极发挥“枢纽型”社会组织的作用,通过搭建“供需对接·一站式服务”平台,促进公益项目的合作交流,累计成功对接公益服务项目约200个,为近300个公益服务项目提供“一站式服务”。① 浦东公益促进会于2012年获评上海社会组织规范化建设评估最高等级5A级,2017年获评第三届上海市先进社会组织。

三、以节管社

以节管社的枢纽服务通过公益性节日管理其他社会组织。上海市

① 上海社会组织-浦东新区.http://stj.sh.gov.cn/node1/n17/n95/n97/u1ai66505.html.

的各级政府为鼓励公益事业的发展，都举办了各色各样的公益性节日。上海市社会组织枢纽服务充分将其服务项目与这些节日相对接。节日中多样化且富有吸引力的公共活动，使得社会组织的参与热情高涨，有利于提升对社会组织的管理效率和服务效能。为进一步了解以节管社枢纽服务的服务过程和服务效果，本书深入分析了上海市浦东主推的公益性节日，即上海市浦东的“公益活动月”，以及浦东新区洋泾的“友邻节”。

上海市浦东的“公益活动月”是浦东一年一度的公益盛典，政府、社会组织、企业、社区、志愿者和公众等都参与其中。作为一种节日般的“仪式”，公益活动月不仅是打包一切公益活动，宣传浦东公益的平台，而且为社会组织的参与提供了一个良好的平台，有利于带动其不断优化和发展，实现了社会组织的整合和凝聚。公益活动月每年从 3 月开始筹备，5 月正式开幕，6 月左右闭幕，从 2009 年起到 2017 年已经开展了九届，发挥出了上海市社会组织枢纽服务的应有影响力。

浦东新区洋泾“友邻节”旨在培育社区领袖，提供更加专业化、精准化服务；洋泾“一日捐资助计划”鼓励社会组织大胆创新，支持项目的多元化和创新性。2016 年洋泾首届“友邻节”与第十五届洋泾社区慈善联合捐，得到了来自社区居民、居委会、学校、社会组织、社区企事业单位、诚信商家的大力支持，“友邻节”上将展示所要资助的公益项目，以及各家社会组织的风采，通过市集区、服务区、点赞区、益行区等精彩板块的活动，吸引到1 349人次参加，线上、线下共筹集到 22 897.99 元的爱心善款。

第四节　上海社会组织枢纽服务创新发展的案例

一、浦东新区“社区组织合作”的公益生态圈模式

上海社会组织枢纽服务创新发展的典型案例为浦东新区主推的“社会组织合作”的公益生态圈模式。①

“社会组织合作”的公益生态圈模式是浦东新区典型的领先的公益发展模式，该模式是指社会组织依据不同的类型和功能在公益领域处于不同的角色地位，彼此间的良好合作将各个社会组织串联起来，形成上、中、下游环环相扣的公益“产业链”，如图 7.1 所示：上游环节（基金会）—中游环节（支持型、枢纽型社会组织）—下游环节（草根型、操作型和社区型社会组织）。从组织生态来看，浦东公益服务园、基金会服务园、社区公益服务园和公益街同处一个园区，共同构成了一个有机共生、完整自洽的生态圈②。

具体来看，“社会组织合作”的公益生态圈模式根植于公益示范基地——浦东公益服务园。2009 年 12 月浦东公益服务园开始正式运营，这也是国内首家旨在扶持公益性社会组织的公益服务园区，主要为其他社会组织提供三方面支持：一是提供办公空间、活动场地等；二是为初创期基

① 根据课题访谈调研整理.

② 陈鹏.打造社会组织“产业链”和“生态圈”——以上海浦东公益示范基地为例[J].学会，2014(6)：18－22.

金会提供培育服务；三是为上海市及周边各类基金会提供能力建设、资讯交流支持等。公益服务园运营后，基金会服务园、公益街等先后建立，最终形成了著名的“三园一街”公益自组织聚集地。

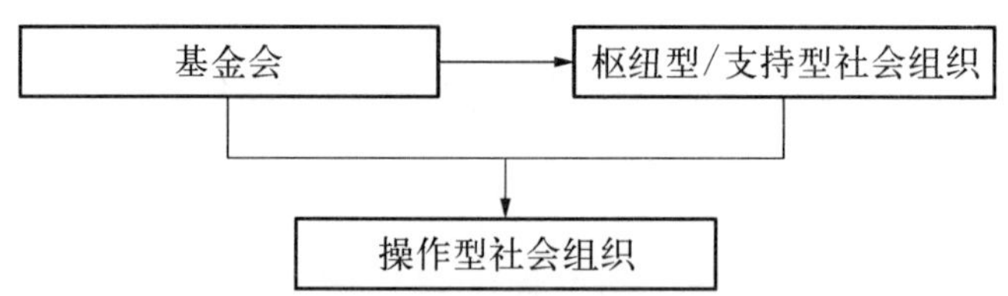

图 7.1 “社会组织合作”的公益生态圈模式

资料来源：上海交通大学中国公益发展研究院.上海市浦东新区公益发展模式研究课题组制作。

入驻的社会组织主要包括三种类型：一是对某一行业具有统筹管理作用的机构，如浦东新区居家养老服务指导中心；二是支持型社会组织，包括为社会组织提供培训、能力建设、孵化培育等，如映绿、恩派；三是专业社工机构，如乐群社工服务社。

由此可见，浦东公益服务园的举办过程严谨、服务内容多样，再加上基金会服务园、公益街，共同构成了“三园一街”模式，形成了综合性的社会组织枢纽服务，有力地推动了上海市社会组织的发展。

二、上海静安区天目西路街道社会组织服务中心

上海静安区天目西路街道社会组织服务中心是公益性社会组织。中心主要为天目西路街道辖区内各类社会组织提供党建引领、资源整合、能力建设、公益实践、项目研发、培育孵化的服务平台。中心也通过对街道、社区、社会组织、社工“四位一体”的资源整合和良性互动，带动、引领相关

领域社会组织有效参与社区治理。①

(一) 社会组织服务中心的具体做法

1. 组建添睦社会组织党建服务工作室

目前,“1+2”党建新体制调整基本落地,区县、街镇、居村三级区域化党建格局基本形成。天目西路街道以区域化党建为纽带,推动驻区单位、辖区党员积极参与社区治理,其中就有添睦社会组织党建服务工作室。该工作室有四个主要职能:第一是党建指导,为党务工作提供政策咨询和党员教育管理,此外还提供党组织生活及党内活动内容指导;第二是人才培养,负责培养发展党员和社会组织人才孵化;第三是反映诉求,通过接受党员的求助和开展谈心谈话帮助党员解决诉求;第四是协调服务,接转党员组织关系、接待流动党员、办理党费收缴、提供党员活动场所、组织开展各类公益志愿活动等。

2. 建立“智慧天目”“天目掌心汇”“哈楼添睦+”微信公众号

“智慧天目”主要提供各类社区信息和事务预约服务,通过人工智能回答政策咨询和相关问题,还可以通过公众号反映社区管理问题和参与网上互动。“天目掌心汇”相当于一个社区动态议事厅,负责发布社区共治的相关信息。“哈楼添睦+”微信公众号以构建“楼宇立体服务站地图”为核心,反映天目西路街道楼宇的党建成果。同时以实现“面向白领的一门式移动端服务”为重点,聚焦天目西路楼宇白领的工作、生活和社交需求,发布各类服务信息。此外还以打造“添添、睦睦独立 IP”为亮点,形成区内企业间的“邻里化互动”

① 根据天目西路街道调研访谈和网上资料整理.

3. 以项目评估为契机，提升社会组织综合素质

社会组织通过“互联网+”创新服务模式，提升服务品质引入专业化服务，并且创新公益项目，比如美化居住环境，促进邻里互动，从而增强居民意识。此外，通过对项目的专业信息化管理，明确总体目标，清晰量化指标，获得服务对象的认可，最终形成自己的品牌特色。

4. 把社会组织分门别类，制作生动的“使用说明”

注册在天目西路南道辖区的社会组织中，有20家由街道主管。这20家中绝大部分属于政府各部门条线下的社会组织，其中，街道新培育孵化了3家。此外，街道各个科室根据居民区具体需求和年度重点工作安排引进了30家。同时，街道还有各类未注册成社会组织的群众团体60支。对于几类不同轨迹的社会组织，街道主任分别给它们做了生动的“使用说明”。一类是政府各部门下的社会组织，活力相对不足但比较规范严谨，属于“百搭无错款”；一类是街道孵化的社会组织，脱胎于一些有能力、较成熟的群众团体，对于这类社会组织，需要提高其掌门人的能力和经验；还有一类是街道引进的社会组织，需要考虑它们的本土服务能力，提高其财务管理水平。

5. 成立社会组织联合会，搭建与社区的沟通平台

成立社会组织联合会，为众多社会组织建立自己的“组织”、搭建一个更大的“圈子”，让更多资源辐射天目西路街道。比如2018年5月底，社区组织服务中心选出了多项来自社联会成员单位提供的体验项目，集体“摆摊头”。邀请居民和居民区书记前来体验，并在线上投票选出感兴趣的项目，主动提出需求，与社会组织对接，“定制”专业服务。

（二）社会组织服务中心所取得的成效

在天目西路街道辖区内，社会组织纷纷发挥自己的作用，有的社会组织实行“共享天目居民自治”的调研，为不同居民区找到了自治的切入点，有的社会组织专注于社区工作者能力的提升，社工们不断成功“涨粉”。各个社会组织在多元共治中找到了自己的位置。

注重线上线下整合的“澜途”社会组织是其中的典型代表。上海澜途社会工作事务所成立于2015年2月，是一家致力于社区、公益组织和项目的策划、研究与评估，社区、公益组织的管理、人员培训及督导，承接政府及其他组织委托的相关服务项目的民办非企业单位，其登记管理机关是上海市静安区社会团体管理局。“澜途”负责人通过在居民区内蹲点调研，把在社区居委会工作的阿姨组织起来打造成服务社区熟人的“徐阿姨为老工作室”，积极帮助老年人进行心理调适，平复邻里矛盾，改变社区干部和居民对他们的认知。此外，“澜途”社会组织志愿者花很长时间与居民聊天，帮助一个松散的志愿者团队建立“灵广”驿站，这个驿站也成为地梨港居民商议自治的最初平台。“澜途”的最后一个功能是维系社区熟人平衡，让有着一技之长的老职工们组成“爱心互助社”，在互相帮助中进一步增加熟人社区的黏合度。在高端小区内，“澜途”关注居委会的能力建设，针对居民特点和需求，开通了居委会微信公众号“掌心汇”，24小时接收居民诉求。以居委会“首间接待”为阵地，形成全时段处理、反馈社情民意的网络。同时建立跟踪监督机制，对于超过48小时未应答的情况亮红灯，并纳入季度监督考核。

第八章　上海社会组织参与社区治理创新发展

社会组织参与城市社区治理创新发展体现为在此过程中形成的新观念、新制度。价值观念创新，从传统行政管理转变为多元共治。制度安排创新，为社会组织参与社区治理提供政策空间。同时，在区级社区治理中，构建新的关系模式，有效整合公共服务设施资源，打造智慧社区，自治、共治创新，进行创新项目评选，改进工作方式。上海在引导社会组织参与社区治理的过程中，通过成立社区基金会和推动社会组织“互联网+”，解决社区存在的问题，成为上海社会组织参与社区治理创新发展的标志性措施。

第一节　主要概念界定

本章主要涉及“社区治理”“社区社会组织”“社区治理创新”“社区基金会”“互联网+社区治理”等概念。

一、社区治理

社区的概念界定，可从学理层面和政策层面阐释。

从学理层面来看，1887 年，德国学者滕尼斯在《共同体与社会——纯粹社会学的基本概念》一书中首次提出了“共同体”即后来的“社区”这一概念。[①] 之后，社区研究便逐渐兴盛，据美国社会学家希勒里的统计，到 20 世纪 50 年代，各种不同的社区定义已达 90 余种。在这些定义中，有的从社会群体、社会发展过程的角度去界定社区；有的从社会系统、社会功能的角度去界定社区；有的从地理区划（自然的或人文的）去界定社区；还有从归属感、认同感及社区参与的角度来界定社区。[②] 在中国，费孝通根据滕尼斯的原意首先使用“社区”一词。关于社区内容和特征的理解，主要基于地域性类型和关系型类型进行研究界定，对此不同的学者有着不同的意见和看法，但普遍而言，社区已然成为包含地理区域、地域性社会组织、共同情感和互动关系等特征的更为广泛的概念。

从政策层面来看，2000 年，我国颁布的《民政部关于在全国推进城市社区建设的意见》中，指出社区是指聚居在一定地域范围内的人们所组成的社会生活共同体。目前城市社区的范围，一般是指经过社区体制改革后作了规模调整的居民委员会辖区。这一界定有助于厘清对社

① 斐迪南·滕尼斯.共同体与社会：纯粹社会学的基本概念[M].林荣远，译.北京：北京大学出版社，2010：37.

② 胡鸿保，姜振华.从“社区”的语词历程看一个社会学概念内涵的演化[J].学术论坛.2002(5)：123－126.

区的实际具体理解和政策执行操作。2017 年,《在中共中央、国务院关于加强和完善城乡社区治理的意见》,也将城乡社区视为社会治理的基本单元。

综上所述,本书认为社区应该包括空间、人口、关系等要素,是在一定地理空间和行政区划中工作和生活的群体,并由此产生的各种社会活动及其互动关系的总和,具有一种地缘上的归属感和情感上的认同感。

社区治理这一概念有其历史背景: 改革开放以来,在计划经济体制下城市基层社会的"单位制"转变为"街居制",随着这些年政府体制改革和职能转移,大量的日常行政、社会工作重心下移,单纯依靠现有街道、社区居委会已经不现实,在此背景下进行社区建设和治理的意义凸显了出来,根据民政部意见,社区建设是指在党和政府的领导下,依靠社区力量,利用社区资源,强化社区功能,解决社区问题,促进社区政治、经济、文化、环境协调和健康发展,不断提高社区成员生活水平和生活质量的过程。

结合 1995 年全球治理委员会在名为《我们的全球伙伴关系》的研究报告,治理是指公共的和私人的个人及机构管理其共同事务的诸多方式的总和。它对社区建设和治理的启示意义在于: 第一,治理不是一整套规则,也不是一种活动,而是一个过程;第二,治理过程的基础不是控制,而是协调;第三,治理涉及公共部门,也包括私人部门;第四,治理不是一种正式的制度,而是持续的互动。① 由此,可以得出社区治理的概念,如史伯年在

① 俞可平.治理与善治[M].北京: 社会科学文献出版社,2000: 33.

《社区治理》中对社区治理的界定，即社区治理指政府、社区组织、居民及辖区单位、赢利组织、非营利组织等基于市场原则、公共利益和社区认同、协同合作，有效供给社区公共物品、满足社区需求、优化社区秩序的过程和机制。①

从社区治理的实际范围来看，社区治理肯定是在社区范围内，有大小范围，大范围是在街道范围，小范围的居委会范围，上海市的社区治理是街道范围的。

二、社区社会组织

社区社会组织，又称社区民间组织，是指以社区成员为主体，以社区地域为活动范围，以满足社区居民不同需求为目的，由社区成员自主成立、自愿参与的非营利性的民间组织。② 社区社会组织，是指由本社区为主的公民、法人和其他组织自愿组成，以本社区或相邻的社区为活动范围，整合社区相关资源，满足居民多样化需求的社会组织。③

实际上，社区社会组织是在社区活动的社会组织，有大小范围之分，大的范围包括法人与非法人，法人包括注册为非营利法人的社会团体、民办非企业单位、基金会。非法人，是指没有在民政注册，但在街道备案的群众

① 史柏年.治理：社区建设的新视野[J].社会工作，2006(7)：4－10.

② 郁建兴，金蕾.社区社会组织在社会管理中的协同作用——以杭州市为例[J].经济社会体制比较，2012(4)：157－168.

③ 金蕾.制度环境、社会资本对社区社会组织有效性的影响及其作用机制[D].杭州：浙江大学，2017.

性互益与公益组织，既没有注册，也没有备案，在社区开展活动的群众性互益与公益组织。小范围的社区社会组织仅仅指注册为法人的社会团体、民办非企业单位和基金会。

社区社会组织包含特定的组织目的、活动范围、组织成员和服务对象。社区社会组织的组织性质主要包括社会团体和民办非企业两种类型。作为基层社会最为重要的组织形式之一，社区社会组织因其自发性、自治性等特征，在满足社区居民区域性、非规模化、异质性和日常性的社会服务需求方面发挥了重要作用，成为社区居民参与经济、社会和文化生活的重要组织平台。2016 年 8 月，中共中央办公厅、国务院办公厅印发了《关于改革社会组织管理制度促进社会组织健康有序发展的意见》，指出要大力培育、发展社区社会组织，包括降低准入门槛，积极扶持发展、增强服务功能等三方面的内容。社区治理创新作为创新社会治理体制重要组成部分，应以增强社区自治和服务功能为重点，为创新社会治理提供来自基层的支持和动力。

三、社区治理创新

社区治理创新的概念是指针对新的经济和社会环境的变化，对原有社区治理模式所进行的相应变革。其内涵包括但不限于治理主体的变化、治理目标的更新、权力分配的重构以及治理手段的改变。① 社区治理主要有两大目标，一是依靠治理机制，调动整个社会资源，发挥各种社会力量，共

① 王成蹊．“互联网＋”背景下的城市社区治理创新研究［D］．上海：华东政法大学，2016.

同解决地方的公共问题，改善和提高公民生活的质量，形成地方可持续发展的能力；二是通过治理，改革地方政府的现有管理体制，重新定位地方政府的管理功能，调整政府与社会的关系，建立政府与企业、社会组织之间的战略合作伙伴关系，提升地方政府组织管理社会公共事务的能力。① 围绕社区治理目标的实现，需要多方力量共同参与，为社会组织发挥作用功能提供了广阔的空间。

四、社区基金会

社区基金会并没有一个统一的定义，不同国家、机构、学者对社区基金会的定义都不尽相同。美国基金会理事会认为社区基金会是一个免税的、非营利的、公众支持的、无宗派的慈善组织，其目标是通过建设一个来源于不同捐赠者的长久基金，并根据捐赠者的意愿促进一个限定地域的发展。社区基金会是一种集合非营利性、公益性、社区性于一身的非政府组织，来源于社区，服务于社区，致力于社区的协调发展及与政府的沟通交流。② 本书认为社区基金会是一个特定区域内自然人、法人或其他组织为了满足本区域内的社会需求，解决公共问题而募集和运作财产的非营利组织。各国社区基金会具有两个共同的基本特征，一是社区基金会的多元资金来源以本区域的居民和企业捐赠为主，呈现多元化；二是社区基金会的服务对象是本区域的其他社会组织和居民，通过项目

---

① 张宝锋.现代城市社区治理结构研究[M].北京：中国社会出版社，2006：103.

② 许杨.美国社区基金会对社区发展的影响[J].产业与科技论坛，2011(17)：118－119.

运作促进本区域可持续发展。

五、“互联网+”社区治理

“互联网+”社区治理的界定就是将“互联网+”手段与社区治理内涵相结合，构成了近年来社区治理的创新概念。

什么是“互联网+”？根据《国务院关于积极推进“互联网+”行动的指导意见》，“互联网+”是把互联网的创新成果与经济社会各领域深度融合，推动技术进步、效率提升和组织变革，提升实体经济创新力和生产力，形成更广泛的以互联网为基础设施和创新要素的经济社会发展新形态。由此可知，若将其运用于社区治理之中，互联网则会成为推动社区治理的强大力量。

那么，什么又是“互联网+”社区治理？“互联网+”社区治理就是运用互联网、云计算、物联网等信息技术，在对现有数据深入挖掘的基础上，进一步拓宽智慧社区建设渠道，搭建供需双向信息对接平台，提高政府公共服务供给效率，满足广大社区居民自身个性化需求的新型社区建设方式。① 具体而言，“互联网+”将在社区治理的环节，即社区公共文化服务、社区生活服务、社区医疗卫生服务、社区养老服务、社区教育服务等领域发挥重要作用。

① 何继新，李原乐.“互联网+”背景下城市社区公共服务精准化供给探析[J].广州大学学报(社会科学版)，2016(8)：64-68.

第二节　上海社会组织参与社区治理创新发展的背景

我国的城市基层管理体制改革开放前主要是以全能型政府为管理主体，以行政命令和强制手段为主要方式，以“单位体制”和“街（道）居（委会）体制”为基础，以户籍制度、职业身份制度和档案制度为保障，以维护社会稳定为主要目标。[①] 改革开放后特别是 90 年代以来，随着单位制的解体，中国基层治理迎来重大变革，以社区建设为核心开始了不同以往的基层治理工作。中国城市基层社区建设的提出有极为特殊的时代背景，它是全能主义政府和集中计划经济的“单位制”向现代社会转型的一种必然产物。在这一转型过程中，城市基层的社区建设不断走向社区治理。[②]

改革开放以来，政府在社会福利方面的改革，使得传统的国家政府、企事业单位的福利角色逐渐弱化，而个人、家庭和社区在养老、医疗、住房等福利领域承担更加明显的责任。个人也从对单位的依赖更多地走向社会。随着我国经济体制改革的全面深入，新型城镇化的加快，城市单位所有制日渐式微，城市居民的单位意识也早已淡化，城市社区成为个体生活的重要空间，构成了中国城市社会结构的基础。社区正逐渐替代居委会，成为居民参与公共事务管理和公益事业的主要场所，成为居民社会交往的共同

---

① 顾朝曦.充分发挥社会组织在城市治理中的积极作用[J].中国社会组织，2014(11)：8－11.

② 李友梅.我国特大城市基层社会治理创新分析[J].中共中央党校学报，2016(2)：5－12.

体。近些年来，随着政府改革的推进，大量的行政事务性工作重心开始下移，急需进入社区，而作为基层主要治理主体的街道办事处和社区居委会显得应接不暇、捉襟见肘。[①] 在这种情况下，“上面千条线，下面一根针”，成为对街道办事处和社区居委会日常工作的形象比喻，其常常身处各种矛盾发生的第一线，对此的妥善处理、解决极大考验着基层工作人员的能力和智慧。

由此共治的作用凸显了出来，共治是现代化社会治理的基本理念，强调治理主体的多元性、治理机制的非对抗性以及利益取向的可协调性。[②] 社会共治是指政府、社区组织、其他非营利组织、社区单位、公民、合作提供社会公共产品和服务，优化社会秩序，推进社会持续发展的过程。[③] 基层的这“一根针”如何串起“千条线”？可充分发动各类社会组织，使其成为基层治理可靠助手，多元的具有一定能力的社会组织一旦形成，将极大转变基层治理的基本生态，使其从“上面千条线，下面一根针”，逐渐发展成为“上面千条线，下面一枢纽”，街道和社区在探索实践中将行政事务进行拆解交托给社会组织，对其进行监督评估，由划桨转向掌舵，在减负的同时利用社会组织资源进行增能，在社区共治中需要社会组织协同参与。社区治理是一个涉及各个生活领域、内容庞大、工作繁杂的开放性系统工程，不断探索创新社会组织参与基层社会治理的活动方式和内容，是社会组织在基

① 郭广雷.上海市社会组织参与社区治理研究[D].上海：华东师范大学，2009.

② 唐亚林，郭林.从阶级统治到阶层共治——新中国国家治理模式的历史考察[J].学术界，2006(4)：61－68.

③ 金国坤.国家治理体系现代化视域下的行政组织立法[J].行政法学研究，2014(4)：72－80.

层社会治理中充分发挥作用的关键性因素。

就上海市基层城市空间格局而言，随着一元化权力本位的单位制的瓦解，基层空间由单一的“生产—分配—居住”纵向简单管理走向复杂化，由此形成了基层空间和基层权力的辩证关系，强调权力与空间辩证关系的空间概念被定义为“领域”，以表征人类社会及其机构试图控制及主导竞争、冲突、合作等过程的空间产物。中国已进入社会发展的新时期，无论是社会管理还是经济发展都愈来愈强调权力的配置。公共空间争夺、城乡空间管制、自治与管治等议题背后均有权力空间的含义。领域研究将社会空间背后隐含的权力关系具象化为领域的建构和竞争，这一视角对于解读上述权力—空间问题，构建合理的权力—空间机制无疑具有重要的探索意义。[①] 不同于改革开放前基层空间按单一的政治空间逻辑塑造，注重强调对基层空间控制和动员能力，改革开放后随着中国共产党的收缩与调试，基层空间的政治属性在淡化，社会属性在强化，随着经济社会的变迁，出现多元化的趋势。空间的形式与过程由整体社会结构的动态所塑造。一方面，空间中包括了依据社会结构中的位置而享有利益的社会行动者之间的矛盾以及相互冲突的价值和策略所导致的矛盾趋势；另一方面，通过作用于既有的社会—空间结构所创造的环境，社会过程也同样影响着空间。[②] 上海市由计划经济条件下的封闭全国工业生产基地转型为现代化国际大都市，基层空间治理的逻辑也在经历重构和转型，其中最具标志性的事务就是基层空间中出现了多元化的社会力量，积极同基层权力合作，参与基

① 刘云刚，叶清露，许晓霞.空间、权力与领域：领域的政治地理研究综述与展望[J].人文地理，2015(3)：1－6.

② 曾文，张小林.社会空间的内涵与特征[J].城市问题，2015(7)：26－32.

层治理，不断重新塑造着上海市基层空间格局。政府对社会组织参与社区治理空间的引导和监督，体现了政府社会管理职能的转变，符合“小政府，大社会”的社会治理理念，能够给予社区社会组织充分的发展空间，实现其职能，为社区居民提供便利、便捷的服务，满足社区居民的生活需要，发挥社区社会组织的桥梁作用。①

上海市在引入社会组织参与社区治理的过程中，注重思维方式转变和制度创新，各区在具体实践中不断创新社区治理，逐渐形成了新的政社关系模式，注重建立社工、社区、社会组织“三社联动动”机制，充分发挥社区、社会组织和企事业单位资源补充作用，不断调动社会组织参与基层实际治理的积极性。成立社会组织服务中心，其中天目西路街道的做法具有一定典型性，天目西路街道引入了一家市级社会组织——上海卓越公益组织发展中心，由他们来承接天目西路街道社会组织服务中心发起的服务项目。卓越公益组织发展中心被引入后，对社区内的社会服务组织开展调查工作，有针对性解决存在的各类问题，使公益项目和居民的实际需求进行精准对接，力求天目西路街道的社会组织和公益项目能够生根发芽，发挥出最大的社会效应。同时街道把社会组织建设与党组织建设同步规划、同步实施。② 成立于 2006 年的上海新途社区健康促进社，是一家由社会力量发起的，专业从事社区健康促进和社区能力建设的 5A 级社会组织。上海新途社区健康促进社已在上海、北京、青岛和成都成立的 30 多个社区开展了大量的社区能力建设及健康教育与培训等工作，成功组建和培育了约 60

① 李雪萍，曹朝龙.社区社会组织与社区公共空间的生产[J].城市问题，2013(6)：85－89.

② 静安区社会组织服务中心组织开展了对天目西路街道社服中心建设的调研.http：//stj.sh.gov.cn/node1/n12/n75/n78/u1ai68315.html.

支社区基层健康大使服务队伍，为10万户家庭带去了福音。其开展的主要项目有常青藤计划，基于社区、面向家庭的慢性病预防综合解决方案，在社区建立预防性服务设施，以此为基地展开健康生活方式倡导、患者同伴教育、疾病早期发现和转介；斯迪克计划，通过与政府合作，发展以社区为平台、以家庭为核心的残疾人自助与互助服务模式，动员和整合多元化社会资源，开展基于社区的残疾预防、康复和支持服务，帮助残疾人重建生活，建立关系，发展潜能，恢复功能等。①

一、上海社会组织参与社区治理的新观念和新制度

上海社会组织参与社区治理的观念和制度都有所创新，具体反映在两方面，其一，价值观念创新，从传统行政管理转变为多元共治；其二，制度安排创新，为社会组织参与社区治理提供政策空间。

（一）价值观念创新，从传统行政管理转变为多元共治

从1994年《关于加强城市街道工作的意见》《上海市街道办事处工作规定》到2015年《关于进一步创新社会治理加强基层建设的意见》，上海在社区治理方面进行了大量的探索实践并发布了大量规范化文件。在社会组织参与社区治理方面，早在1998年，上海市民政局就提出“社会组织进社区”，并开始大力扶持、培育社区中的社会组织力量并引导其在社区建设中发挥积极作用。上海市委在2002年出台的《关于进一步推进本市社会组织参与社区建设与管理的意见》中，把社会组织作为社区建设的重要载

① 上海新途健康社区促进社官方网站.http：//www.xintu.org/.

体，提出要积极培育发展社区公益性、服务性社会组织。2002 年以来，上海相继出台了《上海市促进行业协会发展规定》《上海市募捐条例》《上海市行业协会暂行办法》和《关于加强本市社会组织建设的指导意见》等地方性法规和政府规章，完善了社会组织政策框架，为社会组织参与城市基层治理奠定了政策保障。2011 年，上海市召开社区工作会议，提出将社区定位在街道和居委会两个层面，实行街道层面的“共同治理”和居委会层面的“居民自治”相结合的社区建设思路，以区域化党建、网格化管理和社区委员会为抓手，注重社区共治的平台建设，通过共治强化社区公共管理。2014 年上海市委更是把“创新社会治理，加强基层建设”列为 1 号课题，并研究形成“1 + 6”系列文件。2015 年初以来，上海市举全市之力推动调研成果落地，把握“社会治理的核心是人、重心在城乡社区、关键是体制创新”的要求，积极探索走出一条符合特大型城市特点和规律的社会治理新路子，为此成立了推进领导小组，明确组织和民政部门要积极发挥在城乡社区治理中的牵头作用，系统谋划、整体推进。

（二）制度安排创新，为社会组织参与社区治理提供政策空间

为贯彻《关于进一步创新社会治理加强基层建设的意见》的一号课题成果，进一步“激发社会活力、形成社区治理体系”，引导社会组织参与社会治理，上海市民政局、社团局在 2015 年联合有关部门出台了关于社会组织的“121”系列政策文件，即《关于加快培育发展本市社区社会组织的若干意见（试行）》《关于加强本市社会组织服务中心建设的指导意见（试行）》《上海社区基金会建设指引（试行）》和《建立上海市承接政府购买服务社会组织推荐目录（试行）》，重点解决参与社区治理的主体问题、引导社会组织参与社区治理的平台问题、参与社区治理的资源问题、购买服务承接主体的

资格问题等四大问题。2016 年 6 月上海市委召开进一步推进社会组织参与社会治理专题会议,会议通报了《关于进一步推进社会组织参与社会治理的工作方案》,《方案》提出重视发挥社会组织在社会治理中的作用,扶持、培育、发展好社区生活服务类、社区公益慈善类、社区文体活动类、社区专业调处类等四类社区社会组织;完善政府购买社会组织服务的项目管理,推动社会组织参与政府购买服务;并加强社会组织党建引领和人才队伍建设。同时,上海市委连续五年召开“创新社会治理,加强基层建设推进大会”,在 2018 年 4 月的会议上,市委书记李强指出“要拓宽参与领域,凡是社会能办好的,就尽量交给社会力量承担,凡是适合市场、社会组织承担的,都可以交给市场和社会组织承担。”

二、区级社区治理探索创新,构建新的关系模式

上海市各区在对社区治理创新发展的探索工程中,形成了一系列具有示范意义的项目案例,在全市乃至全国发挥了标杆引领作用。上海市杨浦区以“社区睦邻中心”建设入选 2014 年度中国社区治理十大创新成果。2014 年 1 月,民政部确认第二批 31 个全国社区治理和服务创新实验区,上海市徐汇区、杨浦区以及浦东新区成功入选。2015 年 7 月,上海市静安区成为全国第三批社区治理和服务创新实验区。上海市各区级层面社区治理创新发展,形成了新型政社合作关系。

(一) 有效整合公共服务设施资源,推进社区建设

社区公共活动的场地及经费是困扰社区治理的一大难题,杨浦区的睦邻中心以空间为抓手,不断拓展社区公共活动的内涵、外延。

“敦亲睦邻，守望相助”发源于基层社区的睦邻中心，最初是为居民开辟公共活动空间，几年运转，它们逐渐成为社区自治的枢纽，成为社区、社会组织、政府携手推进社区治理的载体。2009 年，杨浦区延吉新村街道对延吉四村小区内一块 1 300 多平方米的公共用地进行改造，迁走了原先的银行网点、仓库、煤气灶店家、私人服装厂，重新设计装修，建成全新的居民活动场所，取名“睦邻中心”。街道以政府购买服务的方式，委托社会组织管理、运营睦邻中心。现在，延吉陆续建成四个睦邻中心，引进了大大小小十几家社会组织提供服务。延吉街道的成功经验成为杨浦区社区治理创新发展的主要特色品牌，正在杨浦区全区推广。杨浦区社区睦邻中心的功能定位是“百姓家门口的会所”，以向社区居民提供便捷的生活服务和促进居民之间交流互动为价值导向。睦邻中心由社会组织运营、百姓自下而上参与管理。“十三五”期间，在现有的 24 个睦邻中心基础上，用两年时间建成不少于 50 个睦邻中心，让辖区居民步行 15 分钟就能抵达最近的中心，从而打造一个和谐共治的睦邻社区。社区睦邻中心的建设特点是注重政社合作、三社联动，大部分社区睦邻中心依托社会组织管理，融入了更多的柔性管理内涵，采取了社会化手段，消淡了行政化色彩。①

（二）推进信息化建设，打造智慧社区

社区治理充分与新技术应用相结合，有助于提升社区治理效能和社区主体沟通效率，徐汇区社区治理在运用信息技术方面很有成效。

据上海市经济信息化发展研究中心发布的《2016 上海市智慧城市发

① 杨浦社区睦邻中心：家门口的会所. http：//www.shanghai.gov.cn/nw2/nw2314/nw2315/nw15343/u21aw1262335.html.

展水平评估报告》，徐汇区在全市各区中位列上海市“智慧城市”发展水平首位。多年来徐汇在“智慧城市”“智慧社区”建设方面做了大量工作，拥有非常好的基础：徐汇目前已实现99%的光网覆盖能力，光纤到户累计覆盖超过44.24万户，完成309幢商务楼、813个居民小区的光缆接入，而新建小区、楼宇实现100%能力接入，家庭宽带中光网用户占比达到77%。徐汇区于2011年对原办公自动化系统——(OA)系统进行全面升级，目前区政府电子政务平台已覆盖了全区各处级单位、街道(镇)和基层居委会，有效提升了机关办公效率和政务服务效能。此外，徐汇各部门开发了各自的网上业务系统，并做到与市级系统对接，建立起数据库等。另一方面推进徐汇商圈、社区和园区等智慧项目的建设，打造智慧商圈、惠及民生项目的智慧应用平台和智慧园区。2015年12月，“徐汇样样通”正式上线，“样样通”作为线上移动互联网平台，将各个领域的资源进行整合，致力于打造一站式社区生活服务平台，创设智能化虚拟社区。徐汇区的市民可以实现大到政务黄页资讯、智慧街道实事办理，小到在线生活缴费、网购、订餐等的一站式服务。

（三）自治共治创新，提升社区治理服务

社区治理多元力量共同参与，形成协力，这方面浦东新区开展了诸多有益探索。

浦东新区紧密围绕国家和上海市关于创新社会治理、加强基层建设的目标任务，依托浦东新区综合配套改革和自贸区建设的契机，健全、完善党领导下的社区治理体系，不断提升社区治理水平。在此过程中，各类社区社会组织不断壮大。目前，浦东新区发展社区社会组织567家，其中生活服务类94家、公益慈善类370家、文体活动类46家、专业调处类57家。

浦东新区共有社会组织 2 019 家，其中社会团体 385 家，民办非企业单位 1 630家，非公募基金会 4 家，总量占全市的近七分之一，另有备案的群众活动团队 6 300 余家，进一步满足了社区居民群众需求，促进了社会服务和社区发展。与此同时，一批专业社工团队得到培育和激励。目前，全区具有国家职业资格证书的社会工作者已发展到近 3 000 人，拥有专业社工的机构 38 家，约占全市的 60%，初步建立起梯次发展、严进严管、激励导向的高端专业社工人才体系。①

（四）进行创新项目评选，改进工作方式

从 2007 年以来，静安区全力推进社会组织培育发展工作，在全市率先创建了“1＋5＋X”枢纽型社会组织管理模式，建立了政府购买社会组织公共服务工作机制，出台了立足静安、辐射上海的社会组织发展专项资金激励制度，以群众需求为导向，以政府购买服务、项目化运作和“三社联动”（社区、社会组织、社工）为抓手，着力转变服务管理方式，激发社会组织活力，发展和孕育了一大批社会组织，并积极引导社会组织和社区需求精准对接。

静安区委、区政府高度重视基层社区治理，把满足群众需求、增进人民福祉作为推进社区治理工作的根本出发点和落脚点，聚焦夯实基层基础，聚焦基层社区治理创新，以理念思路、体制机制和方法手段的创新实践，进一步推动基层社区治理迈上新台阶。各街道（镇）、各居委会在社区治理领域不断深耕、探索、创新、实践，因地制宜实施了各具特色的创新实践项目，

① 浦东新区通过全国社区治理和服务创新区验收. http：//www.shanghai.gov.cn/n w2/nw2314/nw2315/nw15343/u21aw1197895.html.

取得了一定的成效，涌现出了许多具有推广价值的新理念、新模式、新方法和新机制，治理水平显著提升，社会协同力量逐渐壮大，群众满意度、获得感持续增强。在创新项目上，静安区民政局和区社建办于 2017 年 5 月启动全区社区治理十大创新项目评选，各街镇共申报了 87 个项目，涉及社区服务、共治自治等各方面，将传统群众工作方法和现代互联网、大数据技术有效结合。①

各区在具体探索过程中，产生了新的政社关系模式。社会组织通过承接政府职能和促进政府职能转变，构建新型政社合作关系。传统社区治理由政府主导，因长期以来的资源配置与观念影响，政府一直作为社区治理的主导方存在，政府为社区的基础设施建设投入资金并辅以人力物力保障，掌握社区内几乎所有资源，向社区派驻工作人员等。社区治理创新强调社会组织等多元主体参与，社会组织通过同其他主体合作治理，有助于改革基层政府管理体制，增强基层政府的服务功能，从而形成新型政社关系，促进政府职能的转变。② 在此过程中，社区治理主体由政府主导转变为政府与社会组织、居民自治组织等协同。上海市社区治理创新过程中，社区治理的主体变成政府与社会组织、居民自治组织等协同，政府以购买服务的方式引进具有资质的社会组织、企业商家进入社区提供服务。

上海在社会组织参与社区治理创新发展的基本工作思路是在党委领导、政府负责的前提下，充分激发社会多元治理主体的活力，高度强调社会

① 静安区评出社区治理十大创新项目. http://sh.people.com.cn/n2/2017/120 5/c370312 - 30997824.html.

② 郭广雷.上海市社会组织参与社区治理研究[D].上海：华东师范大学，2009.

组织对社区治理过程的参与，打造共建、共享、共治的社会治理格局，进而化解社区中存在的纠纷矛盾。

第三节　上海社会组织参与社区治理创新发展的方式

从全国首家以“社区”命名的基金会到首家社区公募基金会，再到“社区基金会创投大赛”筛选培育公益项目，编制《社区基金会公益项目手册》，上海积极引导和推动社区基金会发展，服务社区参与社区治理。上海市社会组织参与社区治理创新发展的过程中，社区基金会的规模化发展和社会组织运用“互联网+”的形式参与社区治理不断取得成效。上海市在培育、扶持社区基金会方面形式系统化，社会组织运用“互联网+”的形式参与社区治理效果明显，有助于为其他地区提供参考、借鉴。

一、社会组织参与社区治理创新发展的新动向

社会组织参与社区治理创新发展的新动向为社区基金会的规模化发展趋势下的社区治理。它通过该方式实现社区资源整合，促进社会组织和社区相伴发展，营造社区公益文化。

（一）社区基金会的规模化发展

社区基金会的规模化发展产生了一定的发展成就，且对社区发展起到了一定的推动作用。

上海市是国内率先尝试社区基金会的省市，从其发展历程来看：2012年9月，上海市批准成立了上海美丽心灵社区基金会，是全国首家以“社区”命名的基金会；2013年9月，上海市批准成立“上海洋泾街道社区基金会”，成为全国首家社区公募基金会；2014年12月，上海市委、市政府出台“1+6”文件，即《关于进一步创新社会治理、加强基层建设的意见》和6个配套文件，其中规定，街镇设立社区发展基金(会)要为社会资金支持社会力量参与治理创造条件；2015年6月，上海市民政局、上海市社会团体管理局联合发布《上海社区基金会建设指引(试行)》，明确社区基金会设立的基本原则和规范要求，鼓励市区两级民政部门和街镇为社区基金会发展提供保障；[①]2016年1月，上海市普陀区民政局发布《普陀区社区基金会管理办法》，在区级层面，进一步强化了对社区基金会的管理和规范，这在一定程度上，推动了社区基金会的建立和发展；2016年，上海市社团局协同市委办公厅、市财政局、市社会工作党委等部门，制订了《关于进一步推进社会组织参与社会治理的工作方案》，方案要求系统推进解决社会组织参与社会治理的瓶颈问题，同时明确推动有条件的街道(乡镇)成立社区基金会。

在市区政策的推动下，截至2017年底，上海市登记注册的社区基金会共有72家，约占全市街道(乡镇)数量的33%，占上海市基金会总数的六分之一。其中，普陀、虹口、徐汇、杨浦等四个中心城区将率先实现街镇社区基金会全覆盖。72家社区基金会的原始基金总量已经达到1.6亿余元，净资产总额超过2亿元；累计开展公益项目600余个，公益支出2 000余万

① 上海社会组织年度发展报告(2017).

元，服务社区群众 50 万人次以上。在上海市社区基金会发展过程中，涌现出了洋泾街道社区基金会、美丽心灵社区基金会、长寿街道社区基金会、陆家嘴街道社区基金会等一批发展较好的基金会，其中美丽心灵和洋泾街道等两家社区基金会已通过 4A 级社会组织规范化评估。它们所开展的公益项目分别被评为上海市公共文化建设创新项目、浦东新区社会建设十大创新项目。[①] 经过近三年的运作，上海市社区基金会坚持需求导向，围绕社区基层治理，积极创新公益项目，扩大资金来源，数量规模全国领先，影响和作用日趋显现。

2018 年 3 月，在上海市社会团体管理局基金会管理处的指导，以及浦东新区、杨浦区、普陀区、虹口区、徐汇区等社团局的支持下，上海新力公益基金举办了名为“新力杯”的首届上海社区基金会公益创投大赛，该项目旨在通过比赛的方式，在全市范围内筛选出有潜力的社区基金会公益项目。45 家社区基金会 102 份项目申请书，经过为期 3 个月的社区基金会创投大赛，2018 年 6 月经过评委会初审、正审决出 15 个优秀奖、15 个鼓励奖、39 个参与奖。通过此次活动集中展示本市社区基金会的风采，进一步提升了本市社区基金会的项目运作能力，产生了良好的社会反响。

（二）社区基金会创新社区治理的主要作用

社区基金会创新社区治理的主要作用，包含三方面：

第一，加强资源整合，促进社区共治格局形成。社区基金会较之于

---

① 蒋蕊.让爱的阳光照进社区每个角落——上海市社区基金会培育发展情况综述[J].中国社会组织，2017(24)：16－19.

其他社会组织,最特别之处在于它更易吸纳本社区的资源,社区基金会有自己的财产,一方面来自其注册资金,一方面可以吸纳多方资源。在资源层面,于社区基金会根据自身属性定位,发挥了作为整合社区资源的重要主体作用,推动了社区协商共治。城市政府,不论是区政府还是街道办事处,都希望社区基金会能够筹措更多的资金,调动社区居民积极性参与各种志愿活动。社区基金会,作为资源集聚的平台,也需要得到政府的大力支持,把汇聚起来的资源再投放到社区服务中。[①] 杨浦区延吉社区公益基金会通过引导企业履行社会责任,由 12 家企业和单位共同出资 500 多万元,形成了社区公益基金会的基本构架,并通过居民议事会、听证会、专家论证会等协商民主机制,完善了公益项目的民主决策程序。

第二,提供资金供给,促进社会组织和社区相伴发展。社区基金会较之于政府资金,资金使用上相对灵活,针对社区需求,一方面可以通过在内部立项,以项目化的方式支持居民自组织;另一方面也可以通过购买专业社会组织或社工机构的服务,来满足社区居民的需求,并因地因时制宜采取一些创新的方式。社区基金会有足够的资金,而其他社区社会组织则熟悉社区事务,拥有较多富有经验的专业人员,只有资金与人员充分有机结合起来,才能把社区事务做好。社区基金会对社区社会组织的培育支持主要有如下两点,一是培育扶持社区活动团队,支持社区街道层面群众团体开展互益、公益活动,促进社区和谐稳定,如普陀区长征镇社区基金会等,社区居民活动团队也可以通过项目形式,申报资金,

① 徐家良.中国社区基金会关系建构与发展策略[J].社会科学辑刊,2017(2):58－64.

开展活动；二是资助社区社会组织服务活动项目，为规模小、资源少的社区社会组织及时输血，使其工作和项目开展得到资金保障，如万里街道社区基金会等，就以项目的形式从一百多个项目中筛选出契合社区社会组织发展的项目。

第三，提升社区意识，营造社区公益文化。从功能角度来看，学界和实务届普遍认同社区基金会要努力承担起社区领导者的角色，不仅承担筹集资金、分配资金的任务，更重要的是动员社区居民共同参与资金的筹集、资源的争取，并组织居民通过合法途径维护社区权益。① 由于血缘、地缘的原因，那些居住在同一社区的人们蕴含着丰富的社会资本。社区基金会通过培育和发展社区社会资本，能够在社区内部形成关于本社区的广泛认同感乃至共同体意识。2016 年 10 月底的“公益伙伴日”系列活动中，上海洋泾社区公益基金会、上海陆家嘴社区公益基金会、上海凝心聚力社区发展基金会与其他执行机构一起积极参与到“社区基金会与社区多元共治”的活动筹办中，与广大公益伙伴分享自身的公益实践活动，极大地推动了社区发展意识的形成。②

二、社会组织参与社区治理创新发展的新内容

社会组织参与社区治理“互联网＋”创新发展，可以降低组织成本，收集各类信息，开展适宜当地发展和居民需求的活动。

---

① 吴磊.“合法性—有效性”框架下社区基金会发展的影响因素分析——基于上海和深圳的案例[J].社会科学辑刊，2017(2)：65－71.

② 马国平.上海社区基金会促进社区共治格局形成[N].中国社会报，2017－06－09(1).

（一）积极推动社区工作服务“互联网+”化，降低组织运营成本

美国计量经济学会主席、经济学家哈罗德·霍特林指出，公共产品和服务会以“边际成本”进行销售，而社区治理边际成本在“互联网+”的背景下往往极低，甚至为零，社区居民因此就会获得“最佳公共福利”。上海市社区社会组织由于采用了“互联网+”技术，除了平台建设、少量的运营维护等初期投入外，今后很多服务都能利用“互联网+”免费提供。① 在“互联网+”社区治理中，社会组织通过科学整合各个社区社会组织以及社区社会组织各部门的资源和优势，将志愿者招募、活动报名、活动开展等智能打包归纳在官方微博、微信公众号、微信群上，设置友好的使用界面和便捷的使用方法，公众可以通过移动互联网一个入口就在线享受社会组织的所有服务。在提高社区居民体验和满意度的同时，无纸化办公和相应的耗材节省，以及人力资源重新优化配置，将社区社会组织工作人员从传统的黑板报、墙纸布置以及挨家挨户登门拜访中解放了出来，从而降低了的社区社会组织的运营成本，实现了服务方式创新和成本控制的双赢局面。

（二）构建社区数据资源收集平台

传统的社会治理实践中的信息收集往往是主动的过程，居委会或基层政府通过一个个小区、居民小组、楼栋的动员来完成获取社区居民和组织信息的任务。社区社会组织往往也会利用上述数据，作为服务对象信息的基础信息。但从长远来看，利用服务采集和更新信息是必然的趋

① 王成蹊.“互联网+”背景下的城市社区治理创新研究[D].上海：华东政法大学，2016.

势,换句话说,就是在上述信息的基础上开展其他信息的采集。[①] 这就运用到"互联网+"技术,上海市通过构建社区综合管理信息系统("社区云"),探索了"一库一包一入口"的信息收集系统。"一库"是指构建的人、户、房基础数据和条线人口特征的社区基础信息数据库;"一包"指的是"便民服务政策包",为居村委"全岗通"提供信息话支撑;"一入口"就是建设一个信息系统统一入口,为市、区条线部门收集基层信息提供功能接口。

(三)开展适宜当地发展和居民需求的活动

根植于本乡本土的社区社会组织,熟悉社区的风土民情,能根据社区居民不同的条件、能力,开展"互联网+"相应的科普和培训工作,更有针对性也更加有效。因此在运用"互联网+"创新社区治理中,社区治理应充分发挥社会组织的催化剂作用,搭建政府和社区居民之间的桥梁纽带,推动线上线下的有机串联和深度融合,实现真正的"互联网+"。如杨浦区探索引入社会组织参与社区公益服务,通过政社合作,有效调动社会力量,推进多元主体的社区治理格局。以街镇为主体,按照3～5个居委会划分为一个片区的原则,在延吉新村街道探索建设"一站式"的涵盖多种社区服务功能、覆盖社区全人群的社区服务综合体——睦邻中心。睦邻中心旨在打造"百姓家门口的会所",在进行需求调研的基础上,以"屋"的概念划分空间和设置功能,建立了以"互联网+"社区综合服务的"智慧屋",满足居民网上阅读、网上购物等需求。

---

① 宋煜.社区治理视角下的社区社会组织信息化问题研究[J].学习与实践,2014(9):95-102.

三、社会组织参与社区治理的新方式

2017年"两会"，习近平总书记在参加上海市代表团审议时强调，走出一条符合超大城市特点和规律的社会治理新路子，是关系上海市发展的大问题，城市管理应该像绣花一样精细。城市精细化管理，必须适应城市发展，要持续用力、不断深化，提升社会治理能力，增强社会发展活力。社区治理"互联网+"涉及诸多主体和问题，要发挥社会组织在精细化治理中积极作用。具体而言，就是要运用"互联网+"关注边缘群体，配合政府行动；聚集社会资源，提供"互联网+"服务；利用相关网络信息平台，提升社会组织在社区的宣传动员能力。

上海市在应用"互联网+"参与社区治理中进行了诸多有益探索实践，例如宝山区"社区通"、浦东新区智慧社区、徐汇区社区治理综合信息系统、杨浦区"e睦邻"、静安区社区分析工具等，它们均是以服务居民需求为导向，充分运用网格理念和现代信息技术，推进新型社区管理发展。此外，还存在国安社区、点赞网等以商业形式创新社区治理的模式。在"互联网+"创新上海市社区治理的过程中，上海市诸多社区社会组织都积极行动参与进来。

（一）关注边缘群体，配合政府行动

"互联网+"创新社区治理不是智识精英阶层或高档住宅、办公楼的专属物，应惠及社区大众和每一寸角落，这离不开相应的教化培养，需要线上线下共同发力，不忽视不遗忘社区每一位成员，使社区成员都能感受到互联网的魅力并积极应用互联网，这才是真正的社区治理"互联网+"。这样

的工作像绣花一样精细，需要时间、精力、耐心、毅力去走访宣传、答疑解惑，在社区政府力量已有大量日常行政工作而分身乏术，企业力量因其中利润微薄而积极性不足时，社会组织在推广普及社区“互联网 + ”的作用就凸显出来。社会组织的比较优势主要表现在可承接街道社区政府转移出的职能，社会组织通过开展各种社区活动完善社区公共服务和“互联网 + ”建设，确保社区居民都能充分享受到“互联网 + ”的益处。

（二）募集社会资源，提供“互联网 + ”服务

与街道街区主要依靠上层政府财政投入相比，社会组织在资金来源渠道方面呈多样化形态，主要有社会捐赠、政府资助、会费收入、投资收入、产业收入等。社区治理“互联网 + ”通常面临初期基建投入经费大，和各种配套经费投入多的问题，在街区政府经费有限的情况下，街区社会组织通过各种公益性、慈善性的筹资活动，吸纳各种社会捐赠和社会闲置资金，为社区“互联网 + ”的建设和日常运营提供一定的资金支持。

（三）利用相关网络信息平台，提升社会组织在社区的宣传动员能力

相比传统的通过报纸、户外广告等传统媒体的宣传方式，互联网宣传手段克服了时空的限制，覆盖和影响的人群更为广泛。社区社会组织通过运营官方微博、微信公众号及时在上面发布社区工作服务动态等相关信息，传播相关理念，维护社区和谐稳定。社区社会组织官方微博、微信公众号乃至微信群有着成百上千的社区居民粉丝，其在社区中发挥着广泛影响。在这些平台上，社区居民通过留言、讨论等方式对社区社会组织的工作服务提出问题、建议，社会组织及时反馈并采纳合理意见，对后续工作进

行改进，既提高了工作水准，又密切了与社区居民的联系，实现线上、线下有机结合。如普陀曹杨新村街道利用“曹杨益家”互联网平台对接社会组织，现已形成五大板块，“项目对接”“组织风采”“新闻资讯”“案例精选”“咨询答疑”。通过互联网信息技术，架起了社会组织与居民区的桥梁，通过信息化手段扩大社区自治项目的来源渠道，优化项目对接流程，提升项目落地率，助力社会组织深耕社区、惠及百姓。[①]

第四节　上海社会组织参与社区治理创新发展的案例

一、上海洋泾社区公益基金会

洋泾社区面积约 7.38 平方公里。随着浦东地区二十多年的快速发展，洋泾社区逐渐发展为一个融合浦东原住民、浦西动拆迁户、新上海人、外来务工人员甚至国际友人的多元城市中心社区，社区总人口约有 16.8 万，其中流动人口约占 29%，而老年人口已约占社区户籍人口的 23%。洋泾社区内有 117 个住宅小区，38 个居委会，25 所幼儿园、中小学和职业学校，4 所敬老院和 3 家医院等实体。在难以完全依靠政府单一主体去满足日益多元的社区需求的背景下，洋泾街道办事处发起成立了洋泾社区公益基金会，并使其成为上海市基层政府探索社会管理创新

① “曹杨益家”网站.http：//www.caoyangyijia.cn/.

的一个试点。①

上海洋泾社区公益基金会于2013年8月9日在上海市社会团体管理局注册登记，是一家具有基金会法人资质的非营利组织，由上海市民政局担任业务主管单位。基金会希望通过资源整合建设基层公益行业生态，通过社区营造重塑城市邻里关系，通过第三部门推动基层社区治理转型，从而实现人人参与的和谐社区。洋泾社区基金会是我国最早一批公募性质的社区基金会之一，其成立以及公募资格的获得主要受政府行政力量的推动，其原始注册资金400万也基本由洋泾街道办事处出资。

好的社区公益项目有利于整合社区资源，动员社区参与，凝聚社区力量，把分散的个体居民，吸纳到不同的社区社会组织，使居民的个体参与转化为集体行动，形成社区建设的良性机制。洋泾社区公益基金会除了进行资金筹集、运营等基本工作以外，还主动投身到社区公益项目实践探索中。在项目安排上，坚持问题导向，把居民的需求和社区利益相关方的需求与社区的资源禀赋结合起来，坚持群专结合，既有专业人员参与指导把关，又有社区单位、社区居民、社工和其他社会组织参与，形成了一系列具有自身优势特色的品牌项目。

第一，一日捐活动。洋泾社区慈善联合捐是由浦东新区民政局牵头，每年11月至来年2月组织的各街镇联合的募捐行动，以往捐款由上海市慈善基金会浦东分会收取，从2014年第十三届洋泾社区慈善联合捐的款项开始由上海洋泾社区公益基金会接受，并负责向公众报告所有款项的使

① 根据课题访谈和网上资料整理。洋泾社区公益基金会网站. http：//www.yjcf.org/project－intro/6.

用情况。洋泾社区公益基金会将根据捐款人的意愿及社区论坛居民讨论的社区重点需求和实施方案，面向全国公开招投标，邀请专业的社会组织来洋泾开展项目和服务，并邀请捐款人及社区居民、居委会参与评审，最终选出合适的社会组织进行资助。

第二，少年志活动。洋泾少年志中学生社区公益挑战赛，是由洋泾社区公益基金会牵头发起的，针对在洋泾地区居住或学习的12～18岁学生推出的社区志愿服务活动。少年志的主要工作模式是通过少年志基金的小额资助及服务学习能力建设每年来支持10～15支中学生队伍在社区实施公益计划，提升学生的协作力、行动力和领导力，并为社区培养未来的优秀公民。

第三，小小志愿军活动。“小小志愿军”洋泾儿童社区公益行动是由洋泾社区公益基金会发起的，为儿童提供参与社区公益服务机会的平台。项目主要针对6～12岁小学阶段的儿童，由儿童组队完成社区公益服务，在对社区做出贡献的同时，也培养儿童的公益意识，提升团队能力和沟通交流能力。“小小志愿军”社区公益服务内容目前主要包括以下几个类别：“小小教师”小小志愿军在洋泾社区图书馆等场所，与其他小朋友分享自己擅长的内容，如科学、历史、自然、好书推荐等；“小小敬老员”小小志愿军在敬老院、老人日托所通过为老人表演节目、与老人一起做手工、做游戏等活动，为老人带来快乐；“小小公益大使”通过街头义卖、劝募等方式，为特定对象募集善款，倡导关爱和行动。

第四，公益市集活动。洋泾生活公益市集是规模性的社区联合义卖活动，为4～12岁年龄段孩子的家庭、学生社团、社区公益组织和企事业单位参与社区公益活动提供平台，同时可以从小培养孩子的社会财经素养，推动孩子对自己赚钱、捐钱和花钱行为进行自我管理。市集之所以叫“洋泾生活”,是为了提倡将做公益作为一种自然的生活态度,更好地体现洋泾人的文化精神。市集的主要内容有三个:一是公益组织和学生社团义卖,并支付一定的摊位费;二是爱心企业义卖,并捐赠所有交易收入;三是4～12岁儿童家庭的亲子跳蚤市场,并捐赠交易收入的10%。为了帮助儿童从义卖中获得更积极的社会经验,基金会将在活动前后组织报名参加义卖的小朋友,参加社会理财有关的培训或者工作坊。

二、宝山区“社区通”

“社区通”是上海市宝山区在贯彻落实“1+6”文件过程中探索出的社区治理创新举措,它运用了“互联网+”技术,创建一站式掌上社区治理云平台,为居民、社区、政府提供以居村党组织为核心、以居村委会为主导、以城乡居民为主体、相关各方广泛参与的党建引领社区治理云服务。① “社区通”拥有平台用户人数为450 000+,覆盖居委446家,覆盖村委104家,覆盖社区902家。②

宝山区运用“社区通”开展社区治理的逻辑起点,是满足居民需求和解决具体问题。从使用方式来看,居民只要微信扫码,经“实名认证”,即可注册成为“社区通”用户,方便快捷。就版块设置而言,“社区通”主要包括“i♥宝山”“党建园地”“社区公告”“办事指南”“议事厅”“左邻右社”“物业

① 徐家良,等.“互联网+”背景下的上海社区治理创新实践经验研究报告[R].上海市哲学社会科学规划系列课题,2017.

② 社区通官网.https://www.juweitong.cn/.

之窗”“警民直通车”“家庭医生”“社区服务”“邻里社交”等版块，版块众多，功能齐全，基本可以满足不同居民的多样化需求。从服务时间来看，可以全天候互动，能 24 小时上传信息，24 小时及时为民服务。

在具体运用过程中，“社区通”形成了多个社区治理特色方式：一是“社区通”监管物业服务，“社区通”推行了针对物业服务的在线监管，实现了小区物业由粗放式向精细化发展，服务效能提升，社区居民的生活满意度增加；二是“社区通”招募社区志愿者，“社区通”在平台上推出了社区志愿者报名机制，拓宽了社区志愿者的来源渠道，提高了社区志愿者的数量、质量和影响力，也在一定程度上带动了社区志愿服务质量和水平的提升；三是“社区通”发布社区活动，“社区通”中发布了一系列“微典型”活动，这些活动主要是为宣扬社区中典型的好人好事而举办，以此弘扬和传承中华民族的优秀传统美德，具体活动如“孝亲敬老之星”评选活动等；四是“社区通”解决居民需求，“社区通”可以成为连接社区居民和社区政党间的桥梁，帮助社区政党充分了解社区居民的生活需求，罗店镇美罗家园佳境苑居民在“社区通”中反映了“停车难”的问题，该社区的党支部及时获知，并予以解决。①

① 宝山区社区通工作领导小组办公室.新起点 新跨越 2017 年宝山区社区通创新实践案例选(2017)[R].

第九章　上海社会组织创新发展的主要经验

新中国成立后推行以单位制为代表的各种资源控制和垄断的社会管理模式，几乎国家控制和垄断了全部主要资源，这就大大加强了国家的力量强度，从而使国家获得对社会的绝对控制权，通过重建国家政治框架，进而用国家政治框架来重新整合社会，这种资源控制模式适应了工业化初期实行赶超战略的需要。① 单位制深刻影响了新中国成立后到改革开放前的中国城市空间格局，其主要特点是经济生产和行政管理高度统合，生产空间和社会空间高度复合，日常行为空间与物质功能空间高度重叠。围绕单位，构成了居民日常行为空间和基本生活圈，形成了中国特有的城市活动空间结构体系。② 旧有体制的逐渐僵化，阻碍了经济效益和治理效率的提高，因此产生了制度变迁的需求。自 1978 年十一届三中全会召开以来，党的基本路线逐渐树立，通过明确以经济建设为中心，坚持四项基本原则，

① 孙立平."自由流动资源"与"自由活动空间"——论改革过程中中国社会结构的变迁[J].探索，1993(1)：64－68.

② 柴彦威.以单位为基础的中国城市内部生活空间结构——兰州市的实证研究[J].地理研究，1996，15(1)：30－38.

坚持改革开放，中国开启了政治、经济、文化、社会等全方位转型，为社会组织生存发展以及发挥积极作用提供了日益广阔的活动空间。

随着改革开放和社会主义市场经济的逐步确立，上海过去的计划经济和单位制走向瓦解，城市的基本定位由全国的重要工业基地转型为社会主义国际化大都市，个人生产、生活严重依附于单位的"动员—生产型"政治空间被打破，衍生出各类经济社会空间，成为城市中各种力量的成长、组合和嬗变的载体。① 由过去高度统一和集中、社会连带性极强的社会，转变为更多带有局部性、碎片化特征的社会。② 上海城市空间结构的演变对社会组织产生了两个方面的影响，一方面城市空间重构与转型为社会组织提供了成长发育的土壤，随着中国共产党从革命党向执政党转型，其在城市空间中的定位和作用也处于收缩和调试中，单纯由传统的党政组织、单位组织对城市空间及各项资源进行垄断和动员的局面，转型为向各类社会组织让渡和分享一定空间和资源，社会组织在事实上发挥了对社会进行部分重新组织的功能；另一方面随着依附于单位制的街居制向社区制转型，纵向封闭的职工家属院落管理模式转变为横向开放的属地治理服务模式，以及政府简政放权和职能转移所产生的各类治理问题，使社会组织在参与基层治理和承接政府服务职能转移方面因自身优势而大有可为。市场经济条件下上海城市空间格局的多元化、差异化需要社会组织发挥更好、更大的影响，起到后单位制时代进行社会再组织和治理参与

① 张京祥，吴缚龙，马润潮.体制转型与中国城市空间重构——建立一种空间演化的制度分析框架[J].城市规划，2008(6)：55－60.

② 孙立平.转型与断裂：改革以来中国社会结构的变迁[M].北京：清华大学出版社，2004：5.

者的作用。

改革开放40年间上海社会组织经过艰苦创业，走上了创新发展的探索之路，形成了自己的特色。通过对近代、当代特别是改革开放以来上海市社会组织变迁的梳理回顾，总结出主要经验，既值得上海市社会组织学习与继承，又可以为全国社会组织和其他省市社会组织借鉴参考，共同促进中国社会组织的繁荣与发展。上海市在对社会组织进行治理的实践探索过程中，基本形成以深化管理制度改革为主线，加快构建社会组织服务支持体系和综合监管体系的工作思路。上海城市治理初步具备社会力量参与基层社会治理的组织基础，积累了社会组织参与社会治理的工作经验，发挥了社会组织参与基层社会治理的独特作用。① 部分区域如浦东新区，坚持"小政府、大社会"的发展理念，构建新型政社合作关系，加大对社会组织培育扶持和监管服务力度，着力形成与经济社会发展相协调、结构合理、功能完善的社会组织发展格局和监督有力、引导有方、民主自律的社会组织管理格局；②上海社会组织创新的主要经验在于，结合城市发展和城市治理的进程，通过政府培育扶持与有效监督，提升社会组织能力，扩大社会组织影响力，在此基础上社会组织通过全方位的参与，积极融入和改造城市空间并深刻着影响城市格局，走出了一条具有上海市城市空间治理特色的"复合嵌入式合作"的创新发展之路。具体又可从上海社会组织创新发展的培育扶持经验、监督管理经验，以及"复合嵌入式合作"三个方面展开分析。

① 魏礼群.创新社会治理案例选(2014)[M].北京：社会科学文献出版社，2015：145.
② 黄晓勇.中国民间组织报告(2014)[M].北京：社会科学文献出版社，2014：265－296.

第一节　上海社会组织创新发展的培育扶持经验

由于上海社会组织发展时间不长，治理结构需要完善，能力水平需要提高，因此，上海市政府为了让本市社会组织有效承接政府职能，开展高质量的公共活动、提供公共高质量服务、产出高质量的公共产品，政府制定了相应的社会组织培育和扶持措施。社会组织培育和扶持主要是指有权机关为了满足社会的公益需求和互益需求，提高社会组织的能力，促进社会组织的健康快速发展，①而对相关的社会组织采取特殊优惠和鼓励的法律法规政策措施的一系列活动。社会组织培育和扶持的内容主要有四方面：第一，市、区两级制定的保障制度和资源供给；第二，对登记管理制度的改革；第三，政府三级联动、政社互动合作与推动社会组织的自我创新；第四，依靠多元方式开展社会组织自身培训。

一、注重市级顶层设计，区级配套完善的制度保障和资源供给

上海市、区两级政府都十分重视制度规划，保障上海市社会组织的发展，并为其发展提供必要的资源支持。

上海市将社会组织发展纳入《上海国民经济和社会发展十三五规划》《上海民政事业改革与发展“十三五”规划》，为此专门制定了《上海社会组

① 徐家良.社会团体导论[M].北京：中国社会出版社，2011：74.

织发展“十三五”规划》。市级相关部门先后制定培育发展社区社会组织、社会组织规范化建设、孵化基地建设、服务中心建设、社区基金会建设、人才队伍建设、涉外服务工作等政策文件。同时，继续引导社会组织建立工资基金和职业年金，推动1 877个社会组织办理工资基金，提高从业人员待遇。以上措施，均有利于提升上海市社会组织发展的社会影响力和运作稳定性，同时改善上海市社会组织的建设质量和自身水平。①

此外，市、区两级政府相继发布《上海市民政局关于进一步完善社区公益服务招投标（创投）管理工作的通知》(2016)、《上海市财政局等关于进一步支持和规范本市社会组织承接政府购买服务工作的通知》(2016)、《关于“十三五”期间促进浦东新区社会组织发展的财政扶持意见》等一系列文件，在这些文件的指导下，全市16个区（县）中，9个区（县）陆续出台了政府购买服务政策，7个区（县）设立了社会组织发展资金，以期通过政府购买社会组织服务或直接为社会组织提供资金补助的形式，助力社会组织发展。根据2016年的数据统计，2012年至2016年，社会组织承接政府购买服务收入平均增长速度为12.27%，其中社会团体增速为18.30%，民办非企业单位增速为10.82%，基金会增速为132%，且2016年上海市社会组织承接政府购买服务收入高达6.99年亿元；从上海市社会组织接受政府补助来看，2012年至2016年，社会组织接受政府补助平均增长速度为27.8%，其中社会团体增速为6%，民办非企业单位增速为31.78%，基金会增速为－12.3%，且2016年，社会组织接受政府补助收入高达109.37亿

① 上海市民政局、上海市社会团体管理局关于印发《上海社会组织发展“十三五”规划》的通知.http：//www.shstj.gov.cn/node1/zhuzhan/n5/n422/u8ai12701.html.

元。从上述描述可以看出，上海市在完善相关制度设计的基础上，正积极推动政府购买社会组织服务，并努力提供社会组织发展所需的相关资源，根据追踪反馈，这些做法已经产出了卓越的成绩。其中，在政府购买社会组织公共服务方面，上海市政府做出了一项创举，即推行公益服务项目招投标和公益创投机制。

上海市在推行公益服务项目招投标和公益创投机制的过程中，涌现出了不同类型的招投标项目，比如于2009年起开始试行的上海市“社区公益服务项目招投标”，它主要面向安老、助残、扶幼、济困等领域，旨在通过招标的形式改变公共服务提供内容单一化、服务方式行政化的现象，同时使有能力的公益性社会组织借由该平台获得公共资金的资助；再比如“上海社区公益创投大赛”，它无预定领域，侧重项目的社区内生性和项目本身的创新性，参赛胜出组织可以获得项目投资，帮助项目落地，提高自身需求捕捉、项目设计和执行等能力和组织公信力等。

二、改革登记管理制度，激发社会组织活力

上海市通过改革社会组织登记管理制度，放宽约束与限制，扩大直接登记的范围，激发了上海市社会组织的建设和发展活力。

2014年4月，上海市民政局制定《上海市社会组织直接登记管理若干规定》，对社会组织的类型范围进行了区分界别，对行业协会商会类、科技类、公益慈善类、城乡社区服务类的社会组织进行直接登记管理，申请人可直接向登记管理机关依法申请登记，无须业务主管单位审查。这一规定的出台解除了大部分上海市社会组织在登记管理方面的限制，为上海市社会

组织发展提供了有利的外部条件。在以上四类社会组织中,上海市着重于扶持培育社区社会组织,2015 年 7 月出台了《关于加快培育发展本市社区社会组织的若干意见》,对于社区生活服务类、社区公益慈善类、社区文体活动类和社区专业调处类四类社会组织,简化登记手续,优化登记流程,加快审核办理程序,在放宽登记准入条件方面采取了一系列措施,包括降低开办资金数额、允许专利作价捐赠出资、放宽办公场所要求、试行先照后证、探索下延审批权限、试点社团添加字号等,为降低社区社会组织准入门槛,激发社区社会组织的活力奠定了制度基础。

三、政府三级联动、政社互动合作与社会组织的自我创新

上海社会组织创新发展在一定程度上,得益于上海市主推的三方面建设:一是政府开展的"市—区—街镇"三级联动的社会组织扶持模式;二是政社互动合作的社会组织发展模式;三是上海市社会组织自主开展的创新发展模式。详情如下:

第一,政府开展的"市—区—街镇"三级联动的社会组织扶持模式。上海市层级分为市、区和街镇三级,不同层级掌握的公共权力不同,所依赖的资源也不一样,因此,光凭一个层级、二个层级的力量无法解决诸多问题,需要借助三个层级的力量。以上海市的社区基金会发展为例。在上海市民政局安排下,上海市各区均高度重视和支持培育扶持社区基金会发展工作,各区不仅在人、财、物等方面给予倾斜,而且在发动社区参与、联络企业捐赠等方面做了大量工作。在负责落地操作的街道社区层级,则为社区基金会的成立和发展链接了社区各类主体,即将社区中的政府、企业、社会组

织、居委会及居民纳入到社区基金会的理事来源之中，扩大了社区基金会人、财、物的筹集渠道。从社区基金会建设效果来看，2015 年普陀区率先实现街道（乡镇）社区基金会全覆盖；2017 年以来，虹口区、徐汇区、杨浦区、浦东新区等区实现街道（乡镇）社区基金会全覆盖。目前除宝山区外，全市其他区都已设立社区基金会。

第二，政社互动合作的社会组织发展模式。政府与社会组织各有优势，但仅仅凭自身的力量都无法有效发挥最大作用，所以，政府与社会组织必须进行合作，把社会组织专业优势和非营利优势充分发挥出来，赢得社会信任与支持。“上海公益伙伴日”活动创新政社互动与跨界合作方式，来自长三角地区的上千家公益机构和企事业单位，它们参加了交流展示会和互动演出，吸引 20 多万人次的专业观众和普通市民参观，2 000 多人次志愿者参与协助各项活动。①

第三，上海社会组织自主开展的创新发展模式。上海市社会组织参与慈善事业、枢纽服务和社区治理，既传承了传统的工作方式方法，同时，又运用网络科技信息技术，线上线下有机融合，实现社区治理的“互联网＋”，强调社会组织等社会力量广泛参与，打造品牌项目，提升社区工作水平，增强社区自治能力。瑞金二路街道党建引领下社区治理数据库的建立，为大数据时代下社区治理提供实践参考：一是进行数据梳理、查询和管理；二是分类展示、交叉对比、强化互动；三是通过数据共享解决疑难问题；四是开发收集手机 APP，增强居民社区治理参与度。瑞金二路街道的社区治理

① 上海公益伙伴日——打造都市最耀眼的公益名. http://www.shshjs.gov.cn/shjs/n369/n371/n372/u1ai107640.html.

数据库借助“互联网+”的思维，推动基层党建现代化、科学化、智能化。数据库产生的“倒逼机制”，同样对如何构建“线上线下”融合一体的党建机制产生积极的作用。

四、采用多元方式开展组织培训

上海社会组织，包括社会团体、社会服务机构和基金会，根据各自的需要安排相关的培训，采用多元培训方式提升社会组织的自身能力。

社会团体能力建设培训方面。近年来，上海市社会团体管理局每年都举办市级社会团体负责人能力建设培训班，市级业务主管单位（行业主管部门）和市级社会团体相关负责人参加培训，开设的党建工作、财务管理、登记实务和管理实务等课程，系统梳理了与社会团体有关的法律法规和政策文件，同时编印发放《社会团体登记管理政策法规选编》，供社会团体在实践中进行操作。

基金会能力建设培训方面。上海社会组织先后围绕社区基金会在发展实践中遇到的相关问题召开专题培训或综合论坛。上海映绿公益事业发展中心先后举办“社区基金会与社区多元共治”公益论坛（在 2016 年上海公益伙伴日）、“社区基金会可持续发展高峰论坛”（2017 年 6 月）等以社区基金会为主题的大型论坛。2017 年 8 月 30 日至 31 日，由上海市社会团体管理局、上海交通大学教育发展基金会和上海交通大学中国公益发展研究院联合举办“中央财政支持社会组织示范项目（2017）”——上海市基金会秘书长政策法规学习与能力建设培训的“社区基金会训练营”。2017 年 11 月 29 日，为树立起一批品牌示范项目，上海市社区基金会案例选编座谈会顺利召开，从上海市 65 家社区基金会中选取 15 家优秀案例汇编成册。

在社会服务机构业务培训方面，2016 年 10 月上海市社会团体管理局召开市级社会服务机构法人治理与财务管理专题培训班，重点讲授民办非企业单位内部治理、规范化建设、自律诚信和信息公开方面的内容，并对慈善组织认定、公开募捐资格等社会服务机构普遍关注的最新政策进行解读，市级 110 家社会服务机构的负责人及财务管理人员参加培训。上海市社会组织通过多种类、多层级的交流培训活动，提升社会组织的能力，完善法人治理结构，加强社会组织之间的交流合作，共同推进上海市社会组织为社会和居民提供所需要的公共服务。

第二节　上海社会组织创新发展的监督管理经验

监督管理是行政机关、行政人员对社会组织、社会公众有关社会事务合法性、合理性、有效性的检查、监察、督促和了解的活动。而社会组织监督管理是指行政机关、行政人员对社会团体和社会团体人员从事社会事务的合法性、合理性和有效性的检查、监察、督促和了解，从而做出相关规定的活动。[①] 上海社会组织发展历史较短，基本上是从 1978 年 12 月，即改革开放以后，才逐渐在社会上发挥积极作用。因此，它们在治理结构、能力建设与服务方式上均跟不上时代发展的需要，从而产生不少的发展问题，这就要求政府部门尤其是业务主管单位和登记管理机关加强监督，在过程管

① 徐家良.社会团体导论[M].北京：中国社会出版社，2011：98.

理中及时发现问题，纠正、处罚，确保社会组织合法合规的运行，为社会提供所需要的公共服务。直至今日，上海社会组织监督管理，已经产生了一系列监督有利、管理高效的方式方法，可供全国其他省市模仿学习。其中较为突出的有两点：一是，在强化社会组织监督管理的同时，创建系统化、创新型的社会组织监督管理体系，实现社会组织监督管理的过程强化和方式优化；二是，依靠党建，引领社会组织监督管理，并为社会组织创新发展树立正确方向。

一、注重秩序规范，实现社会组织监督管理的过程强化和方式优化

纵看上海社会组织的发展历程能够清楚地看到，上海市政府对社会组织监督管理的过程逐渐趋向严格；横看上海社会组织监督管理体系建设又可以看出，其在各个监管领域中都趋向优化，这突出了上海市政府对社会组织发展秩序的重视程度，并在实际操作中，努力实现"社会组织监督管理过程强化和方式优化"的目标。

（一）通过强化监督管理保证社会组织的健康发展

社会组织发展具有双刃剑效应，若自由放任，仅凭其自我监督、行业自律，难以避免社会组织会出现以黑恶势力为代表的一系列乱象，旧中国上海帮会势力泛滥就是明证。因此，在社会组织发展过程中，政府施以监督和管理，实现社会组织的健康发展。具体可以上海社会组织的发展历史为例，探求强化社会组织监督管理的具体原因。

上海社会组织的发展历史可追溯到中国近代时期。随着近代产业经

济的发展，工商行业团体最先在上海市规模化发展起来，到 1947 年初，上海市工商行业共有同业公会 269 个，其中工业行业中有 60 个，商业行业中有 209 个。此后，同业公会的数量还在不断增加，到 1949 年上海市解放前夕，全市的工商同业公会已经增加到 306 个，其中工业行业组织了 86 个，商业行业中有 220 个。[①] 另外，近代上海市的社会组织基本涵盖了社会领域的一切方面，包括开埠初期出现会馆、公所、善团、善堂一类的社团。戊戌维新运动时期，建立了大量与维新运动有关以及具有近代意义的社团。民国时期，除政治性社会团体外，商业、教育、文化、医疗、宗教、职业、劳工、青年、妇女界等分别建有社会团体。据 1949 年 1 月上海市政府社会局统计，除宗教、慈善团体外，上海市有各种社团 1 336 个，还有大量的工人、学生、青年、妇女等社团没有注册，以及地下帮会团体没有给予注册。[②] 由于政府能力弱小，难以对社会组织进行有效监督管理，近代上海市社会组织在广泛自由成长、繁荣的同时，也无可避免出现了黑社会组织的泛滥猖獗。

1949 年 5 月，上海市得到解放，政府对旧上海社团进行清理整顿，消除了不法社团的破坏作用，推动了社会组织在社会经济的恢复和改造中发挥积极作用，留下了政府对社团管理的一些有益经验。[③] 1956 年 8 月，市民政局邀请宗教事务局、公安局、文化局等 12 个单位一起商议有关事宜：将没进行清理的旧社会组织和部分自发筹组的 303 个社会组织，按不同性质分别由业务部门负责改造和处理。这一归口管理的思路在后面得到了

① 陆兴龙.近代上海社团组织及其社会功能的变化[J].上海经济研究，2005(1)：86－92.

② 上海市地方志办公室网站.上海民政志：社会团体管理.http：//www.shtong.gov.cn/node2/node2245/node65977/node66000/index.html.

③ 郭彦军.近代上海社团发展及其社会管理意义研究[D].北京：中共中央党校，2013.

一定的承袭沿用，成为一定时期内社会组织双重管理体制的重要组成部分。

1978年，中国迈入改革开放新时期，此时上海市群众结社热情高涨，社会团体发展迅猛，但也出现设置过多、过滥，有些社会团体政治方向发生偏差等问题。为解决此问题，1990年2月，上海市在全国率先成立社会团体管理处以及清理整顿社会团体领导小组，根据《社会团体登记管理条例》的规定，在1990年7月制定颁布《上海市关于开展清理整顿社会团体试点工作的通知》，在此基础上先后于1991年、1997年开展了两次对各类社会组织的清理整顿和复查登记工作，政府通过清理整顿，促进社会组织新陈代谢，裁汰不合规范的社会组织。此后，上海市又通过"归口登记、双重负责、分级管理"等一系列制度安排基本实现对社会组织全面监管，达到了严格审批程序，健全规章制度，完善社会组织相关自律机制，促进本市社会组织规范有序发展的目的。政府的监督管理能力在此过程中得到了锻炼与强化。1999年8月，为了适应新形势下对社会团体和民办非企业单位的管理和加强对非法社会团体的查处力度，经上海市委、市政府批准，上海市社会团体管理局正式挂牌成立，其是全国率先成立的社会组织管理机构。截至2000年底，上海各区县均先后成立了社会团体管理局，部分区(县)还内设了综合执法科。[①] 随着《上海市行业协会暂行办法》(2002)、《上海市促进行业协会发展规定》(2002)、《上海市社会团体管理局关于进一步深入开展民办非企业单位自律与诚信建设活动的实施意见》(2006)、《上海市社会团体管理局关于做好民办非企业单位信息公开和承诺服务活动工作的通

① 上海民政局编.上海民政改革创新40年[M].上海：上海人民出版社，2018：261－262.

知》(2008)等一系列早期规范性文件相继出台,上海在社会组织相关制度建设方面走在了全国前列。

(二)适时调整、完善、优化社会组织监督管理体系

上海市结合社会组织发展的实际情况和具体需要对监督体系不断进行优化升级,从“管得住”演化为“管得好”,对落后于时代要求的监督管理制度进行调整创新以适应社会组织发展的新需要,突破了“一放就乱,一乱就收,一收就死,一死再放”的怪圈,既有严格的秩序规范又充分保持社会组织活力。

自 2014 年上海市实施社会组织直接登记改革后,同步出台综合监管体系意见,加大政策创制和执法力度;围绕政府监管有效,明确分工形成合力;围绕社会组织自我监督有方,规范社会组织自身建设;围绕社会公众监督有序,推进信用体系建设和信息公开。①

在社会组织登记管理改革方面,在推动直接登记管理的同时完善社会组织监督。2014 年 4 月,上海市民政局制定《上海市社会组织直接登记管理若干规定》,对行业协会商会类、科技类、公益慈善类、城乡社区服务类的社会组织进行直接登记管理,而对政治法律类、宗教类、涉外类等社会组织仍实行双重管理。上海市在大力扶持培育社区社会组织的同时,严格进行登记审查,民政部门加强对社会组织发起人、拟任负责人资格审查和相关情况核查;不断强化部门监管,加强对社会组织发起人、负责人的管理,严格对社会组织资金的监管,加强对社会组织活动的管理,加大执法监察力度。

在社会组织评估方面,以评促建,提升社会组织能力。上海市作为全

① 蒋蕊.构建“四位一体”的社会组织综合监管体系[J].中国社会组织,2016(21):23-24.

国最早试点社会组织评估的省市之一，自 2007 年 6 月以来，经过试点评估实践，取得“试机制、试办法、试标准”的良好效果，坚持“先建后评、以评促建、评建结合、重在建设”的原则，要求社会组织如需申报评估等级，经过 3 至6 个月的对照评估标准自查，抓完善、抓整改、抓提高，提炼出“告、听、阅、察、问、评、馈”等 7 个字作为评估的规范流程。社会组织评估主要依托各级社会组织服务中心、部分具有专业资质和能力强的第三方评估机构对社会组织进行评估。2014 年 9 月，上海市社会组织评估院成立，注册为民办非企业单位，现为社会服务机构。由评估院对市一级社会组织（1A 至 5A 等级）和区一级社会组织（4A 至 5A）等级进行评估。市社会团体管理局购买优质会计师事务所的审计服务，对申请 4A、5A 等高等级的社会组织进行财务审计，加强监管。上海市社会组织评估院通过制定《评估工作守则》和《评估专家守则》来规范评估工作及评估专家行为，建立和完善评估工作长效管理机制。到 2018 年 8 月，上海市社会组织参加评估的达到 3 000家，分别获 1A 至 5A 等级，绩效评估项目 300 个。

在社会组织信用建设监督方面，推动信息公开的制度化和规范化。2013 年 9 月，上海市民政局、上海市社会团体管理局、上海市经济和信息化委员会与上海市征信管理办公室出台《社会组织信用信息记录、共享和使用管理的暂行办法》与《上海社会组织失信行为记录标准（试行）》，启用社会组织信用信息管理系统。社会组织诚信建设和信息公开的衔接为社会组织参与社会组织诚信建设和披露自身信息的行为提供了双向激励，这为对社会组织综合监管奠定了良好的制度框架基础。2016 年 7 月，上海市民政局、上海市社会团体管理局出台《上海市社会组织信息公开办法（试行）》，该办法明确社会组织信息公开的内容、途径、形式等，规范社会信息公开行为，保护社会组织及利益相关方的合法权益。在"上海社会组织"网上已有统一的社会组织（慈善组织）信息公开平台，为社会组织提供免费的信息发布服务。社区基金会通过建立独立的基金会网站和官方微博、微信公众号等，主动将理事会会议纪要、年度财务预决算报告、公益项目设立和开展情况等重要信息予以公布，接受媒体舆论监督和社区居民监督，向捐赠人反馈公益项目资金使用和项目进展情况，方便捐赠人和社区居民查阅公开的信息资料。①

二、强调党建引领监督，为社会组织创新发展树立正确方向

党建引领监督是规范上海市社会组织创新发展的重要内容，既要注重党建工作的作用，推动社会组织自觉开展党建工作；又要寻求党建工作的发展，不断创新社会组织党建形式。

（一）充分认识社会组织党建的重要意义，自觉开展强化社会组织党建工作

按照党中央明确的党组织在社会组织中的功能定位，发挥党组织的政治核心作用，把党的工作融入上海社会组织运作的全过程，加强对社会组织的政治引领和示范带动，确保社会组织发展的正确政治方向。这既是上海市社会组织开展党建工作的重要意义，也是上海社会组织不断强化党建工作的首要动因。

① 蒋蕊.让爱的阳光照进社区每个角落——上海市社区基金会培育发展情况综述[J].中国社会组织，2017(24)：16－19.

开展党建工作方面。上海市注重党建引领在推动社会组织发展过程中的重要作用，通过组建和发展党组织，保证社会组织行为方式上合乎法律规范，并开展有利于国家发展的业务活动，同时积极带动社会组织中的党员，发挥其模范带头作用，形成社会组织发展的一股正向风气，且使得社会组织能够向社会其他领域辐射自身的先进文化，成为上海市基层党建的主要协助者。

强化党建工作方面。探索建立党与社会组织互动的制度化渠道，深化上海市社会组织党建的内涵层次。社会组织数量庞大，功能多样，在服务社会的过程中掌握大量的社情民意信息，但却面临着诸多方面的制约。而共产党拥有执政的优势地位，能够将政策建议转化为国家制度。因此，建立共产党与社会组织互动的制度化渠道，不仅能够加强党对社会组织的信任，而且也有助于党及时了解社会变化，从而提高党的政策科学性和可操作性，巩固党的执政基础。一方面通过社会组织党组织这个桥梁纽带，加强对社会组织领军人物的政策宣传和教育引导。近年来上海市社会组织工作者积极参政议政，全市 700 多名社会组织工作人员中绝大部分具有党员身份，大多数担任了市、区(县)的党代表、人大代表、政协委员；政府、政协等相关决策议事平台初步形成社会组织党员代表的参与机制，为上海市党、政方面重大事项的起草安排提供来自社会组织党组织的经验和智慧。另一方面不断将党的工作融入社会组织运行发展。倡导 220 个市级行业协会在章程中明示建立党的组织、开展党的工作等要求，引导监督社会组织依法执业、诚信从业。上海市慈善基金会等 30 余家社会组织党组织联合发出“自律”与“诚信”的倡议，通过探索在社会组织决策层中建立党的工作小组，保证党员骨干在社会团体中参与决策管理、发挥主要作用。①

（二）因地制宜，不断创新社会组织党建形式

上海社会组织党建形式需要适宜当地情况，且有所创新，这是对上海市社会组织党建工作提出的长远发展目标。综合来看，目前在上海市社会组织党建在创新发展过程中，形成的主要制度规划，包括联席会议制度、社会组织党的建设工作制度、社会组织党的建设工作责任制。形成的主要运作形式，包括因地制宜的社会组织党组织建设与社会组织党建的资源保障建设。

上海社会组织党建在创新发展过程中形成的主要制度规划：一是建立联席会议制度，成立由市委组织部牵头，各个市委工作党委、市社团局等参与的社会组织党的建设工作联席会，定期研究、推进社会组织党的建设工作；二是建立社会组织党的建设工作制度，将党组织关系、党建联络员、党的工作等纳入社会组织注册审核、年度检查之中；三是建立社会组织党的建设工作责任制，纳入基层党建责任检查和区县、街镇书记述职评议内容，确保行业协会商会在行政脱钩中党建责任脱钩不脱管。

上海社会组织党建在创新发展过程中形成两种主要运作形式。一是在社会组织党建具体的操作执行层面，提供不同的组织方式。对符合条件的社团、基金会等，独立组建党组织；对规模小、流动快、人数少的社会组织，依托楼宇、园区、流通市场等区域性党组织，联合组建党组织；对面广量大、行业特征明显的社会组织，按照"以民管民"的思路，建立联合会党委及所辖社会组织党组织；对未注册登记、仅在街镇备案的群众团体和社区组

① 上海抓牢抓实社会组织党建. http://cpc.people.com.cn/n/2015/1123/c82581-27846245.html.

织，依托街镇党组织，建立片区党组织，选派党群工作者，开展党的工作。[①] 二是在社会组织党建的资源保障方面，提供一定的经费支持和相应资源。将社会组织党建工作经费列入区县财政预算，向新成立党组织给予启动经费补助，通过社会组织结对共建，实行场所共用、资源共享等方式，确保社会组织党组织"有钱办事""有人干事""有场所议事"。

但无论是上海社会组织党建的主要制度规划，还是其主要制度形式，其实质都是为了强化上海市社会组织党建对社会组织自身发展的引领监督作用，以期引导上海市社会组织规范发展，带来更多的社会效益。

第三节　上海社会组织创新发展的"复合嵌入式合作"

改革开放以来，解决社会领域存在的问题，从单纯依靠政府计划指令转变为在政府的引导下实现政府、市场和社会组织的互动合作，不断推进国家治理体系和治理能力现代化。其中，这种政府、市场和社会组织的互动合作现象，打破了那种把政府、市场和社会组织各自看作一系列点的组织或是群的组织的传统理论，证明了"三圈互动"的存在。"三圈互动"正是由徐家良提出的，符合当下社会发展趋势的创新观点。他系统地阐述了"圈"的概念及其"圈"与"圈"之间的互动过程，即政府、市场和社会组织各

① 上海抓牢抓实社会组织党建. http：//cpc. people. com. cn/n/2015/1123/c82581 - 27846245.html.

构成一个圈，且由于单个圈无法满足自身的需求，则需要与其他的圈建立一定的联系，再通过互动，满足相互的需求。每一圈都关注的部分就成为“核”，双圈之间“核”的存在，成为圈与圈之间互动的动因。互动除了合作以外，也会出现不合作，甚至竞争与制约。保持两圈的平衡，采取相互之间的合作、不合作、竞争、监督、制约等方式，逐渐产生出相互遵守的规则，推动相互关系的有效运行。① 且这种采用“三圈互动”形成的合作方式，我们称之为“复合嵌入式合作”。反观上海市的城市治理，表现出在城市空间中政府与社会组织的双向复合嵌入式合作的特征。为具体了解上海市社会组织创新发展的“复合嵌入式合作”模式，我们将以上海市的社会组织发展过程为例，从“复合嵌入式合作”模式应用的现实背景、“复合嵌入式合作”模式应用的具体过程、“复合嵌入式合作”模式应用的具体经验，三方面出发具体展开介绍。

一、“复合嵌入式合作”模式应用的现实背景

对上海社会组织创新发展而言，政府圈的职能转型和转移是社会组织成长壮大的前提。

改革开放前的全能型政府和单位制社会管理模式，使社会受到严重挤压社会组织发展的土壤空间严重缺乏。改革开放后，以“以阶级斗争为纲”转变以经济发展为中心，政府在保留宏观调控权力的前提下，一定程度上

① 徐家良.第三部门资源困境与三圈互动：以秦巴山区七个组织为例[J].中国第三部门研究，2012(1)：7－17.

减少了对社会经济生活领域的某些强制性的直接管理和干预，不断减轻社会经济生活的泛政治化倾向，从而逐步形成一个具有相对独立性的社会经济活动领域。1992年以来，随着市场经济的发展，原有的高度一元化的组织体系逐渐融解。随着改革的深入，传统的高度一元化的组织体系演化为分权多元的组织体系，在政府直接统辖的单位组织体制外开始出现了各种社会组织，围绕差异化的宗旨目标在各自领域发挥不同的作用。随着政府在社会经济领域的职能转型和转移，一批原有政府活动和职能需要其他组织机构特别是社会组织来承接，而承接的过程也使社会组织嵌入到政府活动当中来，在这种情况下，一方面社会组织为了生存和发展不得不依靠政府获取资源，因此，基于这种事实，学术界认为社会组织具有严重的"官民二重性"，社会组织起着辅助性的作用，甚至被称为"二政府"。社会组织的"半官半民"性质决定其与政府形成"主导—附属型"的关系，在与政府的互动过程中，也不会产生自主意识。① 但另一方面，社会组织单纯成为政府附庸不利于激发社会组织活力，发挥社会组织积极作用，进而对政府治理绩效的提升产生严重阻碍，因此需要革新社会组织嵌入政府的内涵形式。

二、"复合嵌入式合作"模式应用的具体过程

上海社会组织在应用"复合嵌入式合作"模式发展的过程中，共分为两个方面，即社会组织嵌入政府过程中的模式应用，以及政府嵌入社会组织过程中的模式应用。

---

① 徐家良，等.新时期中国社会组织建设研究[M].北京：中国社会科学出版社，2016：83.

在社会组织嵌入政府过程中的模式应用方面。上海积极转变政府职能,将原政府直接向社会公众提供的事务性管理服务通过政府购买的形式,使社会组织通过竞争性活动择优嵌入政府的治理过程,进一步开放社会参与社会治理的空间;同时,放松在社会组织登记管理方面的限制,大力推进行业协会商会类社会组织脱钩,保证社会组织竞争性与活力。为进一步提升治理绩效和扩大服务覆盖面,上海市大力培育和扶持社会组织,社会组织在此过程中的主动性和积极性不断提升,发挥出更大的影响力。十二五时期,在参政议政方面,全市700多名社会组织工作人员担任市、区(县)的党代表、人大代表、政协委员;在政府、政协等相关决策议事平台中,初步形成社会组织代表参与机制。

在经济建设方面,上海市社会组织有如下几个方面的表现:一是基本实现国家行业分类标准门类的全覆盖,服务数万家会员单位;二是一批新兴行业、跨部门行业组织相继诞生;三是大多数行业协会联合工商部门制订了行业组织发展规范;四是一批服务上海市"四个中心"和现代化国际大都市建设的涉外社会组织相继登记成立,功能初步显现。

在扩大社会影响、提升社会参与度方面,上海市社会组织又产生了如下三个方面的特征:一是全市社会组织每年开展的公益活动项目增加;二是社会组织接受福利彩票公益金资助,承接公益服务项目和创投创下新高;三是多家社会组织机构与人员获评"上海市先进社会组织"以及获得省部级以上荣誉称号。①

① 上海社会组织发展"十三五"规划. http://stj.sh.gov.cn/node2/node3/n5/n53/u8ai12701.html.

鉴于社会组织的主体地位和作用意义非常重要，近年来上海市特别重视社会组织工作。上海市颁布的《关于本市改革社会组织管理制度促进社会组织健康有序发展的实施意见》明确指出“各级党委和政府要把加强和改进社会组织管理工作列入重要议事日程，列入党委和政府绩效考核内容和社会治安综合治理考评体系；建立完善研究决定社会组织工作重大事项制度，党委常委会应该定期听取社会组织工作汇报”。通过“两列入、一汇报”，社会组织在上海市全局工作中的地位和作用被进一步明确。面临吸毒人员、刑释解教人员、闲散青少年可能引发的社会问题，政府部门作用有限，为了构建预防犯罪体系，减少社会冲突，上海市委政法委员会开始部署相关政府部门推动成立社会组织从事相关的工作。2003 年，以民办非企业单位法人登记注册，为这三类特殊人群提供专业化的服务，其中，上海市禁毒委员会办公室推动成立上海市自强社会服务总社，为药物滥用人员提供专业的服务，包括对吸毒对象的定期尿检、跟踪帮教、生活关心、就业指导及禁毒宣传预防等工作。上海市司法局社区矫正工作办公室推动成立上海新航社区服务总站，为社区矫正人员提供专业的服务，包括跟踪帮教、生活关心、就业指导等工作。上海市社区青少年事务办公室推动成立上海阳光社区青少年事务中心，为“失学、失业、失管”社区青少年提供专业社工服务，包括开展个人心理辅导、帮助其实现自我发展等。从 2003 年 8 月起，浦东新区、徐汇区、卢湾区、闸北区率先在全市开展预防犯罪工作体系建设，其他区县逐渐建立类似机构。这三家社会组织成为中国较早出现的一批专业化的社会工作机构，具有上海市特色。

政府嵌入社会组织过程中的模式应用方面。为了避免出现一放就乱的局面，上海市党政机构注重对社会组织的嵌入，通过加强对社会组织党建引领,使党的路线方针政策嵌入到社会组织自身发展当中去。在日常监管方面,加强年检工作,对年检的指标、体系、操作流程、信息公示披露等进行完善;加强评估机制建设,推进等级评估工作,建立和完善第三方评估,明确评估体系的要点;注重社会组织信用信息公开,形成一套较为完整的以信息公开为基础的社会组织信用体系。上海市着眼于社会组织能力提升,通过提供服务和"以管理促建设的方式",将平台建设作为支撑,积极构建功能健全、体系完整的社会组织发展服务支持网络。在信息监督和公开管理方面,初步形成了"一库、一网、一平台"的社会组织信息化建设体系,"一库",即社会组织法人信息库;"一网",即"上海社会组织"政务网;"一平台",即上海市社会组织综合管理服务平台。① 政府推动社会组织信息化建设有利于及时掌握社会组织运作过程的动态信息,提升政府管理和服务的针对性、有效性。在社会组织扶持培育方面,政府加强载体性服务平台建设,嵌入社会组织孵化成长中,有助于规范社会组织发展,避免出现问题偏差。首先,加强社会组织服务中心建设,致力于打造孵化培养、能力发展、咨询服务、规范评估、交流合作、品牌推介等多位一体的社会组织服务平台,全市已建成社会组织服务中心 239 家,实现市、区、街镇三级全覆盖的服务网络支持体系。其次,加强社会组织孵化基地建设。上海市各级政府累计投入资金逾亿元,建成各级孵化基地办公场地,面积共计 6 万余平方米,入驻各类社会组织近 400 家,成功孵化社会组织近 300 家,效果显著。

总之,上海在社会组织发展过程中,为了避免出现社会组织被单方吸

① 上海社会组织发展"十三五"规划. http://stj.sh.gov.cn/node2/node3/n5/n53/u8ai12701.html.

纳的情况,在其嵌入政府治理的过程中注重保持社会组织的自主性,积极培育扶持四类社会组织,鼓励其开拓创新,不断丰富上海市社会经济治理的内涵、外延。同时对社会组织加强监管,一方面促进社会组织能力特别是公信力提升,另一方面确保社会组织依法合规地贯彻执行国家和地方的大政方针,从而形成新型政社、党社合作关系。社会组织与政府的关系,不再是单纯的吸纳、附庸或冲突、对立的关系,突破了一放就乱、一乱就收、一收就死、一死再放的怪圈,培育与监管兼顾,以善治为目标,找到和谐共处之道,表现出复合嵌入式合作的治理特征。

三、“复合嵌入式合作”模式应用的具体经验

上海在开展“复合嵌入式合作”模式的过程中,凭借在人才、技术和管理方面的优势,借助浦东开发开放、加入世贸组织、上海世博会召开、上海自贸区建设等历史契机,在经济增长和社会创新融合发展方面迅速取得成效,形成了具有上海市特色的社会组织参与城市治理的创新示范效应,且构成了六方面发展经验:选择边缘空间,开展社会组织建设试点;积极配合国家政策和上海规划,进行社会组织空间结构优化;强调社会组织空间的系统性、集约型,形成区域空间创新示范效应;注重空间创新试点迁移扩散的程序与策略;不断加强对社会组织参与涉及民生的空间进行统筹优化;突出注重党建引领嵌入优化,推进社会组织自治空间建设。

(一)选择边缘空间,开展社会组织建设试点

上海市紧紧抓住浦东开发开放的机遇,开展社会组织建设试点工作。曾担任上海市委常委、副市长、浦东新区工作委员会党委书记、管委会主任

等职务的赵启正指出:"浦东开放不只是项目开发、经济开发,而是社会开发,是争取整个社会的全面进步。"[①]在浦东开发开放之初,就对一些社会组织的发展和建设进行了不少创造性的探索,在政府购买社会组织服务、建设公益园区、成立社工协会等方面浦东新区走在了全国前列。

在政府购买服务方面,浦东新区就首开全国先河。1996年,上海浦东社会发展局将罗山街道下闲置的公建配套设施改建为综合性社区中心即罗山市民会馆,委托给一家社会组织,上海基督教青年会管理。罗山市民会馆开创了政府购买社会组织公共服务的新实践,由此形成了"政府主导、各方协作、市民参与、社团管理"的社区治理新模式——"罗山模式"。[②]2009年,浦东公益服务园开园,是内地首个容纳公益组织集聚办公,且提供多种共享设施和服务的公益创意园区,产生了良好的创新示范效益。以此为经验蓝本,各种面向社会组织及公益活动的基地、园区在上海各区域不断涌现。

(二)配合国家政策和上海规划,进行社会组织空间结构优化

以加入世贸组织为契机,上海市推进行业协会商会能力建设,探索行业协会商会脱钩;以世博会召开为契机,推进志愿团体建设;以张江国家自主创新示范区获批为契机,上海市科技类社会组织迎来发展高潮;以自贸区建设为契机,上海市进一步探索创新社会组织管理体制,促进经济社会发展。从创新社会治理的视角出发,上海市对社会组织发展规划以培育引

---

① 赵启正.开发不仅是钢筋水泥,更是思想的进步、智慧的发展.http://www.ccg.org.cn/research/view.aspx?id=8889.

② 马秀莲,杨团.政社合作下社区托管服务的规模化和专业化——从罗山市民会馆到华爱社区管理中心[J].理论探讨,2017(2):146-148.

导和监督管理为基础，重点关注行业协会商会、科技类、公益慈善类、社区服务类、文体活动类、专业调处类社会组织的发展，结合自身实际情况贯彻落实国家对社会组织在党建、社区治理、支持性和枢纽性服务功能、慈善事业等方面的发展战略。浦东外商投资企业协会协助做好融资租赁行业的风险防范工作，对新区内252家融资租赁公司进行全面检查，对3%的企业开展约谈和现场检查，并完成《融资租赁行业发展风险防范报告》，较好地发挥了行业自律的作用。① 上海市建筑施工行业协会组织开展从业项目经理和工程技术人员的各类业务培训，负责组织上海市建设工程“白玉兰”优质工程奖的创优竞赛活动和上海市优秀项目经理的评选工作，以及上海市建筑施工企业综合实力排名活动。②

（三）强调社会组织空间的系统性、集约型，形成区域空间创新示范效应

上海市积极推动各区（县）、街道（乡镇）全面建立社会组织服务中心，健全市、区（县）、街道（乡镇）社会组织服务中心组织网络，发挥信息共享、联合联动、优势互补等作用。以公益新天地为代表，上海市各级公益服务园和孵化基地陆续投入使用，在规模集聚中互相沟通交流、学习借鉴，孕育创新火种。全市现有各类社会组织服务中心239家，基本实现市、区、街道三级全覆盖。目前全市共有市、区、街道社会组织孵化基地25个，办公场地共计6万余平方米，各级政府投入资金已逾1亿元，旨在为初创阶段的

① 浦东行业协会商会发展报告(2016年-2017年).

② 上海市建筑施工行业协会官网.http：//www.shjx.org.cn/view-1767.aspx.

社区社会组织提供场地设备、能力建设和小额补贴等支持。[①] 上海出台了《关于推进本市公益基地建设的意见》,公益基地这一新兴事物是指经上海市民政局命名,由具备独立法人资格的机构经营管理,长期提供公益性服务岗位、实施服务项目并开展公益信息查询、公益服务记录、公益文化宣传的空间场所。凡有意愿开展公益慈善活动的企事业单位、依法登记的志愿服务组织、基层群众性自治组织、公共服务机构和其他组织等,均可申报公益基地。目前,公益基地已从首批的28家壮大到2 082家,遍布全市16个区,涵盖科技、教育、文化、卫生、体育等领域,涉及场馆、社区和服务等各种类型。[②] 上海通过大面积建立公益基地,旨在整合公益资源,创建公益平台,普及公益理念,以"上海2020创建万家公益基地"为目标,落实打造上海"公益之城"的理念。

(四) 注重空间创新试点迁移扩散的程序与策略

自2014年12月,上海市委创新社会治理加强基层建设"1+6"文件发布,其中提到在街道、乡镇层面探索建立社区发展基金(会),有序拓展社会资源参与社会治理的渠道。在创新扩散方面,社区基金会最早出现在浦东新区,在街道、社区多方力量的推动下上海洋泾社区公益基金会、陆家嘴社区公益基金会先后成立,后逐渐扩大到其他区域,除宝山外,全部街道都成立了社区基金会。在总结经验方面,上海市对社区基金会的推广就很有代表性:一是注重市级顶层设计,保障制度供给,出台《上海社区基金会建设指引(试行)》等一系列文件;二是三级联动,注重整合各方资源,在市局的

① 上海社会组织年度发展报告(2017).

② 上海民政局.上海民政改革创新40年[M].上海:上海人民出版社,2018:256.

规划安排下，上海市各区均高度重视和支持培育扶持工作；三是注重交流研讨，提供培训咨询服务，在上海市社团局的引导下，先后围绕社区基金会在发展实践中遇到的相关问题召开专题培训或综合论坛；四是加强监督，推动信息公开，社区基金会通过建立网站和官方微博、微信公众号等发布相关信息，自觉接受媒体舆论监督和社区居民监督。①

（五）社会组织参与涉及民生的空间统筹优化

以杨浦区百姓“家门口的会所”之称的杨浦社区睦邻中心为例，从2012年开出第一家至今已建成54家。“十三五”期间，杨浦区的睦邻中心将达到60家，杨浦区平均每平方公里就有一家，覆盖“十五分钟生活圈”，打造一个和谐共治的睦邻社区。在“以社会公众自愿无偿捐助为基础、借助超级市场管理和运营模式，为困难群众和居民提供物质帮扶、志愿服务的社会服务机构”的慈善超市运营方面，截至2016年底，上海市范围内共有慈善超市144家，分布在全市16个行政区中。市民政局出台慈善超市设施和服务规范，推进慈善超市标准化试点工作，推动形成慈善超市自我驱动、可持续的发展模式。2016年5月，上海市启动“行走上海社区空间微更新计划”，首批有11个微更新试点项目，从传统大拆大建的粗放型建设方式，调整为关注零星地块、闲置地块、小微空间的品质提升和功能塑造，改善社区空间环境。通过更新试点征集、设计方案评选、实施建设反馈等多个重要环节全过程的公众参与，充分调动社会组织、社区居民和社区基层工作者的积极性。陆家嘴社区公益基金会与政府、企业、专业人士及社区居民

① 蒋蕊.让爱的阳光照进社区每个角落——上海市社区基金会培育发展情况综述[J].中国社会组织，2017(24)：16－19.

合作，完成对步行空间的改造及“跑道花园”的建造。

(六) 党建引领嵌入优化，推进社会组织自治空间建设

上海市着眼于“管得住、管得好”和有利于增强党建工作实效，探索健全纵横结合、上下贯通的领导指导体系，全面推进党建对社会组织空间的覆盖和嵌入。为确保行业协会商会脱钩不脱管，抓住党建的牛鼻子，通过设置党建联络员，在行业协会自治空间形成过程中突出强调政治引领，确保其有序、规范发展。2016 年 8 月，中共上海市委组织部印发《关于市级行业协会商会与行政机关脱钩后党建工作管理体制调整的办法(试行)》，该办法指出市级行业协会商会中，已经建立党委的，可由市社会工作党委直接管理；不隶属于行业联合会(协会)党委的党总支或党支部，可由市社会工作党委按行业相近、业务相关原则，整合组建为若干联合党委；尚未建立党组织的，其党建工作可由相关联合党委负责，也可由市社会工作党委直接负责。通过这一系列制度设计和安排以确保脱钩过程中党的工作不间断、党组织作用不削弱。

第十章　上海社会组织创新发展存在的问题与战略思路

哈维曾指出：我们全都被卷进了一个资本主义城市化或不平衡时空发展的全球过程，即使那些国家，它们至少在名义上探索着一条非资本主义发展道路和非资本主义城市形式。当然，城市化样态和特殊风格变化很大，它们取决于人们计划、反对以及最终实现这些资本主义可能性的方式。但是，可能性的语境无疑是一种资本主义生产。[①] 资本支配与作用空间生产的唯一目的就是榨取剩余价值。资本不择手段榨取空间生产的剩余价值导致了现实生活中没有体现以广大人民群众利益为出发点与立足点的本性，空间生产成果难以共享，空间正义价值缺失，问题突显。[②] 即使国家坚持宏观调控，发挥了国家的干预作用，尽力控制与减少资本的危害，但是资本力量也是不可忽视的。在有中国特色的城市化和城市治理进程中，尽管政府主导着空间生产，然而资本的“创造性破坏”效应在城市空间生产过程之中也会不断显现，因此需要其他力量发挥缓冲和平衡作用。

---

① 戴维·哈维.正义、自然和差异地理学[M].胡大平，译.上海：上海人民出版社，2011：474.

② 任政.空间生产的正义逻辑——一种正义重构与空间生产批判的视域[D].苏州：苏州大学，2014.

从举办世博会时提出“城市让生活更美好”，到现在强调人文之城的公正包容、更富魅力：中外文化交相辉映，现代和传统文明兼收并蓄，建筑是可阅读的，街区是适合漫步的，公园是最宜休憩的，市民是遵法诚信文明的，城市始终是有温度的。上海市的城市空间观念正深化对空间正义的认识，正义不仅具有历史性、社会性，而且也具有空间性。正义总是一定场域中的正义。正义理论的建构、正义规范的践行都内在包含一个空间维度。① 现代社会组织正对城市社会空间进行着“序列的、树状的与格子的”联结与分割，从而使整个城市社会空间呈现出“网络状”的结构与关系，而各种社会组织，通过发挥中介作用成为人们介入公共空间的“基地”。② 社会组织对城市空间的融入和改造，利用自身优势不断对城市的结构功能进行优化调整，将有助于提升上海城市整体的公益精神和人文关怀。因此对上海城市发展和治理而言的一大问题和挑战就在于，如何通过赋权增能进一步促进社会组织发展，使其在城市空间结构发挥更多的积极作用，有利于城市空间正义的实现。

上海社会组织创新发展走过了40年，取得了一些成绩，积累了不少经验，为下一步创新发展奠定了扎实的基础，但也存在着改革思维没有及时跟上时代步伐、社会组织主体性不明确、政府职能转移缓慢、购买社会组织服务定价机制不健全、社会组织整体性能力较弱等问题。针对这些社会组织发展出现的新情况和新问题，上海需要在社会组织创新发展方面有一些新举措：有必要树立全球化的改革思维，明确社会组织主体性，且在完善

① 任政.空间生产的正义逻辑——一种正义重构与空间生产批判的视域[D].苏州：苏州大学，2014.

② 刘祖云.非政府组织：兴起背景与功能解读[J].湖南社会科学，2008(1)：73－78.

社会组织管理制度的同时，既要注重加快政府职能转移，加大购买社会组织服务力度，又要提高社会组织整体能力，由此确保上海市社会组织在全国的领先地位。同时，发挥空间创新扩散效应，服务于长三角湾区建设和长江经济带，为其他行政区域的社会组织提供相应的服务。进而，在引进“中字头”行业协会商会的基础上，努力对标国际大都市，提升上海市的整体发展格局。

第一节　上海社会组织创新发展存在的主要问题

《上海社会组织发展“十三五”规划》指出，上海的社会组织发展还面临着管理体制不健全、引导扶持不够和社会组织发挥作用不充分、自身建设不足等问题。站在“十三五”新的历史起点上，需要在补齐短板、破解难题、优化环境、增强活力上取得新的进展。上海市城市建设的新目标、新坐标为“全球城市”，上海市社会组织作为城市社会建设的重要主体之一，必须从总量上、规模上、结构上、布局上，与上海市社会主义经济、政治、文化、社会各项建设保持同步，不断发挥社会组织在城市空间中的象征意义，打造“行业名片”“创新名片”“文化名片”“公益名片”。[①] 但目前的上海市社会组织创新发展过程仍与其目标相去甚远，且面临着若干发展问题。这些问题有些是主观因素导致的，有些是客观存在的，主要包括改革思维没有及

① 朱勤皓.同心协力 借势发力 促进上海社会组织健康有序发展[J].中国社会组织，2017(7)：23－26.

时跟上时代步伐、社会组织主体性不突出、购买社会组织服务定价机制和风险管控均不健全、社会组织整体性能力尚待提高、行业组织的积极作用尚未充分发挥、政府职能转移缓慢等。这些问题也包含在《上海社会组织发展“十三五”规划》内容中，成为上海市“十三五”建设时期的重要解决对象。

一、改革思维没有及时跟上时代步伐

上海社会组织创新发展的改革思维之所以没有跟上时代的步伐，可从主体角度，分析问题成因，主要表现为政府官员的谨慎和社会组织负责人的求稳态度。

具体而言，一方面，政府部门和政府官员的谨慎，表现为两种情况：第一种情况是不愿走在全国前列，受传统中国政治思维习惯的影响，在全国性社会组织法律政策没有出台前，上海市政府部门和政府官员通常都处于谨慎观望状态，出台具有上海市特色的政策法规略少；第二种情况是怕犯错误，由于进一步改革开放需要冒一定的政治风险和管理风险，所以，政府部门和政府官员往往会根据原有的规章制度办事，适合上海市社会组织发展新需求和解决新矛盾的制度措施出台相对较慢。由于担心社会组织违规、违法涉及追究相关政府管理部门的责任，因此，对社会组织的监管会越来越严，但对社会组织的培育措施相对来说不多。当然，这与一个客观因素有关，那就是上海市政府官员调动比较频繁。与上海市社会组织发展密切相关的部门，政府官员调动频繁，这些领导刚刚适应或还没有完全了解社会组织基本情况就已经开始调动，这对社会组织政策法规的连续性产生负面的影响。另一方面，对社会组织负责人来说，由于政府相关部门政策措施和政府官员行为导向，也基本上遵守少做事、少犯错误的规则，开拓创新缺乏一定的动力机制，影响社会组织整体行动。如各级政府部门在向社会组织购买服务的制度规范显得比较杂乱无序甚至相互冲突，向社会组织购买服务缺乏统一透明的招投标程序与平台。①

二、社会组织主体性不突出

从学理层面讲，在社会主义市场经济发展过程中，政府、企业、社会组织均是重要的建设主体，这是没有疑问的。但从现实来看，上海市社会组织在参与社会主义市场经济建设中，其主体性并不突出。尽管社会组织主体性在中央和上海市有关文件中作了一些规定，"重视发挥社会组织在参与社会管理中的重要作用，善于运用社会资源改进社会管理。"②但从实际过程上看，上海市政府相对来说比较强势，许多上海市重大公共事务都是由政府完成，社会组织发挥的作用只是临时性、辅助性的，根据政府的需要安排社会组织参与，如果没有政府的安排和组织，社会组织不能独立行事。

改革开放以后，政府的职能逐渐转移给社会组织，政府将自身许多职能转移给企业和社会组织，社会组织获得这些职能后，开展了互益和公益的活动。同时，上海市政府还出台了相关的文件《上海市政府购买服务管理办法》《上海市人民政府关于进一步建立健全本市政府购买服务制度的

① 上海社会发展报告(2015)[M].北京：社会科学文献出版社，2015：111－113.

② 习近平.在中国共产党上海市第九次代表大会上的报告[N].文汇报，2007－05－24.

实施意见》《上海市政府采购评审专家和评审工作管理办法》等，但社会组织真正获得相关职能的较少，社会组织作为主体仅仅是理念上和价值观念上，还没有百分之百地体现在公共事务和公共产品的提供中。以 2014 年 12 月 31 日上海市发生的外滩拥挤踩踏事件为例。据“12·31”外滩陈毅广场拥挤踩踏事件联合调查组公布的“上海外滩拥挤踩踏事件调查报告全文”中的描述，总报告 11 088 字，没有一处提到“社会组织”或“志愿者”，这从另一个侧面反映出在调查组或政府的观念中，“社会组织”或“志愿者”无法参与到相关的社会事务中，没有作为一个独立主体参与社会风险管理的可能。

三、购买社会组织服务定价机制和风险管控不健全

1995 年开始，上海市浦东新区开始购买社会组织服务，且到 2009 年，上海市民政局用福利彩票公益金购买社会组织服务的金额已经达到几百万左右，说明上海市政策购买社会服务的工作已经几近成熟，但仍存在一定问题，其中最为显著的就是在购买过程中的定价机制和风险管控的不健全问题。

尽管上海市政府制定了《上海市政府购买服务管理办法》《市政府关于进一步建立健全本市政府购买服务制度的实施意见》，各区、街镇也发布了政府购买服务的一些办法，但对购买服务的定价机制尚没有建立起来，导致上海市区、街镇政府在购买社会组织公共服务时遇到了困境，这些困境主要体现在以下三个方面：

第一，购买双方没有进行协商。政府采购方单方定价，缺乏与服务供

给方的沟通协商，项目设置不科学。定价主体的单一、定价机制的不透明，使得政府购买服务的价格体系不够科学、合理，削弱了政府购买服务的权威性，社会组织相对来说非常被动，主动性不够。①

第二，服务定价的标准和结构不合理，限制了社会组织的发展空间。在制定项目计划和实施项目计划时，社会组织遇到政府政策文件设定的行为边界，即政府政策指定的结构比例或单价标准不合理，如项目预算不能包含项目人员费用、管理费比例控制在10％以下、志愿者补贴不应该高于50元/天等。所以，很多社会组织被迫采取相应的对策，例如，降低社会组织产出产品或供给服务的数量或质量。

第三，服务定价标准低，影响服务质量。一般来说，社区社会组织和专业社会组织能够提供高质量且专业化的公共服务。但由于不合理的定价机制可能导致专业社会组织和社区社会组织不能成为政府购买社会组织服务的选择对象，致使社会上普遍缺乏高端和专业的公共服务。

此外，政府购买社会组织公共服务的风险管控机制也不健全，这将导致一系列乱象的出现。

从政府层面来看，一方面，会出现政府监管失灵现象。政府购买公共服务的出发点从“转变政府职能”变成了“完成政治性任务”，政府购买社会组织公共服务成为政绩工程，实际效用和居民满意度成为第二位，政府官员忽视监管行为，为购买而购买，造成监管失灵现象。另一方面，会出现陪标程序失范现象。按照政府购买公共服务的要求，需要有三个社会组织竞

① 徐家良，许源.合法性理论下政府购买社会组织服务的绩效评估研究[J].经济社会体制比较，2015(6)：187－195.

标才能公开招标，社会组织往往被迫选择两个不可能中标的社会组织参加投标，从形式上达到招投标的基本要求，但实际上对两个参标的社会组织来说，仅仅是走走形式，影响了招投标活动的声誉和政府购买公共服务的实际效果。

从社会组织层面来看，一方面，会出现社会组织以次充好现象。一些社会组织为赢取政府购买本组织公共服务的机会，在购买程序前期会花掉大量资金，用于公共关系的打理，或对陪标组织的安排等。因而在获得政府项目后，为了尽可能做到收入与支出保持平衡，被迫以次充好，往往通过压缩成本、降低服务质量来完成政府的要求。另一方面，会存在社会组织垄断的风险。一些社会组织了解和掌握政府的偏好，长期与政府进行合作，导致合作惯性出现，即政府倾向于选择某一家经常合作的社会组织去提供某一类公共服务，不再依靠市场有效竞争，形成定向购买。①

四、社会组织整体能力尚待提高

社会组织在社会事务中要发挥积极作用，自身能力非常重要。社会组织能力包括会员服务能力、募款能力、信息沟通能力、项目运作能力等。在上海市社会组织能力方面，尽管少数优秀的社会组织能力较强，但整体上讲，社会组织能力较弱，无法发挥正常功能，既不能提供充足的互益性服务，也无法确保公益性事务需求得到满足。

---

① 徐家良，赵挺.政府购买公共服务的现实困境与路径创新：上海的实践[J].中国行政管理，2013(8)：26－30＋98.

截至2017年底，上海市社会团体登记管理机关在对登记注册的14 914家社会组织数据核查摸底的基础上，依照法定程序共对全市348家(占比2.3%)常年未开展活动的名存实亡社会组织实施了分类清理处置。从清理处置类型看，社会团体71家、民办非企业单位274家，基金会3家。对其中266家实施撤销登记行政处罚，约谈训诫主动办理注销72家，整改后重新纳入日常监管10家。300多家社会组织名存实亡接受处理，这说明上海市社会组织治理结构与能力建设遇到了诸多的问题。

五、行业组织的积极作用尚未充分发挥

行业组织有它独特的地位与作用，是形成政府、企业和社会组织之间有效联系，降低成本，提高效率的一类组织。在上海市，尽管成立了数量较多的社会组织，但社会组织分成不同的类别，有不同的功能，这就需要组建不同类别的行业组织。目前，主要存在两方面问题：其一是未建立系统性的行业组织体系；其二是行业组织与政府间的权责边界不清。

(一) 行业组织未建立系统性的行业组织体系

传统上对行业组织的关注重点都在行业协会商会，甚至直接将两者等同，这都是狭义的行业组织。广义的行业组织应该包括社会团体、社会服务机构和基金会在内的所有社会组织，如1993年成立的深圳社会组织总会、2008年1月成立的中国社会组织促进会、2011年1月浙江省成立社会组织联合会、2013年4月成立的中国慈善联合会。除了上海市静安区社会组织联合会等少数行业组织外，上海市还没有市一级的社会组织行业组织，更谈不上构建行业组织体系。若不建立系统性的行业组织体系，既不

利于社会组织管理体制改革的整体推进，也不利于政府与社会组织关系的均衡发展。政府承担大量的社会事务职能，仅能转移给专业的社会组织，却无法转移给行业性的社会组织，但只有行业性的社会组织才能起到服务会员和行业自律的作用。同时，社会团体、社会服务机构和基金会在发展中遇到一些问题并不是事事都找政府，可以通过咨询行业组织更好地得到解决，比如基金会透明度和合规性问题，可以通过基金会联合会制定行业相关制度与标准达成行业自律。

（二）行业组织与政府间权责边界不清

只有厘清行业组织与政府的边界，才能确定行业组织与政府各自的权利与义务，更好地推动政府效率提升与行业组织的健康发展。行业组织的民间性、自主性越来越强，在社会中发挥的作用也越来越大。在上海市，一方面，政府负担过重，需要为多数社会组织的管理承担责任；另一方面是没有行业组织履行相关职责。在成立上海市不同类别的行业组织时，需要明确不同层级的行业组织如何进行各自的功能定位，政府如何界定自己管理边界，行业组织在什么情况下承接政府的职能转移等，诸多问题值得摸索与讨论。

第二节 上海社会组织进一步创新发展的战略思路

站在社会主义新时代和“十三五”的历史起点上，需要在补齐短板、破解难题、优化环境、增强活力上做出新的努力。从上海市城市规划来关注上海市社会组织与之的匹配程度，重点设置和发展若干有影响力的项目对标国际影响全国，打造新时代的上海市新品牌，通过城市空间升级改造提升其创新示范作用。从 2018 年至 2035 年,还有 17 年的时间,为了迈向卓越的“全球城市”,实现上海市五个中心的任务,响应一带一路发展倡议,实现上海市现代化建设的目标,有必要针对存在的问题采取有效的措施:第一,继续树立创新思维的观念;第二,完善社会组织管理制度;第三,进一步转变政府职能,用社会组织购买更多公共服务;第四,强化社会组织自身制度和能力建设;第五,成立不同类别的行业组织,有效发挥行业组织的积极作用;第六,打造全国性和世界性的品牌项目;第七,对标国际大都市,引进“中字头”行业协会商会。通过以上七种对策战略,为上海市社会组织可持续发展和引领全国社会组织发展方向奠定扎实的基础。

一、继续树立创新思维观念

在全面建设社会主义现代化强国的过程中,需要明确社会组织的主体地位,充分发挥社会组织的积极作用,且更重要的是,引导社会组织贯彻改革开放观念、具备长远发展战略观念和弘扬变革发展观念。

(一) 贯彻改革开放观念

1978 年 12 月中国实施改革开放政策,使中国与世界接轨,既了解外面世界的发展速度与借鉴之处,又清楚中国自己国家的经济实力和弱点,有利于发现差距,寻找前进的方向与目标。从 1984 年国务院将上海定位为开放型、多功能的现代化城市。1992 年,中共十四大报告明确指出:以上海浦东开发开放为龙头,进一步开放长江沿岸城市,尽快把上海建成国际经济、金融、贸易中心之一,带动长江三角洲和整个长江流域经济的新飞跃。到 2017 年,《上海市城市总体规划(2017—2035 年)》(简称“上海

2035”）获得国务院批复原则同意。改革开放以来上海社会组织一直紧跟上海城市发展的脉搏和节奏，未来可进一步引导上海社会组织围绕城市定位和发展目标，着眼于社会建设和创新领域，进一步彰显功能优势，增创先发优势，打造品牌优势，厚植人才优势。

（二）具备长远发展战略观念

当前上海市社会组织，对每个月，乃至每年的社会组织发展都有明确的发展规划，但少有社会组织从长远发展的角度出发，做社会组织三年或五年的发展规划，这不利于社会组织的持续性发展。因为长远来看，社会组织在什么情况下，往什么样的目标前进，在这期间应该采取什么样的策略，这对一个社会组织来说非常重要。上海市社会组织，尤其是优秀的社会组织，有必要具备长远发展的战略观念，以战略引领方向，明确社会组织使命与责任，从上海市走向长三角，走向全国，终极目标是辐射到世界，成为影响全球发展的知名组织。

（三）具备弘扬变革发展观念

社会组织发展是在一定的社会经济条件下进行的。随着社会经济环境的调整，社会组织也要随之发生变化，包括需求变化、结构变化、资金变化、项目变化、志愿者来源变化、政府政策变化和企业支持变化等，社会组织只有根据组织目标和社会需求的变化，随之做出相应的变革，才能在社会中立于不败之地。

二、完善社会组织管理制度

完善社会组织管理制度主要是解决目前上海市社会组织主体性不突

出的问题。该对策从问题本源，即社会组织制定对社会组织发展的过度限制出发，通过落实社会组织直接登记管理制度和放宽对社会组织管制的方法，肯定并强化社会组织的主体性，且给予更多的发展空间，进而有利于提升其参与社会建设的功能。

（一）落实直接登记制度

落实直接登记制度主要是改变传统社会组织管理制度，即双重登记管理制度对社会组织组建的约束力，提升社会组织的发展活力。

传统社会组织管理制度实行的是双重登记管理制度，先由业务主管单位审批同意，再在登记管理部门登记注册。由于有一些社会组织找不到业务主管单位，或业务主管单位不愿意接收，导致社会组织无法登记注册为社会组织法人。2002年开始，上海市对行业协会实行改革，行业协会在找不到业务主管单位的情况下，可以找行业协会发展署作为业务主管单位，这样暂且解决了业务主管单位找寻困难的问题。这是上海市第一次开展的社会组织管理制度改革。

2013年，全国人大通过《国务院机构改革与职能转变方案》，对行业协会商会、公益慈善类、科技类和城乡社会服务类采取直接登记。上海市民政局积极践行中央的决议，对这四类社会组织进行直接登记，而对其他社会组织，包括政治法律类社会组织、宗教类社会组织、境外非政府组织类仍实行双重管理。但目前，在实际操作过程中，上海市是在逐步采取直接登记的方式，有待于进一步落实社会组织直接登记管理制度，扩大直接登记的社会组织的数量和范围，适当增强社会组织自主性。

（二）放宽对社会组织的管制

放宽对社会组织的管制是提升社会组织主体性的重要举措，具体就是将社会组织的“年度检查制度”转变为“年度报告制度”。

社会组织的“年度检查制度”是国务院先后发布的《社会团体登记管理条例》(1998年)、《民办非企业单位登记管理暂行条例》(1998年)、《基金会管理条例》(2004年)规定的社会组织管理制度。相对的,社会组织的“年度报告制度”,则是2016年全国人大通过《慈善法》规定的社会组织管理制度。这两种管理制度相比,前者比后者的管制更严格且更琐碎,而后者比前者的管制自由和灵活得多,且更有利于提升社会组织建设和发展的积极性。

因此,有必要放宽对社会组织的管制,不仅是慈善组织,其他社会组织也都应该实行年度报告制度。但是,政治法律类、宗教类和境外非政府组织具有一定的特殊性,对于这类组织仍需要实行双重管理制度和年度检查制度,根据条件的成熟程度,做好直接登记管理制度和年度报告制度的准备。将“双重管理”调整为“直接登记”,“年度检查”调整为“年度报告”,逐渐放松对社会组织的管制,让社会组织充分发挥出在社会建设中的主体性。

三、进一步转变政府职能,向社会组织购买更多公共服务

转变政府职能,将更多的公共服务项目以购买形式吸引社会组织承接,能够给予社会组织一定的施展空间,实现其发展的宗旨和目标。在购买制度上,有效颁布并实施多条管理办法和制度,通过多样方法予以落实;在解决由定价机制和购买风险导致的问题上,要对定价机制予以完善,且通过制定法律制度建设、设立防范机制、强化财务审计、贯彻多元问责的方

式降低购买风险。

（一）加快转变政府职能

加快转变政府职能，是改革开放的重要内容，也是上海市政府工作的主要方向。2018 年 3 月，中共中央印发《深化党和国家机构改革方案》，强调以国家治理体系和治理能力现代化为导向，以推进党和国家机构职能优化协同高效为着力点，深化转职能、转方式、转作风，提高效率效能。在此基础上，构建系统完备、科学规范、运行高效的党和国家机构职能体系，有必要把转变政府职能作为突破点，形成上海市特色的政府管理新体制。

具体过程是在原有转变政府职能基础上，上海市政府发布《上海市机构改革与政府职能转变方案》，明确政府转变职能的目标、任务，界定哪些职能是由政府独立行使的，哪些职能是交由社会组织行使，哪些职能是由政府和社会组织共同行使。分阶段、分步骤转移政府职能给社会组织，由3A 以上社会组织来承接这些职能。通过转变政府职能，逐步扩大社会组织参与公共事务的职能和范围，提升社会组织服务社会的能力。通过政府购买公共服务，逐渐剥离政府不需要和不必要的职能，同时积极培育和发展社会组织，成为社会治理和公共服务供给的重要主题。

（二）健全政府购买社会组织公共服务机制

政府购买社会组织公共服务机制健全与否，决定了政府是否能够购买到适宜且有效的社会组织公共服务。

为此，上海市以政府职能转变为基础，有效实施《上海市政府购买服务管理办法》《关于进一步建立健全本市政府购买服务制度的实施意见》《上海市市本级政府购买服务实施目录》相关内容，同时尽快制定《政府职能转变目录》《政府购买社会组织公共服务目录》《社会组织承接政府购买服务资质目录》《政府购买社会组织公共服务价格目录》《政府购买社会组织公共服务评估机构资质目录》等官方政策文件，将政府购买社会组织公共服务机制进一步标准化。此外，上海市还应当通过健全政府购买社会组织公共服务机制，有重点地扶持一批具有示范导向作用的社会组织，以期利用这些组织，引导更多上海市的社会组织健康发展。

（三）完善定价机制，降低购买风险

定价机制和避免购买风险非常重要，值得引起人们的高度关注，并采取对应措施予以解决，以实现政府购买社会组织公共服务的合法性、有序性和科学性。

完善政府购买定价机制，需要做以下几个方面的工作：一是引入社会组织和社会公众参与机制，开展需求评估，建立服务采购方和供给方的对话协商机制，完善政府购买服务的定价体系；二是细化政府购买社会组织服务的价格目录，加强财务监管，细化政府购买社会组织服务的价格目录，对社会组织承接服务中真实、全面的成本进行核算，且对服务中志愿者补贴、专家劳务费等方面进行最高标准、最低标准的原则性规定；三是加强对政府购买服务项目的财务审计，并将审计结果作为购买服务遴选中标机构的一个重要依据；四是根据社会组织类型进行公共服务的分类购买，政府购买社会组织服务时有必要进行分类招标和管理，对服务需求、服务人群、服务标的、服务范围与服务经费等加以区分，让不同特点的社会组织投标，承接不同类型的项目，发挥社会组织各种类型机构的专业特长，提升项目服务绩效。①

① 徐家良.政府购买社会组织公共服务制度化建设若干问题研究[J].国家行政学院学报，2016(1)：68－72.

为了降低政府购买公共服务风险，需要做以下几个方面的工作：

一是完善和制定政府向社会组织购买公共服务的法律体系。结合上海市地方经济发展水平和社会组织基本状况，制定《上海政府购买公共服务招投标管理办法》和《上海政府购买公共服务风险管理办法》，明确风险管理的主体、流程和程序，强化对购买过程中出现的风险的控制。

二是建立科学有效的政府购买公共服务风险防范机制。在上海市，在成立地方政府购买服务改革工作领导小组基础上，设置风险管理委员会，吸纳政府职能部门、社会组织、专家学者等多方主体共同参与。在公共服务购买中界定清晰、明确和具体的服务标准，防止承接方借履行合同裁量空间降低服务标准，损害社会公众利益；完善承接公共服务社会组织的准入机制，建立合格供应商制度。对包括社会组织在内的提供商设定资格条件，从而在最大程度上避免因社会组织能力不足而引发的购买风险。此外，建立和完善政府购买公共服务第三方评估机制。在事前、事中、事后引入会计事务所、律师机构等第三方专业机构，对政府购买公共服务绩效进行全程监管。

三是提升承接公共服务的社会组织能力。根据《慈善法》以及即将修订发布的《社会组织登记管理条例》，建立承接政府购买社会组织黑名单制度，纳入到社会组织统一的信用查询平台。

四是发挥政府、社会组织和公众多方参与风险防范的作用。提高公众对于政府向社会组织购买公共服务的参与程度，客观评价购买的服务和效果。建立社会组织承接政府购买公共服务的中介组织，积极发挥慈善联合会、社会组织联合会等在政府购买公共服务中的监督作用。

五是建立政府购买公共服务的多元问责框架。对政府购买公共服务中风险防范不力的相关主体，进行行政问责乃至社会问责，保障政府购买公共服务的高效率，满足公众现实需要。

四、强化社会组织自身制度和能力建设

上海社会组织要想实现长足发展，自身制度建设和自身能力建设都需加强，具体而言，就是要一方面，通过建立科学的法人治理制度、完善内部管理制度，强化社会组织自身的制度建设；另一方面，通过加强社会组织成员的职业教育，提升整合社会组织各种能力。

（一）建立科学的法人治理制度

实现上海社会组织的规范性发展，有必要以健全法人治理机制为基础。不同的社会组织，应有不同且明确的法人治理机制：对社会团体来说，必须明确会员（代表）大会、理事会、常务理事会、监事会和秘书处管理层的职责，确立会员（代表）大会是社会团体的最高权力机构和决策机构；对社会服务机构和基金会来说，必须明确理事会、监事会和秘书长管理层的职责，确立理事会是社会服务机构、基金会的最高权力机构和决策机构。此外，社会团体、社会服务机构、基金会还可以推行理事长兼法定代表人制度，确立章程的主导地位，树立章程的权威性，使社会组织严格按照章程规定的宗旨和业务范围开展活动。秘书长一职需实行公开招聘和职业化，提高社会组织专业化水平。社会组织按照法人治理机制的要求，逐步形成权力决策机构、执行机构、监督机构三个机构合理分工、互相督促、有效制衡的内部法人治理结构。

（二）完善内部管理制度

内部管理制度的完善关系到社会组织的有序运行。因此，在建立健全

包含财务、人事、印章、档案管理、重大事项报告、对外交往、捐赠管理、考核奖惩、法定代表人离任审计和信息公开等管理制度以及社会组织的内设机构(秘书处、办公室等)的工作制度和管理办法等的基础上,通过内部组织、规章制度和民主决策机制的三方面建设,提高社会组织的自身素质行为能力,完善社会组织的自律机制,提高其自律能力、自我管理能力、自我教育能力和自我服务能力。

(三) 加强社会组织成员的职业教育

目前我国社会组织发展不均衡,提供公共服务的社会组织专业化水准不高,缺乏服务理念和专业经验。为解决此问题,应加强社会组织成员的职业教育。2015 年 8 月,由人力资源和社会保障部、国家质量监督检验检疫总局、国家统计局颁布的《中华人民共和国职业分类大典》增加“劝募员”“社会组织专业人员”“社团会员管理员”等涉及社会组织工作的三个职业。为提升这三个职业人员的能力,增强这三个职业人员的专业性,应当尽快根据《中华人民共和国职业分类大典(2015 年版)》的岗位设置,建立相应的培训考试制度,不断提升社会组织管理人员专业化和职业化水平。目前,在全国还没有对这三个职业进行培训和考试,上海市应在全国先行一步,与人力资源和社会保障部、民政部商定,先在上海市进行三个职业培训与考试的试点,探索出相关的经验,以期未来向全国拓展。

(四) 提升整合社会组织各种能力

社会组织有各种能力,除为会员提供服务的能力外,重要的能力还包括信息沟通能力、项目运作能力、筹款能力、营销能力、危机应对能力、媒体发布能力和完成预期的与政府关系能力。

一是信息沟通能力。信息沟通能力是指社会组织内部的信息沟通能力，做到信息沟通真实、快捷、及时。通过正常的信息沟通，确保上海市社会组织领导层与管理层对组织信息有全面的了解，有效处理事务，实现预期的组织目标和完成预期的项目任务。

二是项目运作能力。项目运作能力是指在选择一个好项目的前提下，在最短时间内以最少的投入获取最好的社会效果，完成组织使命，实现项目目标。对上海市社会组织尤其是基金会来说，在项目执行过程中，需要考虑人力、物力、财力和时间的投入，了解各种信息，熟悉项目运作流程，提高项目目标实现的可能性，确保项目团队高效执行。

三是筹款能力。筹款能力是指通过各种方式获取外部捐赠资源最大化的基本素质和条件。对社会组织来说，没有一定的经济来源就无法完成预期的任务、实现组织目标，因此，有必要掌握一定的筹款技巧，与特定捐赠方和非特定捐赠方建立密切的联系，对重点、潜在的捐赠方多沟通交流，有针对性地提供服务，使捐赠方的意愿及时得到落实。

四是营销能力。营销能力是指为了实现组织目标，通过相互交换和承诺，发现、创造和交付价值、产品或服务，建立、维持、巩固与服务者、消费者及其他参与者的关系，以最大化地获得所需，实现双赢或多赢的素质和条件。上海市社会组织凭借原有的基础，与政府、企业和其他社会组织开展多方合作，同时，社会组织尽可能多地提供项目运作安排，以盘活各种资源，达到效用最大化。

五是危机应对能力。危机应对能力是指对出现的危机做出合理快速反应的能力。通常情况下，任何组织和个人都会出现一些差错，产生危机事件，对社会组织来说，在尽可能预防危机的同时，把应对危机的制度和方法建立起来，设立新闻发言人制度，危机一出现，社会组织就要快速地回应社会的关切，解释与分析危机产生的原因，寻找解决危机的有效途径与方法，赢得政府和社会的强有力支持。

六是媒体发布能力。媒体发布能力是指通过传统媒体和现代媒体，把组织信息及时传递出去的一种能力。上海市社会组织有必要在借助报纸、杂志、电视、广播等传统媒体的基础上，充分运用互联网新技术，用微信、微博快速发布，使社会组织的相关信息及时传递，形成社会组织正能量，提升社会产生组织活力，使社会组织呈现出项目运作多元的新形象。

七是与政府关系能力。与政府关系能力是指通过各种途径与方法，与政府构建起良好合作关系的素质与条件。上海市社会组织的发展，离不开政府的支持与关心，因此，上海市社会组织需要借助与上海市各级政府良好的关系传统，进一步加强联系与合作，通过微信、微博、会议论坛、成果要报等方面让政府了解社会组织的项目和基本情况，邀请政府官员参加社会组织活动，通过经常承接政府购买社会组织服务的项目，并在过程中强调规范化运作以获得第三方评估机构的肯定性评估，从而确保社会组织与政府关系良性循环的可持续发展。

社会组织根据各自情况，向政府递交政策咨询和建议，条件成熟的前提下成为社会智库，充分发挥对政府决策制定和执行中的影响作用，这些社会智库包括社会团体、社会服务机构和基金会智库。

五、成立不同类别的行业组织，有效发挥行业组织的积极作用

在社会主义市场经济新秩序的构建中，行业组织有独特的地位和力量。一方面，随着经济发展和社会转型，我国社会组织呈现持续增长的态

势，如果由政府直接管理所有的社会组织，政府既没有精力，结果也是低效的；另一方面，全面深化改革背景下政府简政放权，使行业组织获得更大发展空间，能够承接政府职能，创新社会治理的重要功能。

在社会组织的管理中，注重发挥行业组织的作用既是现实所趋，也是建设现代化强国的需要。行业组织的重要性体现在以下几个方面：第一，行业组织能够促进民主参与、市民自治，自治性是行业组织的本质特征，行业组织通过自我组织、自我管理实现组织的特定目标。在这样的自治组织中，会员能够直接参与决策和管理，从而提高参与的积极性；第二，行业组织在政府和多元利益群体间发挥重要的中介作用，行业组织可以有效表达行业利益相关者的诉求，影响政府决策，能够承担公共职能，对同行业的公共事务进行管理，减少政府压力；第三，相对于政府，行业组织通常拥有更多本行业的信息，在技术性、专业性方面都有优势，因此能减少由于信息不对称带来的决策低效，使行业组织制定的行业规范、自律制度更有针对性；第四，行业组织是会员制组织，其自律规范的制定应该是建立在会员协商一致的基础上，而非政府自上而下的强制决策，由此形成的合法性基础使决策在执行过程中更顺利，也可以降低监管成本。行业组织依据社会组织分类可分为社会团体联合会、社会服务机构联合会、基金会联合会、慈善组织联合会等。

针对行业组织的现存问题，上海市有必要构建系统性的行业组织层级体系，梳理政府与行业组织权责边界，明确同业内行业组织发展规则。

一是建立全面的行业组织层级体系。政府在现有行业协会商会等行业组织体系基础上，建立自上而下全面的行业组织层级体系，最上层为社会组织联合会，中间层为社会团体联合会、社会服务机构联合会、基金会联合会，最下层为各类社会组织中具体的行业组织，如慈善组织联合会、志愿者组织联合会等。上层和中间层行业组织由政府主导建立，是整个行业组织层级体系的枢纽，对各类社会组织进行管理，其公权力主要来源于政府授权。最下层的行业组织主要遵从市场逻辑“自下而上”建立。

二是建立行业组织规范管理制度，理清权责边界。行业组织的权力来源主要包括三种：内部契约授权、法律授权、政府委托授权。

在内部契约授权方面，政府需给予行业组织独立运作的空间，且让行业组织可参照公司的法人治理结构，通过民主的章程、合理的组织框架、公正的程序对权力进行规制。在法律授权方面，涉及国家级或省级等级别较高的行业组织，通常被政府授予一定的权力，且权力主要为行业内的监督管理权和处罚权，行业组织通过这两项权力对组织内会员实施管理。如果管理不当，则需承担相应责任。在政府委托授权方面，行业组织通过授权承担行业管理、社会事务服务、技术与市场服务等事项，政府对其进行监督管理。政府的监管范围仅限于法律授权和政府委托授权所涉及的事务部分，政府可建立事前监管和过程监管机制。事前监管是对能够承接职能的行业组织进行科学评估；过程监管则采取抽查方式实行动态监管，若出现重大事故，可对合约进行变更或解除，由于同业内存在多个行业组织，可选择竞争性组织替代。

需要强调的是，虽然行业组织的管理强调去行政化，但行业组织会通过政策建议等影响决策过程，为行业组织内会员争取政治利益与资源。因此政府要通过法治、限制权力等方式强化自身管理，避免互动中的非法交易。

三是同业内允许多个行业组织存在。同业内多个行业组织的存在，主要针对行业组织体系的最下层。政府需要建立行业组织准入与退出机制，仅对行业组织会员规模、地域分布、业务种类等有所规定，同时允许行业组织内通过淘汰、兼并、重组等方式进行整合。此外，为了促进同行业内组织的有序竞争，减少重复的资源浪费，一方面政府需要通过抽查、年度报告、评估等方式进行监管，同时建立业内举报机制；另一方面，对同行业各个组织进行业务细分，即无须每个行业组织都提供所有关于行业内会员的综合服务，而是选择某项服务进行行业自律，既能保证专业性，又能促进同业内行业组织相互合作。

六、打造全国性和世界性的品牌项目

当前上海社会组织在参与社会治理、扩大公共服务等方面虽已取得很大成就。但上海市社会组织普遍缺乏相应的品牌项目，使得目前社会组织自身发展竞争力不足。为解决此问题，我们可在充分借鉴国内外其他城市有益经验的基础上，进一步推动上海市社会组织发展创新，使上海市社会组织成为上海市的城市新亮点。在带动上海市打造全国性和世界性品牌项目的过程中，可采取五方面对策，即对标美国纽约社区信托基金会建立上海市社会组织发展基金；大力推动上海市慈善超市品牌建设；构建上海市社会组织信息信用网站平台；成立上海市社会组织发展学院；打造社会组织交流合作平台。提升上海市在慈善领域的国际影响力。

（一）对标美国纽约社区信托基金会建立上海市社会组织发展基金

对标美国纽约社区信托基金会，设置筹措的特别款项，即在公募基金会下设立社会组织发展基金，以满足社会组织内部发展和社会组织之间行业规范的迫切需求。社会组织发展基金由以下几个方面构成：一是福利彩票公益金资助；二是企业捐助；三是社会组织资助；四是社会爱心人士捐助。通过社会组织发展基金的运作，专门用于重点社会组织扶持、社会组织能力与公信力建设及表彰奖励，完善社会组织职业化和专业化程度，充分发挥社会组织在构建和谐社会和市场经济秩序的积极作用。

（二）大力推动上海慈善超市品牌建设

创设统一的上海市慈善超市标识，不仅为管理慈善超市提供方便，还可以形成一种品牌效应，树立起上海市慈善超市的"品牌"形象，提升慈善超市的知名度，扩大社会影响力。根据上海的调研情况，依据慈善超市运营主体、运营内容和工作职能的不同，将上海市慈善超市进行分层分类。按照运营主体，将慈善超市划分为 3 种模式，分别为：街镇政府运作型、社会组织运作型和企业运作型；按照运营内容将其划分为 4 种类型，分别是：单一发放型、发放为主型、销售为主型和单一销售型；根据工作职能，将其分为帮困救助型、便民帮困型、变现服务型和社区平台型；根据销售形式，将其划分为线下销售型和线上线下型。最好的慈善超市，应该是既顾及慈善服务，又有市场运作的机制，由专业团队运作，提高造血功能。

（三）构建上海市社会组织信息信用网站平台

以信用信息建设为核心，对现有上海社会组织网站更新升级，使之进一步成为服务社会组织公共服务的网站，增加连接社会组织网站的功能，较全面和完整地发布社会组织信息，使社会组织与政府有一个畅通的沟通途径和交流平台。将社会组织信息信用平台与个人信用平台等征信平台相对接，同时采取有效的激励和动态淘汰机制，促进社会组织的优胜劣汰，从而推动社会组织的健康发育和成熟。

（四）成立上海市社会组织发展学院

成立上海市社会组织发展学院是为了更好地将社会组织研究集中化，以期提升社会组织研究的成果质量和成果转化程度。2006 年开始，上海交通大学中国公益发展研究院、上海大学中国社会转型与社会组织研究中心、华东政法大学公民社会与公共治理研究中心、上海浦江社会组织创新发展研究院等一些研究机构相继成立，但整体力量比较分散，研究力量较薄弱，不能适应社会组织团队研究与专业化培训的要求，而且这些研究机构有较强的理论导向，对实践活动重视不够。因此，有必要参照深圳国际公益学院、长江商学院、中欧国际工商学院的办学经验，由上海市民政局牵头，争取国家政策的倾斜，成立上海社会组织发展学院，并使之成为华东和全国著名的培养社会组织人才的专业学校，系统地培训各类社会组织人才，为社会组织专业化和职业化打下扎实的基础。

（五）打造社会组织交流合作平台

立足上海，辐射全国打造的社会组织交流合作平台具体包括三类，即"中国（上海）社会组织国际交流中心""中国（上海）社会组织国际博览会"和"中国（上海）世界社会组织大会"。

一是倡立中国（上海）社会组织国际交流中心。这样一来，对内可以深化同其他省市社会组织的合作，对外可以扩大同国外社会组织的交流。因此，有必要在上海公益新天地的基础上做一个升级版，与世界接轨，建议倡立中国（上海）社会组织国际交流中心，这对上海国际化大都市和引领全国社会组织发展方向有重要意义。

二是举办中国（上海）社会组织国际博览会。为了使公益伙伴日常态化和实效化，提高国内和国际影响力，进一步推进上海市国际化进程，引领中国社会组织和世界慈善事业的发展趋势，有必要以民政部为主办单位、上海市政府为承办单位，在上海市举办每两年一度的社会组织国际博览会，可命名为中国(上海)社会组织国际博览会，使其成为提供社会组织信息沟通、学术交流的国际性平台。鉴于上海国家会展中心已经开始运行，硬件设施良好，可以较好地发挥这一优势，增强服务社会组织的功能，欢迎国内外社会组织来上海市进行各种交流。

三是召开中国(上海)世界社会组织大会。搭建一个全球性社会组织对话平台，有助于各国社会组织共商共议、平等交流，相互借鉴社会组织能力建设的有益经验，共同提高社会组织参与国家治理的能力，为应对人类社会面临的发展难题、携手构建人类命运共同体凝聚更多的力量和积累更多的经验，提供来自中国社会组织的声音和智慧。

七、对标国际大都市，引进“中字头”行业协会商会

上海市四类社会组织在参与社会治理、扩大公共服务等方面虽已取得很大成就，但与综合性的国际化大都市城市定位相适应还有一定提升空间。为此，应引进“中字头”行业协会商会落户上海市，促进上海市本地行业协会商会发展。具体原因如下：

第一，“中字头”行业协会商会在国家经济管理中具有非常重要的地位。近年来，“中字头”行业协会商会已逐步成长为继政府、企业之后国家经济建设和发展的主要推动力，也是政府社会治理的有力助手，“中字头”行业协会商会在调查统计、行业自律、行业规划和标准制定、专业培训、产品展销等方面，起到了连接政府管理与行业发展的桥梁枢纽作用。

第二,“中字头”行业协会商会在服务经济发展方面的优势明显。从发展“中字头”行业协会商会的优势来看,单个企业难以完成、行业市场无人担当、政府心有余而力不足的事,“中字头”行业协会商会凭借专业、信息、人才、机制等市场资源配置方面的优势都可以大显身手。那么,对上海市而言,“中字头”行业协会商会落户上海市,有利于推进大中小企业协调发展、联合行动,推动产业结构调整和转型升级,加快发展战略性新兴产业,协助政府管理市场发展。

第三,“中字头”全国性行业协会商会助推经济发展的能量巨大。“中字头”行业协会商会一方面有助于直接推动上海市经济硬实力增长,另一方面通过参与市场监管以及信用体系建设、知识产权保护、科技创新、慈善公益等活动,优化产业和中小企业的发展质量,提升上海市经济发展的软实力、巧实力。

同时,为了引进“中字头”的行业协会商会,需要做以下几个方面的工作:

第一,成立领导小组。建议由上海市政府成立“中字头”全国性行业协会引进办公室,负责协调有关部门引进与上海市产业有关的全国性行业协会商会。

第二,提供落户优惠政策。对“中字头”行业协会商会提供相应的落户优惠政策:一是落实办公场所,根据“中字头”行业协会商会的性质,在上海市提供若干集中的办公楼栋或楼层办公室;二是积极配合“中字头”行业协会商会开展工作,探索新型服务模式,例如促成政府和“中字头”行业协会商会的合作,即由政府负责社会经济发展的相关制度安排,之后由“中字头”行业协会商会负责市场化运作;三是简政放权,把适合交由“中字头”行业协会商会承办的事项，通过购买服务等方式交由相关协会承接；四是树立服务意识，在“中字头”行业协会商会举办大型展会、博览会时等活动时提供适当协助和支持。

第三，培育上海市的行业协会商会升级，发起成立“中字头”行业协会商会，建议政府对培育十多年的一批运作规范、在全国具有引领示范的上海市行业协会商会，特别是新兴产业和科创类行业协会重点扶持，积极游说上级国家部委，促使其早日升级为“中字头”行业协会商会。

参考文献

一、外文文献

[1] Anssi Paasi. Boundaries as social processes：Territoriality in the world of flows[J]. Geopolitics，1998，3(1)：69－88.

[2] Bloodgood E，Tremblay-Boire J. Does government funding depoliticize non-governmental organizations? Examining evidence from Europe[J]. European Political Science Review，2017，9(3)：401－424.

[3] Boege V，Brown M A，Clements K P. Hybrid political orders，not fragile states[J]. Peace Review，2009，21(1)：13－21.

[4] Brett Christophers. Revisiting the Urbanization of Capital [J]. Annals of the Association of American Geographers，2011，101(6)：1347－1364.

[5] Brewer J D，Wilford R，Guelke A，et al. The police，public order and the state：policing in Great Britain，Northern Ireland，the Irish Republic，the USA，Israel，South Africa and China[M]. Springer，

2016.

[6] Brook T, Frolic B M. Civil society in China[M]. Routledge, 2015.

[7] Cox K R. Political geography and the territorial [J]. Political Geography, 2003, 22(6): 607 - 610.

[8] David N. Hyman, Public Finance: a Contemporary Application of Theory to Policy, 10 Edition[M]. South-Western Cengage Llearning, 2010.

[9] Doppelt B. Leading change toward sustainability: A change-management guide for business, government and civil society[M]. Routledge, 2017.

[10] Elden S. Land, terrain, territory[J]. Progress in human geography, 2010, 34(6): 799 - 817.

[11] Elden S. Missing the point: globalization, deterritorialization and the space of the world [J]. Transactions of the Institute of British Geographers, 2005, 30(1): 8 - 19.

[12] Elden S. The birth of territory [M]. University of Chicago Press, 2013.

[13] Freiberg J W. Critical sociology: European perspectives [J]. American Journal of Sociology, 1979: 718.

[14] Gauthier H L, Taaffe E J. Three 20th Century "Revolutions" in American Geography[J]. Urban geography, 2002, 23(6): 503 - 527.

[15] Gidron B, Kramer R M, Salamon L M. Government and the third sector: Emerging relationships in welfare states[M]. Jossey-Bass Inc

Pub, 1992.

[16] Gill G J. Dynamics of Democratization: Elites, Civil Society and the Transition Process [M]. Macmillan International Higher Education, 2017.

[17] Gottmann J. The Evolution of the Concept of Territory[J]. Social Science Information Social Science Information, 1975, 14 (3): 29 - 47.

[18] Gottmann J. The significance of territory[M]. Univ of Virginia Pr, 1973.

[19] Harrison J. Networks of connectivity, territorial fragmentation, uneven development: The new politics of city-regionalism [J]. Political Geography, 2010, 29(1): 17 - 27.

[20] Harvey D. Between Space and Time: Reflections on the Geographical Imagination1 [J]. Annals of the Association of American Geographers, 1990, 80(3): 418 - 434.

[21] Harvey D. Social Justice, Postmodernism and the City [J]. International Journal of Urban & Regional Research, 2010, 16(4): 588 - 601.

[22] Harvey D. The Condition of Postmodernity [J]. Economic Geography, 1989, 67(2): 154 - 155.

[23] He S. State-sponsored Gentrification Under Market Transition The Case of Shanghai [J]. Urban Affairs Review, 2007, 43 (2): 171 - 198.

[24] Hechter M. A Contemporary Critique of Historical Materialism. Vol. 2, The Nation-State and Violence. by Anthony Giddens[J]. Transactions of the Institute of British Geographers, 1987, 11 (3): 380.

[25] Holznagel D C, Olson T. A Study of Distance Education Policies in State Education Agencies [J]. Office of Technology Assessment, 1990: 35.

[26] Hsu J Y J, Hasmath R. The Local Corporatist State and NGO Relations in China [J]. Journal of Contemporary China, 2014, 23(87): 516 - 534.

[27] Jessop B, Brenner N, Jones M. Theorizing Sociospatial Relations: [J]. Environment & Planning D Society & Space, 2008, 26(3): 389 - 401.

[28] Knoke D. State in Society: Studying How States and Societies Transform and Constitute One Another [J]. Contemporary Sociology, 2003, 32(2): 217.

[29] John Agnew. Sovereignty Regimes: Territoriality and State Authority in Contemporary World Politics [J]. Annals of the Association of American Geographers, 2015, 95(2): 437 - 461.

[30] Johnston R. Out of the "moribund backwater": territory and territoriality in political geography[J]. Political Geography, 2001, 20(6): 677 - 693.

[31] Lefebvre H, Elden S, Moore G. Rhythmanalysis: space, time and

everyday life[M]. Continuum, 2004.

[32] Lefebvre, Henri. The production of space[M]. Blackwell, 1991.

[33] Lemos A. Post — Mass Media Functions, Locative Media, and Informational Territories: New Ways of Thinking About Territory, Place, and Mobility in Contemporary Society[J]. Space & Culture, 2010, 13(4): 403-420.

[34] Lester M. Salamon & Helmut K. Anheier. In Search of the Nonprofit Sector. I: The Question of Definitions [J]. VOLUNTAS: International Journal of Voluntary and Nonprofit Organizations, 1992, 3(2): 125-151.

[35] Lewis D, Schuller M. Engagements with a productively unstable category: anthropologists and non-governmental organizations [J]. Current Anthropology, 2017, 58(5): 634-651.

[36] Lin G C S. Chinese urbanism in question: State, society, and the reproduction of urban spaces[J]. Urban Geography, 2007, 28(1): 7-29.

[37] Maclaughlin J. Postmodern geographies: The reassertion of space in critical social theory [J]. Geographical Review, 1989, 18 (5): 803-805.

[38] Mark Granovetter. Economic Action and Social Structure: The Problem of Embeddedness[J]. American Journal of Sociology, 1985, 91(3): 481-510.

[39] Massey D. Globalisation: What does it mean for geography? [J].

Geography, 2002, 87(4): 293 - 296.

[40] Mercer C. NGOs, civil society and democratization: a critical review of the literature[J]. Progress in development studies, 2002, 2(1): 5 - 22.

[41] Najam A. The Four C's of Government Third Sector — Government Relations[J]. Nonprofit Management and Leadership, 2000, 10(4): 375 - 396.

[42] Osborne S P, Radnor Z, Nasi G. A New Theory for Public Service Management?: Toward a (Public) Service-Dominant Approach[J]. American Reviewof Public Administration. 2013, 43(2): 135 - 158.

[43] Painter J. Rethinking territory [J]. Antipode, 2010, 42 (5): 1090 - 1118.

[44] Peck J, Tickell A. Neoliberalizing Space[J]. Antipode, 2002, 34 (3): 380 - 404.

[45] Provan K G, Kenis P. Modes of Network Governance: Structure, Management, and Effectiveness [J]. Journal of Public Administration Research and Theory. 2008, 18(2): 229 - 252.

[46] Putting partnerships to work: Strategic alliances for development between government, the private sector and civil society [M]. Routledge, 2017.

[47] Ren X. Forward to the Past: Historical Preservation in Globalizing Shanghai[J]. City & Community, 2008, 7(1): 23 - 43.

[48] Sack R D. Human Territoriality: A Theory [J]. Annals of the

Association of American Geographers, 2015, 73(1): 55 - 74.

[49] Sassen S. Rebuilding the Global City: Economy, Ethnicity and Space [M]// Re-Presenting the City. Macmillan Education UK, 1996.

[50] Sørensen E, TORFING J. Making Governance Networks Effective And Democratic Through Metagovernance [J]. Public Administration. 2009, 87(2): 234 - 258.

[51] Storey D. Territories: the claiming of space[M]. Routledge, 2012.

[52] Theodore Levitt, The Third Sector: New Tactics for a Responsive Society[M]. New York: AM-ACOM, 1973.

[53] Theodore Levitt, The Third Sector: New Tactics for a Responsive Society[M]. New York: AM-ACOM, 1973.

[54] Waddell S. Societal learning and change: How governments, business and civil society are creating solutions to complex multi-stakeholder problems[M]. Routledge, 2017.

[55] Wallis A D. Evolving structures and challenges of metropolitan regions[J]. National Civic Review, 2010, 83(1): 40 - 53.

[56] Wallis A D. The third wave: Current trends in regional governance [J]. National Civic Review, 2010, 83(3): 290 - 310.

[57] White G. Prospects for Civil Society in China: A Case Study of Xiaoshan City [J]. Australian Journal of Chinese Affairs. 1993, 29(29): 63 - 87.

[58] Wolf, T. Managing A Nonprofit Organization [M]. New York: Prentice Hall Press, 1990.

[59] Wu F. The Global and Local Dimensions of Place-making：Remaking Shanghai as a World City [J]. Urban Studies，2000，37 (8)：1359 - 1377.

[60] Xiaoguang K，Heng H. Graduated controls：The state-society relationship in contemporary China [J]. Modern China，2008，34 (1)：36 - 55.

[61] Young D R. Alternative Models of Government-Nonprofit Sector Relations：Theoretical and International Perspectives [J]. Nonprofit & Voluntary Sector Quarterly，2000，29(1)：149 - 172.

[62] Zheng Y. Technological empowerment：The Internet，state，and society in China[M]. Stanford University Press，2007.

二、中文文献

[1] 罗德里・麦克法夸尔，费正清.剑桥中华人民共和国史：1966 - 1982 [M].金光耀，等，译.上海：上海人民出版社，1992.

[2] 莫里斯・梅斯纳.毛泽东的中国及其发展：中华人民共和国史[M].张瑛，等，译.北京：社会科学文献出版社，1992.

[3] 北京创新学会.国家整体创新系统问题研究[M].北京：党建读物出版社，2006.

[4] 布赖恩・特纳.社会理论指南[M].李康，译.上海：上海人民出版社，2003.

[5] 曹海军，霍伟桦.城市治理理论的范式转换及其对中国的启示[J].中国行政管理，2013(7)：94 - 99.

[6] 曾文，张小林. 社会空间的内涵与特征[J]. 城市问题，2015(7)：26-32.

[7] 曾永和. 社会组织发展支持体系研究——以上海为例[J]. 中共青岛市委党校. 青岛行政学院学报，2011(1)：47-53.

[8] 柴彦威，肖作鹏，张艳. 中国城市空间组织与规划转型的单位视角[J]. 城市规划学刊，2011(6)：28-35.

[9] 柴彦威. 以单位为基础的中国城市内部生活空间结构——兰州市的实证研究[J]. 地理研究，1996，15(1)：9.

[10] 陈浩，张京祥，吴启焰. 转型期城市空间再开发中非均衡博弈的透视——政治经济学的视角[J]. 城市规划学刊，2010(5)：33-40.

[11] 陈皓华. 上海市普陀区新社会组织党建工作模式研究[D]. 上海：华东师范大学，2010.

[12] 陈鹏. 打造社会组织"产业链"和"生态圈"——以上海浦东公益示范基地为例[J]. 学会，2014(6)：18-22.

[13] 陈群民，李显波，徐建，等. "十三五"时期上海社会发展和社会治理思路研究[J]. 科学发展，2015(6)：27-36.

[14] 陈易. 转型期中国城市更新的空间治理研究：机制与模式[D]. 南京：南京大学，2016.

[15] 陈映芳. 城市开发的正当性危机与合理性空间[J]. 社会学研究，2008(3)：29-55+243.

[16] 陈映芳. 城市中国的逻辑[M]. 北京：生活·读书·新知三联书店，2012.

[17] 陈映芳. 行动者的道德资源动员与中国社会兴起的逻辑[J]. 社会学研

究，2010，25(4)：50－75＋244.

[18] 陈忠.城市社会：文明多样性与命运共同体[J].中国社会科学，2017(1)：46－62＋205.

[19] 程坤鹏，徐家良.新时期社会组织党建引领的结构性分析——以S市为例[J].新视野，2018(2)：37－42＋49.

[20] 崔萍，李磊.和谐社会视野下我国社会组织发展探析[J].中国特色社会主义研究，2008(5)：81－85.

[21] 崔玉开."枢纽型"社会组织：背景、概念与意义[J].甘肃理论学刊，2010(5)：75－78.

[22] 寸洪斌，曹艳春."市场"与"社会"关系探究：社会政策研究路向思考——基于卡尔·波兰尼的"嵌入性"理论[J].思想战线，2013，39(1)：84－97.

[23] 戴维·哈维.正义、自然和差异地理学[M].上海：上海人民出版社，2010：474.

[24] 邓小平.邓小平文选：第二卷[M].北京：人民出版社，1994.

[25] 邓正来，丁轶.监护型控制逻辑下的有效治理——对近三十年国家社团管理政策演变的考察[J].学术界，2012(3)：5－26＋257－260.

[26] 董文卿.论"城市共同体"作为人类社会组织形式的内涵与价值[D].上海：复旦大学，2010.

[27] 方琦，范斌.多元关系与运作逻辑：社会组织扶持政策设计基点分析[J].理论与改革，2016(6)：58－63.

[28] 斐迪南·滕尼斯.共同体与社会：纯粹社会学的基本概念[M].林荣远，等，译.北京：北京大学出版社，2010.

[29] 傅才武.当代公共文化服务体系建设与传统文化事业体系的转型[J].江汉论坛,2012(1): 134-140.

[30] 高新民.中国共产党活动方式研究[D].北京: 中共中央党校,2002.

[31] 龚维斌.社会组织发展与和谐社会建设[J].社团管理研究,2009(1): 19-22.

[32] 顾朝林.发展中国家城市管治研究及其对我国的启发[J].城市规划,2001(9): 13-20.

[33] 顾朝曦.充分发挥社会组织在城市治理中的积极作用[J].中国社会组织,2014(11): 8-11.

[34] 顾东辉.政府委托社会组织服务,内涵,动因和方式[J].社会与公益,2012(8): 22.

[35] 顾东辉."三社联动"的内涵解构与逻辑演绎[J].学海,2016(3): 104-110.

[36] 郭道久,董碧莹.法团主义视角下"枢纽型"社会组织解析[J].天津行政学院学报,2014(1): 49-55.

[37] 郭广雷.上海市社会组织参与社区治理研究[D].上海: 华东师范大学,2009.

[38] 郭彦军.近代上海社团发展及其社会管理意义研究[D].北京: 中共中央党校,2013.

[39] 海德格尔.海德格尔选集[M].孙周兴,译.上海: 上海三联书店,1996.

[40] 何海兵.我国城市基层社会管理体制的变迁: 从单位制、街居制到社区制[J].管理世界,2003(6): 52-62.

[41] 何继新,李原乐."互联网+"背景下城市社区公共服务精准化供给探

析[J].广州大学学报(社会科学版),2016(8):64-68.

[42] 何显明.基于有效治理的城市治理创新逻辑[J].江苏行政学院学报,2015(6):99-105.

[43] 何增科.国家和社会的协同治理——以地方政府创新为视角[J].经济社会体制比较,2013(5):109-116.

[44] 何增科.社会创新的十大理论问题[J].马克思主义与现实,2010(05):99-112.

[45] 贺镐圣.上海经济体制改革十年[M].上海:上海人民出版社,1989.

[46] 亨廷顿.变化社会中的政治秩序[M].王冠华,等,译.北京:生活·读书·新知三联书店,1989.

[47] 黄闯.我国社会慈善事业创新发展的理念更新和实践转向[J].理论导刊,2014(10):9-11.

[48] 黄冬娅.多管齐下的治理策略:国家建设与基层治理变迁的历史图景[J].公共行政评论,2010,3(4):111-140+204.

[49] 黄晓春,周黎安.政府治理机制转型与社会组织发展[J].中国社会科学,2017(11):118-138+206.

[50] 黄晓春.当代中国社会组织的制度环境与发展[J].中国社会科学,2015(9):146-164+206.

[51] 计永超,焦德武.城市治理现代化:理念、价值与路径构想[J].江淮论坛,2015(6):11-15.

[52] 加里·S.贝克尔.人类行为的经济分析-新1版[M].王业宇,等,译.上海:三联书店上海分店,1995.

[53] 江华,张建民,周莹.利益契合:转型期中国国家与社会关系的一个分

析框架——以行业组织政策参与为案例[J].社会学研究,2011(3):136-152+245.

[54] 蒋蕊.让爱的阳光照进社区每个角落——上海市社区基金会培育发展情况综述[J].中国社会组织,2017(24):16-19.

[55] 蒋蕊.构建“四位一体”的社会组织综合监管体系[J].中国社会组织,2016(21):23-24.

[56] 金国坤.国家治理体系现代化视域下的行政组织立法[J].行政法学研究,2014(4):72-80.

[57] 金蕾.制度环境、社会资本对社区社会组织有效性的影响及其作用机制[D].杭州:浙江大学,2017.

[58] 敬乂嘉.政府与社会组织公共服务合作机制研究——以上海市的实践为例[J].江西社会科学,2013(4):165-170.

[59] 敬乂嘉.从购买服务到合作治理——政社合作的形态与发展[J].中国行政管理,2014(7):54-59.

[60] 康芒斯.制度经济学(上)[M].于树生,译.北京:商务印书馆,1962.

[61] 康晓光,韩恒.分类控制:当前中国大陆国家与社会关系研究[J].社会学研究,2005(6):19.

[62] 康晓光,韩恒.行政吸纳社会——当前中国大陆国家与社会关系再研究[J].Social Sciences in China,2007(2):116-128.

[63] 康晓光.创造希望:中国青少年发展基金会研究[M].桂林:广西师范大学出版社,1997.

[64] 康燕.解读上海:1990-2000[M].上海:上海人民出版社,2001.

[65] 莱斯特·M.萨拉蒙,等.全球公民社会:非营利部门国际指数[M].陈

一梅，等，译.北京：北京大学出版社，2007.

[66] 李国新.文化类社会组织是政府购买公共文化服务的主要力量[J].中国社会组织，2015(11)：14－15＋1.

[67] 李劲夫.以慈善法为引领　推动慈善事业创新发展[J].中国社会组织，2016(16)：44－46.

[68] 李鹏飞，范斌.发现需求：增强社会组织活力的策略选择[J].求实，2015(8)：61－67.

[69] 李雪萍，曹朝龙.社区社会组织与社区公共空间的生产[J].城市问题，2013(6)：85－89.

[70] 李旸.上海社会组织建设与社会转型研究[J].科学发展，2012(8)：77－92.

[71] 李友梅.城市社会治理[M].北京：社会科学文献出版社，2014.

[72] 李友梅.我国特大城市基层社会治理创新分析[J].中共中央党校学报，2016(2)：5－12.

[73] 厉以宁.计划与市场是资源配置的两种方式[J].党校科研信息，1992(9)：9－10.

[74] 廖建军.公共经济管理视角下政府推动全民公益事业发展探析[J].广东行政学院学报，2011(4)：83－87.

[75] 林立公.试论两新组织党的建设[J].政治学研究，2009(5)：42－52.

[76] 林尚立.社区党建：中国政治发展的新生长点[J].上海党史与党建，2001(3)：10－13.

[77] 刘旺洪.社会管理创新：概念界定、总体思路和体系建构[J].江海学刊，2011(5)：137－146＋239.

[78] 刘洋.枢纽型社会组织的生成基础与发展路径——基于社会学的视角[J].学习与实践,2016(12): 86－92.

[79] 刘玉照.上海社区建设调查报告[J].科学发展,2011(3): 108－114.

[80] 刘云刚,叶清露,许晓霞.空间、权力与领域: 领域的政治地理研究综述与展望[J].人文地理,2015(3): 1－6.

[81] 刘祖云.非政府组织: 兴起背景与功能解读[J].湖南社会科学,2008(1): 73－78.

[82] 卢现祥.新制度经济学(第 2 版)[M].武汉: 武汉大学出版社,2011.

[83] 陆兴龙.近代上海社团组织及其社会功能的变化[J].上海经济研究,2005(1): 86－92.

[84] 罗尔斯.正义论[M].何怀宏,等,译.北京: 中国社会科学出版社,1988.

[85] 罗峰.渐进过程中的政府职能转变: 价值、动因与阻力[J].学术月刊,2011(5): 23－30.

[86] 罗争玉.毛泽东邓小平江泽民基层党建理论研究[D].长沙: 湖南师范大学,2002.

[87] 吕叔湘等.现代汉语词典(修订本)[M].北京: 商务印书馆.2001.

[88] 马福云.社会组织发展需培育与监管并重[J].中国党政干部论坛,2017(3): 87－90.

[89] 马国平.上海社区基金会促进社区共治格局形成[N].中国社会报,2017－06－09(001).

[90] 马克斯・韦伯.经济与社会(上)[M].林荣远,等,译.北京: 商务印书馆,1997.

[91] 卡尔・马克思,弗里德里希・恩格斯.马克思恩格斯选集(第二卷)

[M].中共中央著作编译局,译.北京：人民出版社,1995.

[92] 马西恒.民间组织发展与执政党建设——对上海市民间组织党建实践的思考[J].政治学研究,2003(1)：23－37.

[93] 毛良升.哲学视域中的创新研究[D].北京：中共中央党校,2012.

[94] 欧黎明,朱秦.社会协同治理：信任关系与平台建设[J].中国行政管理,2009(5)：118－121.

[95] 潘泽泉.当代社会学理论的社会空间转向[J].江苏社会科学,2009(1)：27－33.

[96] 彭善民.枢纽型社会组织建设与社会自主管理创新[J].江苏行政学院学报,2012(1)：64－67.

[97] 皮埃尔·布迪厄,华康德.实践与反思：反思社会学导引[M].李猛,等,译.北京：中央编译出版社,1998.

[98] 乔恩·皮埃尔,陈文,史滢滢.城市政体理论、城市治理理论和比较城市政治[J].国外理论动态,2015(12)：59－70.

[99] 乔尔·S.米格代尔.社会中的国家：国家与社会如何相互改变与相互构成[M].李杨,等,译.南京：江苏人民出版社,2013.

[100] 乔永平.生态文明建设的多元主体及其协同推进[J].广西社会科学,2014(1).

[101] 秦晖."NGO反对WTO"的社会历史背景——全球化进程与入世后的中国第三部门[J].探索与争鸣,2007(5)：4－10+1.

[102] 邱国盛.20世纪北京、上海发展比较研究[D].成都：四川大学,2003.

[103] 渠敬东,周飞舟,应星.从总体支配到技术治理——基于中国30年改革经验的社会学分析[J].中国社会科学,2009(6)：104－127+207.

[104] 全球治理委员会.我们的全球伙伴关系[R].牛津大学出版社,1995.
[105] 任剑涛.社会的兴起：社会管理创新的核心问题[M].北京：新华出版社,2013.
[106] 任政.空间生产的正义逻辑——一种正义重构与空间生产批判的视域[D].苏州：苏州大学,2014.
[107] 桑玉成.官民协同治理视角下当代中国社会管理的创新与发展[J].山东大学学报(哲学社会科学版),2011(3)：1-6.
[108] 上海市发展改革研究院课题组,沈杰,赵宇刚.上海社会组织发展机制和体制改革研究[J].科学发展,2014(6)：78-88.
[109] 上海市文史馆文史资料工作委员会.上海地方史资料(第三册)[M].上海：上海社会科学院出版社,1984.
[110] 上海市哲学社会科学规划办公室主编.市场经济与上海发展[M].上海：上海财经大学出版社,1996.
[111] 沈大伟.中国共产党：收缩与调试[M].北京：中央编译出版社,2011.
[112] 沈荣华,鹿斌.制度建构：枢纽型社会组织的行动逻辑[J].中国行政管理,2014(10)：41-45.
[113] 史柏年.治理：社区建设的新视野[J].社会工作,2006(7)：4-10.
[114] 宋绍英.论日本的经济增长主义[J].东北师大学报(哲学),1988(6)：19-24.
[115] 宋煜.社区治理视角下的社区社会组织信息化问题研究[J].学习与实践,2014(9)：95-102.
[116] 宋原放.简明社会科学辞典[M].上海：上海辞书出版社,1985.
[117] 孙关宏,胡雨春,任军锋.政治学概论第二版[M].上海：复旦大学出

版社，2008.

[118] 孙立平.转型与断裂：改革以来中国社会结构的变迁[M].北京：清华大学出版社，2004.

[119] 孙立平."自由流动资源"与"自由活动空间"——论改革过程中中国社会结构的变迁[J].探索，1993(1)：64-68.

[120] 孙娜，唐丽萍.城市社区治理现代化的逻辑建构与创新实践——基于上海城市社区治理经验分析[J].发展改革理论与实践，2018(6)：5-11.

[121] 孙伟林.社会组织管理[M].北京：中国社会出版社，2009.

[122] 唐文玉.行政吸纳服务——中国大陆国家与社会关系的一种新诠释[J].公共管理学报，2010(1)：13-19+123.

[123] 唐亚林，郭林.从阶级统治到阶层共治——新中国国家治理模式的历史考察[J].学术界，2006(4)：61-68.

[124] 唐亚林.从党建国体制到党治国体制再到党兴国体制：中国共产党治国理政新型体制的建构[J].行政论坛，2017(5)：5-15.

[125] 田培杰.协同治理概念考辨[J].上海大学学报(社会科学版)，2014(1)：124-140.

[126] 童潇.上海社会组织参与城市公共治理研究[J].科学发展，2016(12)：45-55.

[127] 王邦佐.执政党与社会整合：中国共产党与新中国社会整合实例分析[M].上海：上海人民出版社，2007.

[128] 王成蹊."互联网+"背景下的城市社区治理创新研究[D].上海：华东政法大学，2016.

[129] 王佃利.政府创新与我国城市治理模式的选择[J].国家行政学院学报,2005(1):31-34.

[130] 王劲颖.上海公益创业的社会生态路径——对首届"上海公益伙伴日"的思考[J].社团管理研究,2012(2):51-53.

[131] 王黎锋.中国共产党历史上召开的历次城市工作会议[J].党史博采,2016(7):58-60.

[132] 王列辉.区位优势与自我增强——近代上海城市崛起的再探讨[C]."海与城的交融"国际学术研讨会,2012.

[133] 王名,孙伟林.社会组织管理体制:内在逻辑与发展趋势[J].中国行政管理,2011(7):16-19.

[134] 王名,朱晓红.社会组织发展与社会创新[J].经济社会体制比较,2009(4):121-127.

[135] 王名.社会组织概论[M].北京:中国社会出版社,2010.

[136] 王鹏.国家与社会关系视角下的枢纽型组织构建——以共青团为例[J].中国青年政治学院学报,2013(5):33-39.

[137] 王绍光.波兰尼《大转型》与中国的大转型[M].北京:生活·读书·新知三联书店,2012.

[138] 王绍光.多元与统一:第三部门国际比较研究[M].杭州:浙江人民出版社,1999.

[139] 王长江,姜跃.现代政党执政方式比较研究[M].上海:上海人民出版社,2002.

[140] 魏礼群.创新社会治理案例选(2014)[M].北京:社会科学文献出版社,2015.

[141] 魏立华,闫小培.有关“社会主义转型国家”城市社会空间的研究述评[J].人文地理,2006,21(4):7-12.

[142] 吴宏洛.中国特色慈善事业的历史演进与发展路径[J].东南学术,2016(1):70-79.

[143] 吴磊.“合法性—有效性”框架下社区基金会发展的影响因素分析——基于上海和深圳的案例[J].社会科学辑刊,2017(2):65-71.

[144] 吴新叶.走出科层制治理:服务型政党社会管理的路径——以上海社会组织党建为例[J].理论与改革,2013(2):55-59.

[145] 吴玉章.结社与社团管理[J].政治与法律,2008(3):9-15.

[146] 熊月之.论上海租界的双重影响[J].史林,1987(3):103-110.

[147] 徐家良,刘春帅.资源依赖理论视域下我国社区基金会运行模式研究——基于上海和深圳个案[J].浙江学刊,2016(1):216-224.

[148] 徐家良,卢永彬,曹芳华.公益孵化器的价值链模型构建研究[J].中国行政管理,2014(12):20-24.

[149] 徐家良,武静.我国城市社区社会组织的现实困境及其破解思路[J].上海城市管理,2015,24(3):42-47.

[150] 徐家良,许源.合法性理论下政府购买社会组织服务的绩效评估研究[J].经济社会体制比较,2015(6):187-195.

[151] 徐家良,张其伟,汪晓菡.多中心治理视角下慈善超市角色与困境——基于S市的调查[J].中国行政管理,2017(12):54-59.

[152] 徐家良.第三部门资源困境与三圈互动:以秦巴山区七个组织为例[J].中国第三部门研究,2012(1):31-39.

[153] 徐家良.社会团体导论[M].北京:中国社会出版社,2011.

[154] 徐家良，等.新时期中国社会组织建设研究[M].北京：中国社会科学出版社，2016.

[155] 徐家良.慈善法的颁布表明依法治善的开始[J].中国社会组织，2016(11)：15.

[156] 徐家良.第三部门资源困境与三圈互动：以秦巴山区七个组织为例[J].中国第三部门研究，2012(1)：211.

[157] 徐家良.互联网公益：一个值得大力发展的新平台[J].新华文摘，2018(11)：6.

[158] 徐家良.新组织形态与关系模式的创建——体制吸纳问题探讨[J].北京大学学报(哲学社会科学版)，2008(3)：103－108.

[159] 徐家良.中国社区基金会关系建构与发展策略[J].社会科学辑刊.2017(2)：58－64.

[160] 徐麟.中国慈善事业发展研究[M].北京：中国社会出版社，2005.

[161] 徐双敏，张景平.枢纽型社会组织参与政府购买服务的逻辑与路径——以共青团组织为例[J].中国行政管理，2014(9)：41－44.

[162] 徐永祥，侯利文，徐选国.新社会组织：内涵、特征以及发展原则[J].学习与实践，2015(7)：78－87＋2.

[163] 徐中振.中国现代化转型与党建组织创新的战略任务[J].上海党史与党建，2007(1)：54－56.

[164] 徐祖荣.社会管理创新范式：协同治理中的社会组织参与[J].中国井冈山干部学院学报，2011，4(3)：106－111.

[165] 许沁.倾听，邓小平的上海声音[N].解放日报，2014－08－18(06).

[166] 许杨.美国社区基金会对社区发展的影响[J].产业与科技论坛，2011

(10)：118－119.

[167] 薛美琴，马超峰.社会组织的独立性：合法与有效间的策略选择[J].学习与实践，2014(12)：81－87.

[168] 杨团.社区公共服务设施托管的新模式——以罗山市民会馆为例[J].社会学研究，2001(3)：77－86.

[169] 杨莹.供给侧结构性改革视角下的社会组织GDP贡献研究[J].宏观经济管理，2017(9)：54－59.

[170] 姚迈新."枢纽型"社会组织：目标偏离与防范[J].广东行政学院学报，2013(1)：5－9.

[171] 余永龙，刘耀东.社会组织发展的上海标本[J].行政管理改革，2014，4(4)：48－53.

[172] 俞可平.治理与善治[M].北京：社会科学文献出版社，2000.

[173] 俞可平.作为一种新政治分析框架的治理和善治理论[J].新视野，2001(5)：35－39.

[174] 俞可平.社会创新的若干趋势[J].杭州(我们)，2011(11)：60－61.

[175] 郁建兴，关爽.从社会管控到社会治理——当代中国国家与社会关系的新进展[J].探索与争鸣，2014(12)：7－16.

[176] 郁建兴，金蕾.社区社会组织在社会管理中的协同作用——以杭州市为例[J].经济社会体制比较，2012(4)：157－168.

[177] 郁建兴，任泽涛.当代中国社会建设中的协同治理——一个分析框架[J].学术月刊，2012，44(8)：23－31.

[178] 约瑟夫·熊彼特.经济发展理论[M].何畏，等，译.北京：商务印书馆，2009.

[179] 詹姆斯·N.罗西瑙.没有政府的治理[M].张胜军，等，译.南昌：江西人民出版社，2001.

[180] 张宝锋.现代城市社区治理结构研究[M].北京：中国社会出版社，2006.

[181] 张国龙.加强新经济组织和新社会组织党建工作的几点思考[J].上海党史与党建，2004.

[182] 张海军."社会组织"概念的提出及其重要意义[J].社团管理研究，2012(12)：31-32.

[183] 张京祥，吴缚龙，马润潮.体制转型与中国城市空间重构——建立一种空间演化的制度分析框架[J].城市规划，2008，246(6)：55-60.

[184] 张京祥，赵丹，陈浩.增长主义的终结与中国城市规划的转型[J].城市规划，2013，37(1)：45-50+55.

[185] 张娟.制度创新：当代中国政治发展的现实诉求与路径选择[M].长沙：湖南人民出版社，2010.

[186] 张良.我国社会组织转型发展的地方经验：上海的实证研究[M].北京：中国人事出版社，2014.

[187] 张阳.大口党委的制度功能分析：以上海为例[J].理论界，2012(9)：20-22.

[188] 张长东，顾昕.从国家法团主义到社会法团主义——中国市场转型过程中国家与行业协会关系的演变[J].东岳论丛，2015，36(2)：5-13.

[189] 张振波.论协同治理的生成逻辑与建构路径[J].中国行政管理，2015(1)：58-61+110.

[190] 张仲礼.近代上海城市研究[M].上海：上海人民出版社出版，1990.

[191] 赵俊男.中国慈善事业治理研究[D].长春：吉林大学，2013.

[192] 赵素兰.非政府组织：构建和谐社会的积极力量[J].学术论坛，2006(3)：152-155.

[193] 郑功成.现代慈善事业及其在中国的发展[J].学海，2005(2)：36-43.

[194] 郑杭生，李路路.当代中国城市社会结构：现状与趋势[M].北京：中国人民大学出版社，2004.

[195] 郑长忠.重塑城市治理整体性的政党逻辑——国家治理现代化与上海大党建格局发展[J].中国浦东干部学院学报，2017(2)：78-84.

[196] 郑祖安.上海与横滨的开埠和都市形成[J].城市史研究，1998(Z1)：70.

[197] 中国社会科学院.现代汉语词典(第七版)[M].北京：商务印书馆，2016.

[198] 中国战略与管理研究会社会结构转型课题组.中国社会结构转型的中近期趋势与隐患[J].战略与管理，1998(5)：1-17.

[199] 钟晓华.社会空间和社会变迁——转型期城市研究的"社会—空间"转向[J].国外社会科学，2013(2)：14-21.

[200] 周俊.政府与社会组织关系多元化的制度成因分析[J].政治学研究，2014(5)：83-94.

[201] 周雪光.中国国家治理及其模式：一个整体性视角[J].学术月刊，2014(10)：5-11+32.

[202] 朱春奎，李燕.创新促进型政府采购理论述评[J].公共行政评论，2014，7(4)：53-172+186.

[203] 朱孟光.中国共产党基层组织活动方式社会化研究——主要基于城市基层党建的考察[D].北京：中共中央党校，2016.

[204] 黄晓勇.中国民间组织报告（2014）[M].北京：社会科学文献出版社，2014.

[205] 邹谠.二十世纪中国政治：从宏观历史与微观行动的角度看[M].香港：牛津大学出版社[香港有限公司]，1994.

[206] 邹谨.国家治理体系和治理能力现代化视阈下中共党建创新历程与经验研究[D].武汉：华中师范大学，2017.